普通高等院校经济管理类"十三五"应用型规划教材
【国际经济与贸易系列】

上海市属高校应用型本科试点专业教材

国际贸易单证实务

INTERNATIONAL TRADE DOCUMENTATION

沈建军 编著

机械工业出版社
China Machine Press

图书在版编目（CIP）数据

国际贸易单证实务 / 沈建军编著 . —北京：机械工业出版社，2019.8（2023.7 重印）
（普通高等院校经济管理类"十三五"应用型规划教材·国际经济与贸易系列）
ISBN 978-7-111-63350-1

I. 国… Ⅱ. 沈… Ⅲ. 国际贸易 – 原始凭证 – 高等学校 – 教材 Ⅳ. F740.44

中国版本图书馆 CIP 数据核字（2019）第 165242 号

本书以上海良友（集团）有限公司一笔真实、完整的食品出口业务为主线编写，既突出了食品出口贸易，又兼顾了其他一般商品的出口贸易。本书共分 10 章，语言通俗易懂，每章涉及出口交易环节中的相应单据，通过展示该笔交易过程中的真实单据，深入浅出地讲解单据制作原理和方法，便于读者理解和掌握。另配备丰富的课堂制单练习和课后习题，注重实战，与现实紧密联系。

本书适合作为普通高等院校国际经济与贸易、国际商务、物流等相关专业学生的教材或参考书，也可作为高职高专院校的教材或企业人员外贸业务培训的参考教材。

出版发行：机械工业出版社（北京市西城区百万庄大街 22 号　邮政编码：100037）
责任编辑：孟宪勐　　　　　　　　　　　责任校对：殷　虹
印　　刷：固安县铭成印刷有限公司　　　版　　次：2023 年 7 月第 1 版第 4 次印刷
开　　本：185mm×260mm　1/16　　　　印　　张：16.5
书　　号：ISBN 978-7-111-63350-1　　　定　　价：40.00 元

客服电话：（010）88361066　68326294

版权所有·侵权必究
封底无防伪标均为盗版

Preface 前言

在当前形势下,全球国际贸易竞争激烈,我国贸易出口面临巨大的压力,国内外贸出口企业更是首当其冲,在新形势下,如何提升国际经济与贸易专业学生的能力,实现培养应用型人才的目标,是我们一直思考并在实践中不断探索的课题。基于这样的思考,笔者编写了这本《国际贸易单证实务》,以适应国际经济发展的现状和企业的需求。

国际贸易涉及的流程比国内贸易复杂,手续也相对多一些,交易过程离不开外贸单据的支撑,掌握外贸单据的制作要点以及外贸业务流程是从事国际贸易工作必备的基本技能。单证缮制贯穿一笔外贸业务从交易磋商到货款结算的整个过程,其能否高效、准确、专业地完成,直接影响整个外贸合同能否顺利执行,进而影响企业的经济效益。除了外贸公司,银行结算部、货代公司以及物流公司也需要大量具有单证操作能力的专业人员。因此,对于正在从事或有志于从事单证业务的人员来说,能规范、熟练地缮制合乎要求的外贸单证尤为重要。

本教材具有以下基本特色:

1. 实践性、操作性强。通过一个真实的食品出口案例,系统、完整地介绍了进出口合同签订和履行各环节的业务操作、单证制作和流转,内容主要包括:合同签订和解读、跟单信用证业务操作、备货与包装单据及发票、托运订舱与单据、商品检验检疫与单证、原产地证明书的申领与缮制、货物通关涉及的报关单据、装运与运输单据、货款结算与收汇单据,以及出口收汇核销与退税等。

2. 双语特色。主要的知识点和概念中英文对照,所有的单证中英文对照,使学生真正掌握单证的英文表达和英文缮制。

3. 习题丰富。改变传统教材习题单一的状况,配备填空题、单项选择题、多项选择题和案例分析题等,并有一定数量的英文题目,便于学生在英文环境中理解、掌握知识要点。

在编写过程中,本书从报关、货代和外贸行业单证职业岗位的职责和要求出发,以业务操作和单证缮制等职业能力培养为本,以进出口业务工作流程为主线,以最新国际贸易法规和惯例为依据,以实际出口业务为例,系统、完整地介绍了进出口合同签订和履行各环节的业务操作、单证制作和流转。本书共分10章,框架结构完整,语言通俗易懂,穿插案例和流程图,深入浅出,便于学生理解和掌握。本书配备丰富的课后习题和全面的单据样本，注重实战，与现实紧密联系。

　　本书编者有国际贸易专业背景，既有多年执教国际贸易单证实务课程的丰富经验，也有外贸公司的实际工作经验；多次带队并指导学生参加商务单证员竞赛并取得优异成绩；多次参与商务单证员资格考试阅卷工作，掌握学科动态和前沿。本书编者既有扎实的国际贸易实务理论基础，也有一定的现实操作经验，具备良好的专业素养。

　　本书适合作为普通高等院校国际经济与贸易、国际商务、物流等相关专业教材或参考书，也可作为高职高专院校的教材，还可作为企业人员外贸业务培训的参考教材，对参加商务师、外销员、报关员、单证员等相关资格考试的人员来说也有一定的参考价值。

　　在本书编写过程中，校内专家汪遵瑛副教授以及校外专家上海元初国际物流有限公司市场总监曹建红提出了宝贵的指导意见，陈涛、吴玥、祝越和李容容同学对全书文字进行了校对，机械工业出版社的编辑给予了大力支持和帮助，在此一并表示最诚挚的谢意。

　　由于时间仓促，水平有限，教材的不足在所难免，还望读者批评指正，提出建议和意见，以便进一步完善改进。

Suggestion 教学建议

"国际贸易单证实务"是国际经济与贸易专业的专业限选课程,主要针对国际经济与贸易、国际商务、物流等专业的高年级学生开设。本课程是在"国际贸易实务"课程的基础上,在单据缮制方面的加强和延伸。现代国际贸易以单证为媒介,通过单证的交接和传递来实现买卖双方货物与货款的交换。单证工作贯穿国际贸易的全过程,单证是国际贸易的基础和核心。本课程包括单证的流转程序、进出口合同和信用证的开立、审核与改证,以及出口备货单证、官方单证、结汇单证和单证的操作等具体内容,通过制单练习和实验操作,使学生系统地掌握国际贸易单证的操作流程,信用证的开立、审核与改证,掌握单证业务中的常见计算,掌握具体的出口备货单证、出口货运和保险单证、官方单证、结汇单证的缮制,从而成为合格的具备实践操作能力的应用型人才。

"国际贸易单证实务"课程具有综合性、涉外性和实践性的特点,学习"国际贸易单证实务"课程需要学生具备一定的专业知识基础,如已经学过"国际贸易理论""国际贸易实务""国际经济学"等基础课。因此,"国际贸易单证实务"的课程定位强调实践性、操作性、知识体系的系统性和完整性。明确"国际贸易单证实务"的教学目标,使学生掌握国际贸易单证操作的基本知识和原理,并在此基础上,掌握实际应用的技能。在教学过程中,注重对学生基本技能的训练和培养,以课堂教学为基础,以案例教学和实践教学为重点。每章用出口交易单证操作的相应环节导入本章知识点,在教学过程中结合单据样本,使学生直观地掌握理论知识在现实业务中的应用,最后通过章末习题的练习,强化知识重点,夯实基础。

本课程总学时一般为54学时,各章学时分配建议如下:

章	教学内容	章学时	理论讲授学时	课内实践学时
第1章	国际贸易单证概述	3	3	0
第2章	国际贸易单证业务中的计算	6	3	3
第3章	合同的磋商与内容	6	3	3
第4章	贸易结算方式与单据	8	3	5
第5章	出口备货单据	6	3	3
第6章	出口货运单据	6	3	3
第7章	保险单据	5	3	2

（续）

章	教学内容	章学时	理论讲授学时	课内实践学时
第8章	官方单据	8	3	5
第9章	结汇单据	6	3	3
第10章	单据综合操作	—	—	—
合计		54	27	27

课程考核以闭卷为主。建议总评成绩中平时成绩所占比例为30%～40%，期末考试成绩所占比例为60%～70%。平时成绩包括作业、课堂表现、学生实践能力等；考试题型接近国际商务单证员资格考试，客观题和单据操作题等考查学生学以致用能力的题型应占较大比重。

Contents 目 录

前言
教学建议

第1章 国际贸易单证概述 /1
1.1 国际贸易单证工作的意义 /1
1.2 国际贸易单证工作的基本要求 /2
1.3 国际贸易单证的分类与流转程序 /5
1.4 国际贸易单证的发展趋势 /8

第2章 国际贸易单证业务中的计算 /13
2.1 进出口商品价格的构成 /13
2.2 佣金和折扣 /19
2.3 运费与保险费的计算 /22

第3章 合同的磋商与内容 /32
3.1 合同的磋商 /32
3.2 合同的签订 /35
3.3 合同的内容与缮制 /40

第4章 贸易结算方式与单据 /51
4.1 汇付和托收 /51
4.2 信用证特点和种类 /62
4.3 信用证的内容和信用证开证申请 /75
4.4 信用证的审核 /88

第5章 出口备货单据 /99
5.1 发票 /99
5.2 装箱单 /106

第6章 出口货运单据 /118
6.1 出口货物托运单 /118
6.2 海运提单 /128
6.3 航空运单 /137

第7章 保险单据 /145
7.1 保险相关约定 /145
7.2 投保单 /147
7.3 保险单 /150

第8章 官方单据 /164
8.1 检验单据 /164
8.2 检验证书 /171
8.3 原产地证明书 /179
8.4 报关单 /192

第9章 结汇单据 /220
9.1 汇票 /220
9.2 装运通知 /225
9.3 受益人证明 /227
9.4 结汇程序 /228

第10章 单据综合操作 /235
10.1 根据信用证缮制一套单据 /235
10.2 根据销售合同缮制相关单据 /242

思考题参考答案 /250

参考文献 /255

Chapter 1 第 1 章

国际贸易单证概述

📖 情景导入

张明是今年刚毕业的大学生,通过层层面试,终于进入上海良友(集团)有限公司从事外贸单证员工作。作为一名职场新人,张明在兴奋之余,开始慢慢进入角色。几天过去了,张明发现外贸单证员的工作也不是那么简单,他需要全面了解单证的种类、每种单证的基本内容和作用等。

……

1.1 国际贸易单证工作的意义

A document is an official paper that serves as proof or evidence of something during international trade.

单证(document)是指进出口业务中使用的可作为证明或证据的正式文书。国际贸易中,买卖双方凭借这些单证来处理货物的交付、运输、保险、商检和结汇等。

狭义的单证指单据和信用证,广义的单证则是指各种文件和凭证。单证工作主要有审证、制单、审单、交单和归档五个方面,它贯穿于进出口合同履行的全过程,具有工作量大、涉及面广、时间性强和要求高等特点。

1.1.1 国际贸易单证是经营管理的重要环节

单证在国际贸易业务的各个环节中都有其特定的功能和作用,它们的填制、签发、流转、组合、交换等具体应用,反映了合同履行中的不同阶段,也反映了买卖双方责权利的发生、转移和终止。因此,单证是合同履行中不可缺少的手段,是外贸企业经营管理的重要环节。

1.1.2　国际贸易单证是国际结算的基本工具

国际贸易是货物与货币在不同国家之间的交换。现阶段，国际贸易的结算方式主要是跟单托收和跟单信用证。在这两种结算方式下，随附单据成为支付的主要凭证。由此，国际货物买卖便转化为单据的买卖，货物与货币的对流转化为单据与货款的交换，卖方以交付单据代替交付货物，而买方则以付款赎单表示对货物的收取。

因此，在国际贸易中，全套正确、完整的单据是国际贸易结算的基础工具，只有正确、及时地缮制单据，才能保证收汇的安全。

1.1.3　国际贸易单证是政策性很强的涉外工作

单证工作服务于国际贸易业务的整个过程，它不仅仅是单证的缮制和传递，而且涉及外汇收付的各个环节，从某种意义上来说，单证就是外汇。准确、完整、快速地处理单证，不仅能反映货、船、证等业务的管理现状，而且能及时解决问题，杜绝差错事故的发生，避免不必要的经济损失；不仅能保证收汇安全，而且能加快收汇，加速资金周转，为国家多创汇，进而树立良好的企业形象。

1.1.4　国际贸易单证工作是外贸企业业务、素质和管理水平的重要体现

单证工作是国际贸易业务的重要组成部分，单证工作质量的高低直接反映了外贸企业业务管理水平的高低。单证工作不能简单地看作单证的缮制、复核和流转，而是应被视作企业能否围绕单证及时、妥善处理好国际贸易业务中的各项问题，能否协调和解决业务中的各种矛盾，能否确保顺利结汇的重要依据。单证工作关乎外贸企业的信誉，是外贸企业业务能力和管理水平的重要标志。

> 【知识窗口 1-1】　国际商务单证员
>
> 国际商务单证员，是指在国际贸易结算业务中，买卖双方凭借进出口业务中应用的单据、证书来处理货物的交付、运输、保险、商检和结汇等工作的人员。

1.2　国际贸易单证工作的基本要求

1.2.1　对国际贸易单证从业人员的基本要求

1. 政治思想与职业道德素质方面

（1）坚持四项基本原则，自觉维护国家利益。

（2）热爱本职工作，具有良好的团队精神和解决问题能力，保证及时安全收汇。

（3）遵守外贸工作纪律，责任心强，努力工作，积极进取。

2. 专业素质方面

（1）明确有关我国外贸政策、法规和国际贸易惯例。

（2）熟悉买卖合同和信用证条款的主要内容以及国际结算、汇兑等专业知识。

（3）掌握本企业外贸业务的内容、特点和银行对单证的要求，以及运输、保险、报关等工作程序。

（4）了解进出口贸易业务的一般程序和世界主要港口、航线以及主要贸易国海关对单证的特殊要求。

3. 技能素质方面

（1）能阅读英文商务函电和信用证，准确理解有关内容。

（2）具有独立缮制、操作和管理单证的能力，做到各种单据的正确、完整、及时、简洁和清晰，保证单同一致、单证一致、单单一致、单货一致，并能进行单据分类归档。

（3）正确掌握价格、运价、保险费和汇率等运算。

（4）熟练掌握计算机英文打字、制单技能，以及电子报验、电子报关等 EDI 操作方法。

1.2.2　对国际贸易单证制作的基本要求

在国际贸易中，单证工作分为审证、制单、审单、交单和归档五个方面。对于各种进出口单证，原则上我们应做到"正确、完整、及时、简洁、清晰"。

1. 正确

正确（correctness）是单证工作的前提，单证不正确就不能安全结汇和顺利履行合同。在信用证结算中，银行处理的是单据，而不是与单据有关的货物、服务或履约行为，只有提交符合信用证规定的单据，银行才能付款，否则，银行就有权拒付。在托收业务中，虽然对单据的正确性要求不如信用证业务那么严格，但如果提交的单据不符合贸易合同的规定，也有可能被进口商拒付货款、延迟付款，或被进口商提出降价的要求。

正确包括两方面的内容。

（1）各种单据必须做到"四相符"，即单据与信用证相符（单证相符），单据与单据相符（单单相符），单据与贸易合同相符（单同相符），单据与实际货物相符（单货相符）。

单证相符、单单相符、单同相符、单货相符是信用证业务的要求。依据国际商会第 600 号出版物《跟单信用证统一惯例》（Uniform Customs and Practice for Documentary Credit，简称 UCP600）的规定，银行审核单据的标准是"表面上是否与信用证条款相符……单据之间表面互不一致，即视为表面与信用证条款不符"，这就是所谓"严格相符原则"（the doctrine of strict compliance）。UCP600 第 14 条单据审核标准规定，"按指定行事的指定银行、保兑行（如果有的话）及开证行须审核交单，并仅基于单据本身确定其是否在表面上构成相符交单""相符交单，指与信用证条款、本惯例的相关适用条款以及国际标准银行实务一致的交单""单据中的数据，在与信用证、单据本身以及国际标准银行实务参照解读时，无须与该单据本身中的数据、其他要求的单据或信用证中的数据等同、一致，但不得相矛盾"。

为确保安全收汇，单证制作应尽量严谨，虽然在信用证方式下，只要做到单证相符、单单相符（"相符交单"）就能得到付款，但是，只有同时做到单同相符、单货相符，才能在安全收汇的同时保证出口合同的顺利履行。在托收方式下，单同相符、单单相符、单货相符也是安全收汇和顺利履行合同的保证。

（2）各种单据必须符合有关国际法规、惯例及进出口国的有关法令法规。

所有国际贸易中要求的单据都有相应的法律、惯例和规则，较常见的有《联合国国际货物销售合同公约》《合同法》《票据法》《外贸法》《保险法》和《海商法》等，以及在国际贸易领域中影响巨大的 UCP600、ISBP、URC522、URR525、INCOTERMS® 2000 等国际惯例，所有这些规定都对制单工作具有非常强的指导意义。除此之外，有些国家对出口单据和进口单据有特殊的规定，制单时必须注意。

2. 完整

单证完整（completeness）首先是指单证群体的完整性。单证在通过银行议付或托收时，一般都是成套、齐全而不是单一的；单证完整的另一意义是要求每一种单据的本身内容必须完备齐全；单证完整还要求出口商所提供的各种单据的份数要如数交齐，不能短缺。

3. 及时

及时（promptness）包括出单及时和交单及时。

（1）出单及时。各种单据的出单日期必须合理、可行，也就是说，每一种单据的出单日期不能超过信用证规定的有效期限或按商业习惯的合理日期。如保险单日期应早于或等于提单的签发日期；提单日期不得迟于规定的最迟装运期；装运通知书必须在货物装运后立即发出；向银行交单的日期不能超过信用证规定的交单有效期。

（2）交单及时。向银行交单议付不能超过信用证规定的交单期。根据国际商会《跟单信用证统一惯例》规定，信用证必须规定一个交单的截止日；受益人或其代表必须在不迟于本惯例所指的发运日之后的 21 个日历日内交单，但是在任何情况下都不得迟于信用证的截止日。

4. 简洁

国际商会《跟单信用证统一惯例》中指出："为了防止混淆和误解，银行应劝阻在信用证或其任何修改书中加注过多细节的内容。"

《跟单信用证统一惯例》第 37 条 C 款规定："商业发票中货物的描述必须与信用证中的描述相符。在所有其他单据中，货物的描述可使用与信用证对货物的描述无矛盾的统称。"如棉布类商品，除商业发票外，除非信用证另有具体规定，在提单、保险单等单据中的货名栏内，都可使用"Cotton Piece Goods"这一统称。

单证的内容应力求简洁（conciseness），避免不必要的烦琐。简化单证不仅可以减少工作量和提高工作效率，而且也有利于提高单证的质量和减少单证的差错。

5. 清晰

单证的外观质量在一定程度上反映一个国家、一个企业的业务和技术水平。如果说正确和完整是单证的内在质量，那么清晰（clearness）则是单证的外观质量。单证格式的设计和缮制力求标准化和规范化，单证内容的排列要行列整齐、主次有序，重点项目要突出醒目，字迹要清晰，语法要通顺，文句要流畅，用词要简明扼要、恰如其分。

清晰主要是指：单证的表面清洁、美观大方；各项内容清楚、易认；各项内容的记载简洁、明了。

1.3 国际贸易单证的分类与流转程序

1.3.1 国际贸易单证的分类

国际贸易单证可根据不同的分类标准分为不同的类别。

1. 根据国际贸易单证所涉及的贸易双方划分

根据贸易双方的身份不同，分为出口单证和进口单证。

出口单证是指出口地的企业及有关部门涉及的单证，包括贸易合同、商业发票、出口许可证、出口报关单、出口货运单据、包装单据、保险单、汇票、产地证和检验检疫证书等。

进口单证是指进口地的企业及有关部门涉及的单证，包括贸易合同、进口许可证、信用证、保险单和进口报关单等。

2. 根据国际贸易单证的性质划分

根据《托收统一规则》（国际商会第 522 号出版物）的分类方式，国际贸易单证按性质不同可分为金融单证和商业单证。

金融单证即汇票、支票、本票或其他类似的用于取得款项的凭证。

商业单证即发票、装箱单、运输单据或其他类似单据，以及其他任何非金融单据。

3. 根据国际贸易单证在贸易工作中的作用划分

根据单证在国际贸易工作中的用途，可分为资金单据、货运单据、商业单据、保险单据、官方单据和随附单据六类。

（1）资金单据——汇票、支票、本票等信用工具，或其他类似用以取得款项的凭证。

（2）货运单据——托运单、海运提单、不可转让海运单、租船合约提单、空运单、公路运输单据、铁路运输单据、内河运输单据、专递和邮政收据等。

（3）商业单据——商业发票、形式发票、装箱单和重量单等出口商签发的单据。

（4）保险单据——投保单、保险单、预保单和保险证明等国际货物运输保险单据，由承保人签发的单据和证明。

（5）官方单据——海关发票、领事发票、产地证、检验检疫证、进出口货物报关单、出口收汇核销单、进口付汇核销单等涉及有关政府职能部门或外国驻中国使馆签发的单据。

（6）随附单据——受益人证明、寄单证明、寄样证明、装运通知和船舱证明等。

4. 根据结汇时所需要的单据类型划分

根据单据在结汇时是否需要使用，可将单据划分为结汇单证和非结汇单证。

结汇单证是指在国际贸易结算时所要使用的各种单据、票据以及证明，如发票、装箱单、保险单、产地证、汇票和各类运输单据等。

非结汇单证是指在国际贸易流程中，为了使货物能够顺利出口，在办理相关出口手续时所要使用的各种单据、票据以及证明，如出口许可证、出口报关单、出口收汇核销单、托运单和货物运输保险投保单等。

1.3.2 国际贸易单证流程

确定贸易单证的流程，首先应明确某单据产生的业务环节，其次应清楚该单据的办证步骤，最后是单据出具后的流转过程。例如，在办理托运事宜时，其业务发生在运输环节中，在办理相关单据时的步骤和流程可以简单地理解为这样一个顺序：S/C（合同）──→ L/C（信用证）──→ B/N（托运单）──→ S/O（装货单）──→ M/R（大副收据——杂货运输）或 D/R（场站收据——集装箱运输）──→ B/L（提单）──→ D/O（提货单）。

1. 单据业务流程主线：合同、信用证、单据

这是一条贯穿整个国际贸易程序始终的主线。交易双方在从事贸易活动时首先应订立合同以确定彼此的权利和义务，在此基础上（如果是信用证付款方式）由买方向本国开证行提出开证申请，并由后者向出口受益人开出信用证；然后买卖双方就按照信用证和有关法律法规的规定来具体履行各自的义务，实践中履行义务多通过单据的形式实

现。这条主线可简记为"3C"：S/C（合同）⟶ L/C（信用证）⟶ DC（单据）。具体流程如下。

（1）签订合同。

（2）进口商开立信用证，出口商审核信用证。

（3）缮制商业发票及装箱单。

（4）缮制出口货物托运委托书并办理托运手续，托运时需提交的主要单据有：出口货物托运单、商业发票、装箱单、报关单、出口收汇核销单、出库单、外贸合同（必要时）、出口许可证（必要时）等。

（5）缮制出口货物报关单，一般货物除海关特准的外，需在装船24小时前办理出口报关手续，集装箱货物应于出运前3天报关。报关时，凭报关单向海关申报，海关验明货物无误后，在装货单上加盖放行章，这时商品才能装上运输工具出运。

（6）缮制投保单并投保，填制投保单向保险公司办理投保手续，取得保险单据。

（7）缮制运输单据，发出装船通知。海关放行后，发货人可以通知船公司将出口货物装船。件杂货装船后，大副签发收货单（大副收据）；集装箱货物则由集装箱堆场、集装箱货运站在收到整箱货物或拼箱货后签发场站收据。发货人凭大副收据或场站收据向船公司换取正本提单。按照国际惯例和相关法规的规定，货物装船后，出口方必须将装运情况及时通知进口方，以便其做好接货、付款等准备工作，在FOB、CFR、FCA、CPT术语条件下，出口方发送装运通知还便于进口方及时投保。

（8）制单结汇。出口企业在完成货物的装运并取得提单后，应缮制和整理信用证规定的全套单证（通常还需填制汇票），并经审核达到单证一致、单单一致后，在信用证规定的交单期内向指定银行交单结汇。

2. 单据工作过程：制作、审核、提交

任何一个环节的单证工作都可以缩略为上述三方面，该工作过程的主要依据是合同、信用证、有关贸易惯例、进出口国的相关规定和买卖货物的原始资料。

（1）制作单据。不同单据的出单人各异：发票、装箱单、汇票等由卖方做；运输部门通常会配合出具提单、运单、船证等；货物的保险手续则一定由保险公司办理。这就要求相关各方应密切协作，按要求顺序出单。

（2）对制作完成的单据应严格审核。审核的一般过程是：制单人及其所在公司内部先自行核实，在确认所做单据没有问题的情况下，向本国银行或相关部门提交。银行或有关部门将结合信用证等对单据进行逐字、逐句的审核，如单、证内容表面一致。审核无误后，银行将通过一定方式把全部单据寄送国外有业务往来的银行（通常是付款行），付款行审核后如无异议即履行付款义务。买方向付款行赎单前也要对单据进行审核，所以审核单据的次序依次是出口方、出口银行、进口银行和进口方。

（3）如果单据的制作和审核没有发现任何问题，那么要在规定的时间，按规定的方式和要求，将合格单据如数提交。

1.4 国际贸易单证的发展趋势

目前，在国际贸易中所使用的单证极为复杂，不仅种类繁多，而且不同单据格式又千差万别。因此，在实际业务操作过程中，单证工作经常发生差错，从而导致出口企业收款延迟，甚至根本收不到款，给企业和国家造成了严重的损失。

随着中国加入世贸组织，中国对外贸易规模逐年递增。贸易量的增加使得单证的工作量也在相应增加，而科学技术的不断进步，对进出口单证的工作又提出了更高的要求。传统的单证及其制作方式已经不能适应对外贸易的发展，甚至已经成为影响国际贸易发展的障碍。为此，相关国际贸易组织已经开始对传统的单证进行改革，力求做到简化单证工作的手续，取消不必要的环节，统一单证形式，规范单证内容。

1.4.1 国际贸易单证内容和格式趋向标准化

早在20世纪50年代，瑞典便开始着手进行单据简化工作，在1957年创造了"套合一致"的单据形式。我们知道，各种单据尽管用途不一，但约有80%的内容相同，如货物名称和数量、收货人和发货人、起运地和发货人等。"套合一致"这种单据形式将各种单据中相同的内容进行集中，放在同一位置，并用打字机打在一张总单据上，同时还统一了单据的大小，这样不仅减少了单据制作的费用，还大大降低了单据工作的差错率。

1978年，《联合国贸易单据设计样式》（Un-Layout Key for Trade Documents）由联合国正式出版发行，这是一种为实现国际贸易单证标准化和采用"一次制单法"所设计的单证格式，这种单证格式可大大减少各种单证相同内容的重复缮制和重复审核。

为了适应这种"套合一致"的标准单据的制单方法，1993年，国际商会修订了《跟单信用证统一惯例》，专门指出接受复印、影印技术和自动处理方法制作的单据，并对这种单据的正本格式做出了规定。此后，各国在不同程度上采用了"套合一致"的标准单据，使得国际贸易单证工作得到了大大简化，促进了单证的发展。

1.4.2 推广使用国际标准或代码

由于各国文化背景的不同和贸易习惯的差异，很多国家在数字、文字、货币使用以及贸易手法等方面都存在极大的差异。因此，为了真正实现国际贸易单证工作的简单化、标准化、规范化和国际化，减少国际贸易单证中的争端，提高国际贸易单证工作的效率，国际商会和联合国有关国际贸易的国际组织一直努力致力于进出口单证的标准化、规范化和国际化。联合国推荐使用的国际标准和代码如下。

（1）运输标志，也称唛头。由收货人简称、合同号、目的地和件号四部分组成，且不能使用符号或图形。

（2）国家和地区代码。由两个英文字母组成，如中国为 CN，英国为 GB，美国为 US，日本为 JP 等。

（3）货币代码。由三个英文字母组成，前两个符号代表国名，后一个符号代表货币币种，如人民币为 CNY，英镑为 GBP，美元为 USD。

（4）地名代码。由五个英文字母组成，前两个符号代表国名，后三个符号代表地名，如上海为 CNSHG，伦敦为 GBLON，纽约为 USNYC。

（5）用数字表示日期代码。如，2007 年 1 月 1 日为 2007-1-1。

1.4.3　国际贸易单证工作的制单环节电子化

传统的国际贸易单证都是手工制作的，一笔业务通常会有十几种单据，导致单证工作十分烦琐，且容易出现差错。随着科学技术的发展，计算机、打字机、复印机、传真机、E-mail 等电子化设备和技术被逐渐运用到单证工作中。如今电子数据交换（EDI）也被运用到国际贸易工作中。电子数据交换指的是利用网络和计算机软件技术，将单证工作的各类资料变成计算机程序，用于局域网内部数据的交换和处理。如此一来，数据只要在核对无误后，输入计算机一次，便可自动生成多种单据，真正做到了单证工作的高效化和简单化，而且不易出错。EDI 的产生及在国际贸易工作中的运用，使得买卖双方的各项数据可以简单地通过计算机进行传递和处理，实现了国际贸易的电子化，即"无纸贸易"。另外，EDI 不仅可以消除纸张，更重要的是可以消除单据处理的延误及数据的重复输入。

> 【知识窗口 1-2】　何为 EDI
>
> EDI（electronic data interchange）即电子数据交换，就是利用计算机和网络技术在部门之间乃至世界范围内进行贸易信息、资料交换，也就是将传统的有效的信息源变为无形的电子信息，从而大大提高贸易信息数据交换的效率。
>
> EDI 单证被人们称为"无纸单证"。目前，世界上部分国家的一些大企业已经实施 EDI，不接受纸单证，也有一些国家的海关规定，使用 EDI 单证可优先报关。

思考题

一、单项选择题

1. 按照单证形式，国际贸易单证分为（　　）。
   A. 金融单据和商业单据　　　　　　B. 纸面单证和电子单证
   C. 基本单据和附属单据　　　　　　D. 保险单据和包装单据

2. 各种单据的签发日期应符合逻辑性和国际惯例，通常（　　）日期是确定各单据日期的关键。

A. 发票　　　　　　B. 提单　　　　　　C. 许可证　　　　　D. 报关单
3. 各种单据的签发日期应符合逻辑性和国际惯例，通常（　　　）日期是议付单据出单最早的时间。
   A. 发票　　　　　　B. 提单　　　　　　C. 保险单　　　　　D. 报关单
4. 根据联合国设计推荐使用的用英文字母表示的货币代码，以下表述不正确的是（　　　）。
   A. RMB85.00　　　B. GBP85.00　　　C. USD85.00　　　D. CNY85.00
5. 狭义的单证是指（　　　）。
   A. 单据和文件　　　B. 信用证和证书　　C. 单据和信用证　　D. 信用证和文件
6. 按照贸易双方涉及的单证划分，进口单证包括（　　　）。
   A. 商业发票　　　　B. 汇票　　　　　　C. 信用证　　　　　D. 产地证
7. 根据联合国推广使用的国际标准，以下日期代码表示正确的是（　　　）。
   A. 2010/4/8　　　B. 2010-04-08　　C. 04/08/2010　　D. 08/04/2010
8. 非信用证支付方式下的制单依据是（　　　）。
   A. 信用证　　　　　B. 买卖合同
   C. 相关国际惯例　　D. 有关商品的原始资料
9. 单证缮制必须做到正确、完整、及时、简洁、清晰，其中（　　　）是单证工作的前提。
   A. 正确　　　　　　B. 完整　　　　　　C. 及时　　　　　　D. 简洁

二、多项选择题

1. 所谓的单证是指进口业务中使用的各种（　　　），如商业发票和提单等，买卖双方凭借这些单据来处理货物的交付、运输、保险、商检和结汇等。
   A. 单据　　　　　　B. 证书　　　　　　C. 检验检疫证书　　D. 保险单
2. 外贸单证工作主要有（　　　）等方面的内容，它们贯穿于进口合同履行的全过程。
   A. 审证　　　　　　B. 制单　　　　　　C. 审单　　　　　　D. 交单
3. 外贸单证工作具有（　　　）等特点，必须仔细、认真、及时地做好这项工作。
   A. 工作量大　　　　B. 涉及面广　　　　C. 时间性强　　　　D. 要求高
4. 单证缮制的具体要求是（　　　）。
   A. 正确　　　　　　B. 完整　　　　　　C. 及时　　　　　　D. 简洁和清晰
5. 根据推广使用的国际标准，运输标志由（　　　）组成。
   A. 收货人简称　　　B. 目的地　　　　　C. 参考号　　　　　D. 件号
6. 货运单据包括（　　　）。
   A. 装运通知　　　　B. 租船合约单　　　C. 报关单　　　　　D. 船舱证明
7. 单证的完整性包括（　　　）。
   A. 单证签署的完整　　　　　　　　　　B. 单证种类的完整
   C. 单证份数的完整　　　　　　　　　　D. 单证内容的完整

8. 制单的依据包括（　　）。
   A. 买卖合同和信用证　　　　　　B. 有关商品的原始资料
   C. 相关国际惯例　　　　　　　　D. 相关国内管理规定
   E. 相关国外客户要求
9. 作为国际贸易单证员必须达到的要求包括（　　）。
   A. 良好的职业道德　　　　　　　B. 必要的专业知识和技能
   C. 扎实的外语基础　　　　　　　D. 丰富的实践经验
   E. 认真的工作态度
10. 国际商务单证的工作意义有（　　）。
    A. 它是国际贸易结算的基本工具　　B. 它是经营管理的重要环节
    C. 它是企业业务和素质的体现　　　D. 它是政策性很强的涉外工作
11. 下列选项中，（　　）是商业单据。
    A. 发票　　　B. 运输单据　　　C. 契据　　　D. 保险单
12. 国际贸易单证通常用于处理进出口货物的（　　）。
    A. 结汇　　　B. 运输与保险　　C. 检验检疫　　D. 报关
13. 国际贸易单证工作可能涉及的部门包括（　　）。
    A. 银行　　　　　　　　　　　　B. 海关
    C. 交通运输部门和保险公司　　　D. 进出口企业内部各部门
14. 下列单证中具有货币属性的有（　　）。
    A. 质量检验证书　B. 本票　　　C. 汇票　　　D. 商业发票
15. 以下关于信用证项下及时出单表述正确的是（　　）。
    A. 收到信用证后应立即制作全套单据
    B. 单据的制作日期应符合商业习惯的合理日期
    C. 单据的出单日期不能超过信用证规定的效期
    D. 向银行交单的日期不能超过信用证规定的交单期限
16. 企业审核单据的标准是（　　）。
    A. 单据与信用证相符　　　　　　B. 单据与贸易合同相符
    C. 单据与单据相符　　　　　　　D. 单据与所代表的货物相符
17. 以下关于单证清晰要求表述正确的是（　　）。
    A. 单证表面清洁，美观、大方　　B. 内容记载清楚，简洁明了
    C. 单证格式力求标准化和规模化　D. 更改处加盖校对章或简签

三、判断题

1. 根据《2000通则》，纸面单证和电子单证具有同等效力。（　　）
2. 买卖双方往来的业务函电不可以作为制单和审单的依据。（　　）
3. 由生产制造厂商提供的货物出场装箱单中显示的货物具体规格、型号、数量、毛量、

净重、尺码等是缮制装箱单的基本依据。（ ）
4. 单证工作能及时反映货、船、证等业务的管理现状，为了杜绝差错事故的发生，避免带来不必要的经济损失，必须加强工作责任心。（ ）
5. 外贸单证员是指外贸业务履行中，根据销售合同、信用证条款进行缮制和出具各种单据、证书的工作人员。（ ）
6. 广义的单证是指各种文件和凭证。（ ）
7. 在国际结算，货物是贸易双方进行结算的基础和依据。（ ）
8. 单证的完整性是指成套单证群体的完整性。（ ）
9. 根据用途，单证可划分为商业单据和银行单据。（ ）
10. 在 CIF 交易中，卖方向买方提供的单证至少应有发票、箱单和保险单。（ ）
11. 交单是指在合同、信用证规定的时间，以正确的方式，将符合要求的单证交给正确的当事人。通常在后 T/T 方式下，出口企业应到银行交单。（ ）

四、简答题

1. 简述国际贸易单证的意义。
2. 简述国际贸易单证工作的基本环节。
3. 简述制单的基本要求。
4. 简述制单和审核的依据。
5. 简述国际贸易单证员必须达到的要求。

第 2 章
国际贸易单证业务中的计算

情景导入

张明入职 1 个月后，接到经理指定的任务，寻找东南亚某国的客户，正好该国中间商主动来函联系，表示愿意在该国市场为公司推销农产品，并要求按每笔成交金额给予 5% 的佣金进行报价。张明知道在报价之前，必须进行成本核算，并了解与佣金、折扣相关的问题。对此，他请教了公司的老员工，希望他们能提供必要的帮助。

2.1 进出口商品价格的构成

对于从事国际贸易业务的人员而言，掌握进出口商品的价格是一项复杂而又艰巨的任务。为了做好这项工作，国际贸易业务人员必须熟悉交易商品的成本核算方法、主要的贸易术语价格构成和换算方法；出口企业在对外报价或进行贸易磋商时，一般都要对拟进出口的商品进行成本核算，以保证企业经济效益。

2.1.1 出口商品价格的构成

出口商品价格的构成主要包括商品成本、出口费用和预期利润三大部分。

1. 商品成本

出口商品的成本包括生产成本、加工成本、采购成本三种。
生产成本是指制造企业生产某一产品所投入的成本。
加工成本是指加工企业对成品或半成品进行加工、装配所需的成本。
采购成本是指贸易商向供应商（制造企业、加工企业等）采购商品的价格，也称为进货价格。供应商报出的价格一般包含增值税，在实施出口退税制度的情况下，出口商在核算价格时，往往会将含税的采购成本中的出口退税部分予以扣除，从而得出实际购货成本。

【知识窗口 2-1】 何为增值税

增值税是以商品（含应税劳务）在流转过程中产生的增值额作为计税依据而征收的一种流转税。由于出口商品是进入到国外市场流通，因此很多国家为了降低出口商品的成本，增强其产品在国际市场上的竞争力，往往对出口商品采用增值税款全额或按一定比例退还的做法。增值税税额、不含税价和含税价的换算、退税额的计算公式如下：

增值税税额 = 不含税价 × 税率

不含税价 = 含税价 ÷ （1+ 增值税税率）

退税额 = 不含税采购成本 × 退税率

= 含税采购成本 × 退税率 ÷ （1+ 增值税税率）

■ 实例展示 2-1　不含税价和含税价的换算

某出口公司采购一批健身用瑜伽服装，每套服装的购货成本是 168 元人民币，其中包括 17% 的增值税，若此类服装出口可以有 8% 的退税率，求每套服装的实际购货成本。

解：含税购货成本 = 168（元/套）

出口退税额 = 含税购货成本 × 出口退税率 ÷ （1+ 增值税税率）

= 168 × 8% ÷ （1+17%）

= 11.49（元/套）

实际购货成本 = 含税购货成本 − 出口退税额

= 168 − 11.49 = 156.51（元/套）

2. 出口费用

相对国内贸易而言，由于国际贸易是跨国界的商品交换活动，所以在交易的过程发生的费用（expense/charge）比较多。出口业务中通常发生的费用主要包括以下几种。

（1）国内运输费（inland transport charge）：在装运前所发生的内陆运输费用，通常有卡车运输费、内河运输费、路桥费、过境费、装卸费等。

（2）仓储费（warehousing charge）：在出口发运之前，需要另外存仓的货物会产生仓储费用。

（3）商检费（inspection charge）：出口商品检验机构根据国家有关规定或出口商的请求，对货物进行检验所发生的费用。

（4）报关费（custom charge）：实际上也是报关行提供报关服务的服务费，这个费用应该是按次数收取的，跟货物出口金额没有关系。

（5）银行费用（banking charge）：出口商委托银行向国外客户收取货款，进行资信调查等业务所支出的费用，向通知行、议付行支付的业务费用等。

（6）出口运费（freight charge）：货物出口时支付的海运、陆运或空运费用。

（7）保险费（insurance premium）：出口商向保险公司投保货物运输保险或者出口信

用险等所支付的费用。

（8）佣金（commission）：出口商为了促进商品出口向中间商所支付的报酬。

（9）其他费用：主要包括公司综合商务成本费用、广告推广费用等。

3. 预期利润

利润是出口价格的重要构成要素之一。出口商品价格中所包含利润的多少往往是根据出口商品成本、市场需求情况以及企业的价格策略等因素来决定的。利润作为出口企业的收入，其核算方法由企业自行决定，一般以一定百分比的利润率来计算利润额。在计算的过程中，计算基数的选定可以用出口总成本（商品成本加所有出口费用）为基数，即利润占出口商品成本的一定比例，也可以以出口价格作为基数。

■ **实例展示 2-2　根据利润率报价**

某出口产品的出口总成本为 500 元人民币，预期利润率为 10%，试计算在下列两种情况下该商品的价格。

（1）预期利润占出口成本一定比例。

（2）预期利润占出口价格一定比例。

解：（1）预期利润 = 出口总成本 × 利润率 = 500 × 10% = 50（元）

出口价格 = 出口总成本 + 预期利润额 = 500 + 50 = 550（元）

（2）预期利润 = 出口价格 − 出口总成本 = 出口价格 × 预期利润率

出口价格 = 出口总成本 ÷（1 − 预期利润率）= 500 ÷（1 − 10%）

= 555.56（元）

2.1.2　出口成本的核算与报价

出口货物成本核算主要依据以往和现时的成本资料，对采购货物、储运、包装、保险、办理报关、结汇到核销退税等业务环节可能发生的费用逐项估算，对一些零星费用则笼统估算，并计入成本。

1. 出口商品换汇成本

The foreign exchange cost of export products refers to the proportion of some export goods total cost with net incomings of net foreign exchange income gained by export, from which you can get how much RMB for one US dollar. That's to say if you export the goods worthy of 1 US dollar, how much RMB you should pay. It is also important to show whether you gain or lose in the international trade. If the export exchange rate cost is higher than the exchange rate quoted by banks, you lose, otherwise you gain.

出口商品换汇成本是指以某种商品的出口总成本与出口所得的外汇净收入之比，得出用多少元人民币换取 1 美元，即该商品每出口净收入 1 美元所需要的人民币总成本。它也是用来反映出口商品盈亏的一项重要指标。出口商品换汇成本如高于结汇时银行的外汇牌价，则出口为亏损；反之，则说明出口有盈利。

通过换汇成本的计算，可比较同类出口商品对不同地区、不同交易对象换汇成本的差异。对于出口企业来说，由于出口商品的国内总成本变化不大，换汇成本是企业的一项主要经济效益预测指标，具有简洁明了的特点，也可以利用出口商品换汇成本直接、快速对外报价。

【知识窗口 2-2】 出口商品换汇成本计算公式

$$\text{the foreign exchange cost of export products} = \frac{\text{export total cost (RMB)}}{\text{export sale net income (US\$)}}$$

$$出口商品换汇成本 = \frac{出口总成本（人民币）}{出口销售外汇净收入（美元）}$$

2. 出口商品盈亏率

The profit and loss rate of export goods refers to the proportion rate of export goods gaining and losing with the export goods total cost. The export gaining and losing refers to the balance between the net incoming of export sales by RMB and the total cost of the export goods. If the former is higher, you can gain, otherwise you will lose.

出口商品盈亏率是指出口商品盈亏额与出口总成本的比率。出口商品盈亏额是指出口销售人民币净收入与出口总成本的差额，前者大于后者为盈利，反之为亏损。

出口商品盈亏率是具体考虑出口货物盈利水平的指标，说明出口商品盈亏额在出口总成本中所占的百分比。出口商品盈利率高则出口效益好，应抓住机遇把生意做成功；若出口商品盈利率低或亏损，则考虑如何降低成本或将出口商品盈利率作为放弃这笔生意的依据。

【知识窗口 2-3】 出口商品盈亏率计算公式

$$\text{the profit and loss rate of export goods} = \frac{\text{export distribution net RMB incoming} - \text{export total cost}}{\text{export total cost}} \times 100\%$$

$$出口商品盈亏率 = \frac{出口销售人民币净收入 - 出口总成本}{出口总成本} \times 100\%$$

公式变换

出口商品盈亏率 =（出口销售人民币净收入 − 出口总成本）÷ 出口总成本 × 100%
　　　　　　　=（出口销售人民币净收入 ÷ 出口总成本 − 1）× 100%
　　　　　　　=（结算汇率 ÷ 换汇成本 − 1）× 100%

■ **实例展示 2-3 出口换汇成本和出口盈亏率计算**

我国某公司出口某商品 1 万公吨，国内收购价为 1 100 元人民币/公吨，另加其他费用 10%，外销价为每公吨 145 美元 FOB 上海。该商品退税率为 5%。当时银行汇率为 8.27 元/美元。试计算该商品的出口换汇成本和出口盈亏率。

解：退税收入 = 购进价（含 VAT）÷（1 + 增值税税率）× 退税率
$$= 1\,100 ÷ (1 + 17\%) × 5\% = 47.01（元）$$
出口商品总成本（退税后）= 购进价（含税）+ 定额费用 − 出口退税收入
$$= 1\,100 × (1 + 10\%) − 47.01 = 1\,162.99（元）$$
出口换汇成本 = 出口商品总成本 ÷ FOB 出口外汇净收入（美元）
$$= 1\,162.99 ÷ 145 = 8.02（元/美元）$$
出口盈亏率 = （银行买入价 − 换汇成本）÷ 换汇成本 × 100%
$$= (8.27 − 8.02) ÷ 8.02 × 100\% = 0.25 ÷ 8.02 × 100\% = 3.1\%$$

2.1.3 进口商品价格构成

企业进口货物，为了进行经济效益分析，一般都要进行进口成本核算。进口商品总成本，即进口合同的价格加上各项进口环节费用。比较进口商品的总成本和国内该商品的市场平均价格（国内市场一级批发商平均价格），进而决定是否进口该商品。进口商品总成本可用公式表示为：

进口商品总成本 = 进口商品合同价格 + 进口环节总费用

进口环节总费用则主要包括：进口关税、进口环节海关代征税费（消费税、增值税等各种税费）、卸货费用、码头费用、驳船费用、码头仓租费用、进口商品查验费用和其他公证费用，银行手续费用、利息支出，报关提货费用，国内运费、保费、仓储费用，其他杂费。

其中，进口商品合同价格，是对进口成交价格的一种预测。当以 CIF 条件成交时，进口商品可接受的合同价格即为以人民币价格估算的 CIF 价格；当以 FOB 条件成交时，进口商品可接受价格应加上从装运港到我国卸货港的运输费用和保险费用。三种主要贸易术语 FOB、CFR 和 CIF 进口货物总成本公式表示为：

FOB 进口货物总成本 = 进口合同价格 + 国际运费 + 保险费 + 进口环节总费用
CFR 进口货物总成本 = 进口合同价格 + 保险费 + 进口环节总费用
CIF 进口货物总成本 = 进口合同价格 + 进口环节总费用

■ **实例展示 2-4 进口商品报价核算**

上海某工艺品公司出口一批毛绒玩具到加拿大蒙特利尔，请根据报价资料，在利润率为 10% 的情况下，核算 1 个 20 英尺①集装箱商品的价格（单价）。

---

① 1 英尺 = 0.304 8 米。

1. 报价资料

商品名称：迪士尼毛绒玩具。

商品资料：每箱装 60 只，每箱体积为 0.164 立方米。

供货价格：每只 6 元。

税率：供货单价中均包括 17% 的增值税，出口毛绒玩具的退税率为 15%。

国内费用：内陆运费（每立方米）100 元；报检费 120 元；报关费 150 元；核销费 100 元；公司综合费用 3 000 元。

银行费用：报价的 1%（L/C 银行手续费 1%）。

海运费：从上海至加拿大港口一个 20 英尺集装箱的费用为 1 350 美元。

货运保险：CIF 成交金额的基础上加 10% 投保中国人民保险公司海运货物保险条款中的一切险（费率为 0.8%）和战争险（费率为 0.08%）。

报价利润：报价的 10%。

报价汇率：8.25 元人民币兑换 1 美元。

其中 20 英尺集装箱的容积按 25 立方米（CBM）计，40 英尺集装箱的容积按 55 立方米（CBM）计。

2. 报价核算操作

解：（1）实际采购成本如下：

$$含税成本 = 6（元/只）$$

$$退税收入 = 6 \div (1 + 17\%) \times 15\% = 0.769\ 2（元/只）$$

$$实际成本 = 6 - 0.769\ 2 = 5.230\ 8（元/只）$$

$$20\ 英尺集装箱包装件数 = 25 \div 0.164 = 152（箱）$$

$$报价数量 = 152 \times 60 = 9\ 120（只）$$

（2）实际发生费用如下：

$$国内费用 = (9\ 120 \div 60 \times 0.164 \times 100 + 120 + 150 + 100 + 3\ 000) \div 9\ 120$$

$$= 0.642\ 9（元/只）$$

$$银行手续费 = 报价 \times 1\%$$

$$海运费 = 1\ 350 \times 8.25 \div 9\ 120 = 1.221\ 2（元/只）$$

$$保险费 = CIF\ 报价 \times 110\% \times 0.88\%$$

（3）预期利润：报价 × 10%

（4）对外报价：

$$FOB\ 报价 = 实际成本 + 国内费用 + 银行手续费 + 预期利润$$

$$= 5.230\ 8 + 0.642\ 9 + 报价 \times 1\% + 报价 \times 10\%$$

$$FOB\ 报价 = (5.230\ 8 + 0.642\ 9) \div (1 - 1\% - 10\%) = 5.873\ 7 \div 0.89 \div 8.25$$

$$= 0.799\ 9（美元/只）$$

$$CFR\ 报价 = 实际成本 + 国内费用 + 海运费 + 银行手续费 + 预期利润$$

$$= 5.230\ 8 + 0.642\ 9 + 1.221\ 2 + 报价 \times 1\% + 报价 \times 10\%$$

$$\text{CFR 报价} = (5.230\,8 + 0.642\,9 + 1.221\,2) \div (1 - 1\% - 10\%)$$
$$= 7.094\,9 \div 0.89 \div 8.25 = 0.966\,3 \,(\text{美元}/\text{只})$$

CIF 报价 = 实际成本 + 国内费用 + 海运费 + 保险费 + 银行手续费 + 预期利润
$$= 5.230\,8 + 0.642\,9 + 1.221\,2 + \text{报价} \times 110\% \times 0.88\% + \text{报价} \times 1\% + \text{报价} \times 10\%$$
$$\text{CIF 报价} = (5.230\,8 + 0.642\,9 + 1.221\,2) \div (1 - 110\% \times 0.88\% - 1\% - 10\%)$$
$$= 7.094\,9 \div 0.880\,32 \div 8.25 = 0.976\,9 \,(\text{美元}/\text{只})$$

出口 9 120 只迪士尼毛绒玩具的报价如下（注：最后报价取小数点后两位）：

USD0.8 PER CARTON FOB SHANGHAI（每只 0.8 美元上海港船上交货）

USD0.97 PER CARTON CFR MONTREAL（每只 0.97 美元成本加运费至蒙特利尔）

USD0.98 PER CARTON CIF MONTREAL（每只 0.98 美元成本加运保费至蒙特利尔）

■ **实战演练 2-1　出口盈亏率和出口换汇成本计算**

我国某出口公司从某企业购进冻虾 10 吨，拟向日本出口，采购价格为 CNY 3900/MT，另付进货费用 CNY1 500、国内运费 CNY1 600、改换包装费用 CNY180/MT、仓租 CNY2/MT.DAY，预计存租 60 天，其他各项费用分摊共 CNY2 200，国际运费至日本神户基本运费为 USD165/FT，燃油附加费率为 30%。冻虾用纸箱装，每箱净重 20kg，毛重 23kg，尺码为 60cm×40cm×20cm，运费以 M 为计算标准，按发票价值的 110% 投保水渍险和战争险，保险费率分别为 0.65% 和 0.04%，预期利润为 12%，以美元报价，当日人民币兑换美元汇率为 8.3。

若分别以 FOB、CFR、CIF 为价格条件，如何对外报价（以公吨为单位）？若按报价与外商达成交易，计算 FOB 价的出口盈亏率和出口换汇成本。

2.2　佣金和折扣

在贸易合同的价格条款中，有时会涉及佣金（commission）和折扣（discount/allowance）。价格条款中所规定的价格，可包含佣金、折扣或不包含这类因素。包含佣金的价格，在业务中通常称为"含佣价"，不包含佣金和折扣的价格，在业务中通常称为"净价"（net price）。

2.2.1　佣金

Commission is the service fees charged by the agents or brokers for the transactions made for their principles, such as the commission paid by the exporter to its sales agent, and the commission paid by the importer to its purchasing agent.

佣金是指卖方或买方因中间商介绍生意或代买代卖而向其支付的酬金，此项酬金叫佣金，此佣金可由卖方支付，也可由买方支付。

如果是卖方委托中间商推销商品，佣金则由卖方支付；如果是买方委托中间商采购商品，佣金则由买方支付。有的中间商采用一定的手法，在一笔交易中同时从买卖双方获取佣金，人们习惯称之为"双头佣"。

1. 佣金的表示方法

凡在合同的价格条款中，明确规定佣金的百分比，叫作"明佣"。不标明佣金的百分比，甚至连"佣金"字样也不标示出来，有关佣金的问题由双方当事人另行约定，这种暗中约定佣金的做法，叫作"暗佣"。佣金直接关系到商品的价格，货价中是否包括佣金和佣金比例的大小，都影响商品的价格。显然，含佣价比净价要高。正确合理地运用佣金，有利于调动中间商的积极性和扩大交易规模。

明佣的表示方法有两种：一种是用文字来说明，例如"每公吨 526 美元 CIF 旧金山，包括 2% 佣金"（US $ 526 Per M/T CIF San Francisco including 2% commission）；另一种是在贸易术语后面加注 Commission 的缩写大写英文字母"C"和佣金的百分比来表示，例如"每公吨 200 美元 CIFC 2% 旧金山"（US $ 200 per M/T CIF San Francisco including 2% commission）。商品价格中所包含的佣金，除用百分比表示外，也可以用绝对数来表示，例如"每公吨付佣金 25 美元"。

有时候，中间商为了从买卖双方获取"双头佣"或为了逃税，会要求在合同中不规定佣金，采用暗佣的形式。暗佣的表示方法，从贸易条件本身看不出来，佣金一般由双方当事人通过签订"付佣协议"另外支付。

佣金的规定应合理，其比率一般掌握在 1% ~ 5%，不宜偏高。

2. 佣金的计算与支付方法

（1）**佣金的计算**。在国际贸易中，计算佣金的方法不一，有的按成交金额约定的百分比计算，也有的按成交商品的数量来计算，即按每一单位数量收取若干佣金计算。在我国进出口业务中，一般按成交金额来计算，即以发票总金额作为计算佣金的基数。有的则以 FOB 总值为基数来计算佣金。如按 CIFC 成交，而以 FOB 值为基数计算佣金，则应从 CIF 价中减去运费和保险费，求出 FOB 值，然后以 FOB 值乘以佣金率，即得出佣金额。

> 【知识窗口 2-4】 佣金计算公式
>
> $$含佣价 = 净价 + 佣金$$
> $$佣金 = 含佣价 \times 佣金率$$
>
> 上述公式也可写成：
>
> $$净价 = 含佣价 \times (1 - 佣金率)$$

■ 实例展示 2-5 佣金的计算

我方出口一批产品报价每公吨 10 000 美元 CIF 旧金山，包括 3% 佣金，请计算应付的佣金额。

解：应付佣金额 = 10 000×3% = 300（美元）

■ **实例展示 2-6　净价和含佣价的换算**

某商品原报价 CIFC 2% New York USD2000/MT，外商要求将佣金率提高至 4%，为使净收入不变，应报价多少？

解：含佣价 = 净价÷（1 − 佣金率）
　　　我方净收入 = 2 000×（1 − 2%）= 1 960（美元）
　　　新的含佣价 = 1 960÷（1 − 4%）= 2 041.67（美元）

（2）**佣金的支付**。佣金的支付一般有两种做法：一种是由中间代理商直接从货价中扣除佣金，另一种是在委托人收清货款之后，再按事先约定的期限和佣金比率，另行付给中间代理商。在支付佣金时，应防止错付、漏付和重付等事故发生。

按照一般惯例，在独家代理情况下，委托人同约定地区的其他客户达成交易，即使未经独家代理过手，也得按约定的比率付给其佣金。

2.2.2　折扣

Discount is the price deduction allowed by the seller to the buyer as a reward for paying cash (cash discount), buying in quantity (quantity discount, volume discount), making early payment (trade discount), or granting some other advantage to the seller.

折扣是卖方按照原价给予买方的价格减让，即一种价格上的优惠。国际贸易中所使用的折扣种类较多，除一般折扣外，还有为扩大销售而使用的数量折扣，以及为特殊目的而给予的特别折扣等。凡在价格条款中明确规定折扣率的，称作"明扣"；凡交易双方就折扣问题已达成协议，但在价格条款中却并未明确表示出来的，称作"暗扣"。货价中是否包括折扣和折扣率的大小，都影响到商品价格，折扣率越高，价格越低。正确运用折扣，有利于调动采购商的积极性和扩大销路，在国际贸易中，是加强对外竞销的一种手段。

1. 折扣的表示方法

在国际贸易中，折扣通常在合同价格条款中用文字明确表示出来，例如每公吨 800 美元 CIF 旧金山，折扣 3%（USD800 per Metric Ton CIF San Francisco including 3% discount），又如每公吨 800 美元 CIF 旧金山，减 3% 折扣（USD800 per Metric Ton CIF San Francisco less 3% discount）。

此外，折扣也可以用绝对数来表示，例如"每公吨折扣 8 美元"。在实际业务中，有时也用"CIFD"或"CIFR"来表示 CIF 价格中包含的折扣，其中 D 和 R 分别是"discount"

和"rebate"的缩写,鉴于在贸易往来中加注的"D"或"R"含义不清,可能引起误解,故最好不使用此缩写语。

2. 折扣的计算与支付

折扣的计算方法很简单,按照一般习惯做法,不论使用何种贸易术语,通常以成交额或发票金额为计算基础,按实际发票金额乘以约定的折扣百分率作为折扣金额。折扣一般是在买方支付货款时预先予以扣除,有的折扣金额不直接从货价中扣除,而按暗中达成的协议另行支付给买方,称为"暗扣"或"回扣"。

【知识窗口 2-5】 折扣计算公式

$$折扣金额 = 发票金额 \times 折扣百分率$$
$$净值 = 发票金额 - 折扣金额$$
$$净值 = 发票金额 \times (1 - 折扣百分率)$$

■ 实例展示 2-7 去除折扣的净价计算

CIF 汉堡每公吨 800 美元,含折扣 3%,求卖方的实际净收入。

解: 卖方的实际净收入 = 发票金额 × (1 - 折扣百分率)
$$= 800 \times (1 - 3\%) = 776(美元)$$

2.3 运费与保险费的计算

2.3.1 运费的计算

运费是承运人对所承运的货物收取的报酬。运价是根据运输契约订立的或者由轮船公司、承运单位以运价表的形式公布的收费标准。国际货物运输 70% 的运量采用海洋运输方式,运费的计算方法以海运方式为主,本节简要介绍班轮运费的计算。

1. 班轮运费的计算

海运运价大体分为班轮运价和租船运价两大类。班轮运价比较稳定,班轮公司以运价表的形式公布。班轮运价通常包括货物从起运港至目的港的运费和装卸费用。通常出口的零星杂货和集装箱整箱货、拼箱货均按班轮运价支付运费。租船运价的高低取决于当时国际租船市场上的船货供求情况,在租船合同中确定,它的波动性较大,在实际业务中只适合大宗货物的出口,诸如大米、砂糖、钢材、矿砂、饲料等出口货物。

班轮运费(liner freight)是班轮公司因运输货物而向货主收取的费用。班轮运费由班轮运价表规定,包括基本运费和各种附加费。基本运费分成两大类:一类是传统的件杂货运费；一类是集装箱包箱费率。当按件杂货运费计收运费时，先把不同货物分为若干等级，根据等级计收基本运费，计费标准可以按货物的毛重（W）计收，也可按货物的体积（M）计收，或可按货物的毛重或体积从高（W/M）计收，也有按商品价格或件数计收运费的。目前，我国海洋班轮运输公司使用"等级运价表"，即将承运的货物分成若干个等级（一般为 20 个等级），每一个等级的货物有一个基本费率。某些大宗低值货物，可由船、货双方议定运价。近年来，随着集装箱运输的飞速发展，越来越多的班轮运输公司采用集装箱费率表来计收运费。

【知识窗口 2-6】 班轮运费的计算公式

运费总额＝基本运费＋附加费

（1）班轮基本运费计算标准。

1）重量法。按货物毛重计算，运价表上标注"W"（weight），以吨为运费计算单位，吨以下到小数点后三位。

2）体积法。按货物体积计算，运价表上标注"M"（measurement），以立方米作为运费计算单位，立方米以下到小数点后三位。

3）从价法。按照货物价格的一定百分比作为运费计算标准，运价表上标注"AD VAL"字样。

4）选择法。根据不同货物由承运人择高选用，主要有四种选择的方法。

A. W/M，表示在重量法和体积法两种中选择运费高者，在实际业务中较多采用。

B. W OR AD VAL，表示在重量法和从价法两者中择高采用。

C. M OR AD VAL，表示在体积法和从价法两者中择高采用。

D. W/M OR AD VAL，表示在重量法、体积法和从价法三者中择高采用。

5）综合法。采用综合法计费的货物，除按重量吨或／和尺码吨计费外，还要加上从价费，即 W & AD VAL，表示按重量吨计费并加上从价费；M & AD VAL，表示按尺码吨计费并加上从价费。

6）按件数计费法。有些货物无法衡量其重量或测量其体积，又非贵重物品，如活牲畜、汽车等，均按件（只、头、辆）为单位计收运费。

7）议价法。有时运费可由货主和船公司临时议定，在运价表中用"OPEN"表示，适用于运量较大、装卸容易的货物，如粮食、矿石、煤炭等农副产品和矿产品。议价货物的运费一般较低。

（2）班轮运费的附加费。以上费率本中的运价是基本费，一般不常变动，但构成运费的各种因素经常发生变动，船公司采用征收各种附加费的办法来维护其运营成本，保障收益不受损失。附加费视客观情况随时浮动，主要有六种。

1）燃油附加费（bunker adjustment factor，BAF），是当油价上涨导致营运成本增加时，船公司为转嫁额外负担而加收的费用。有的航线按基本费的百分比加收燃油附费，有的航线按运费吨加收一定金额。

2）货币附加费（currency adjustment factor，CAF），是当船方用以收取运费的货币贬值，使纯收入降低时，船方为补偿这部分损失而加收的费用。

3）港口拥挤费（port congestion surcharge），是当装卸港口拥挤堵塞，抵港船舶不能很快进行装卸作业，造成船舶延长停泊，增加船期成本时，船方根据延误的具体情况，按基本费的不同百分比加收的费用。

4）转船附加费（transhipment surcharge），是因运往非基本港口的货物，在运输途中经转船后运往目的港，而加收的费用。

5）直航附加费（direct additional），非基本港货物每港每航次货量达到或超过1 000运费吨时，不论船舶直航与否，均按直航计收运费，另加收直航附加费，不再加收转船附加费。

6）港口附加费（port surcharge），是因卸货港口费用太高或港口卸货效率低，影响船期造成损失而向货主加收的费用。

另外，还有超重附加费（heavy-lift additional），每件货物毛重超过5吨时计收；超长附加费（long length additional），每件货物长度超过9米时计收；洗舱费（cleaning charge），主要用于散装油舱；熏蒸费（fumigation charge）、选港附加费（optional charge）、更改卸货港附加费（alteration charge）等。

（3）班轮运费的计算步骤与方式如下所示。

1）选择相关船公司的运价本。

2）根据货物名称，在货物分级表中查到运费计算标准（basis）和等级（class）。

3）在等级费率表的基本费率部分，找到相应的航线、启运港、目的港，按等级查到基本运价。

4）从附加费部分查出所有应收（付）的附加费项目和数额（或百分比）及货币种类。

5）根据基本运价和附加费算出实际运价。

6）运费 = 运价 × 运费吨。

■ 实例展示 2-8　班轮运费的计算

某外贸公司以 CFR 价将一批罐装水果汁卖到加拿大温哥华，重量为8公吨，尺码为10立方米。求该批货物的总运价（查附加费率表得知：燃油附加费率为20%）。

解：（1）先查出水果汁准确译为"Fruit Juice"。

（2）从运价表中的"货物分级表"中查出该货物为8级，计算标准为M，即按货物的尺码计算运费（参照表2-1）。

（3）再查中国—加拿大航线等级费率表，从该表温哥华一栏即可查出8级货物相应的基本费率为每吨219.00港元（参照表2-2）。

（4）燃油附加费率为20%。

（5）总运价 =（1+20%）× 219.00 × 10 = 262.8（港元）

根据商品的英文名称在货物分级表中查出该商品属于什么等级和按什么标准计费。

表 2-1　商品分类等级表

Classification of commodities		
General Cargo		
Commodity	Basis	Class
Plastic	M	10
Fruit Juice	M	8
…	…	…

根据商品的等级和计费标准，在航线费率表中查出这一商品的基本费率。

表 2-2　中国—加拿大航线等级费率表

Scale of class rates for China-Canada service in H.K.D				
	West Canada		East Canada	
Class	Vancouver	Halifax	Montreal/Toronto	Quebec
1	150.00	177.00	193.00	
2	159.00	185.00	202.00	
…	…	…	…	
8	219.00	264.00	288.00	
…	…	…	…	

2. 航空运费的基本知识

（1）计费重量。由于飞机装载货物受最大载重量、地板承受力和货舱容积的限制，因此航空运费根据每票货物所适用的运价和货物的计费重量计算而得。计算公式如下：

$$航空运费 = 运价 \times 计费重量$$

1）计费重量指用以计算货物航空运费的重量，即货物总的实际毛重与总的体积重量两者较高者或以较高重量分界点重量作为货物的计费重量。

$$计费重量 = 实际毛重（重货）$$
$$计费重量 = 体积重量（轻泡货物）$$
$$计费重量 = 较高重量分界点重量$$

2）体积重量指将货物体积按一定比例折合成的重量。计算规则为：以 0.006 立方米作为 1 千克来计算。体积重量计算公式如下：

$$体积重量（千克）= 货物体积（立方米）\div 0.006（立方米/千克）$$

3）航空运费计算方法与步骤如下所示。

A. 先求出货物体积，除以 0.006 折合成体积重量。

B. 体积重量与实际毛重比较，择高者为计费重量。

C. 航空运费 = 运价 × 计费重量。

（2）级差掌握。航空运费按计费重量大小分为若干个重量等级分界点运价。例如，代号为"M"（minimum charge），即起码运费，表示一票货物自始发地机场至目的地机场航空运费的最低限额。货物将其适用的航空运价和其计费重量计算所得的航空运费，与货物起码运费相比并取高者。代号为"N"(normal general cargo rate),表示 45 千克以下的普通货物运价。代号为"Q"表示 45 千克以上的普通货物运价。一般公布为"Q45""Q100""Q300"等。这里的"Q45"表示 45 千克以上（含 45 千克）普通货物运价；"Q100"表示 100 千克以上（含 100 千克）普通货物运价,以此类推。计费重量越大,运价相对越低。

不同地区重量分界点划分不同,分界点运价也不同。例如,运往日本东京的货物,按现行运价本分三个等级,即 M 为 230.00 元,N 为 30.22 元,Q45 为 22.71 元；运往美国西雅图的运价有六个级别,例如 M 为 420.00 元,N 为 51.58 元,Q45 为 38.70 元等。

由于级次越高费率越低,在实际操作时,就可将按照接近较高重量分界点的较低运价计算的运费与按照实际计费重量计算的运费相比较,一般航空公司同意按两者中较低的运费计收。例如,有 40 千克的货物运往日本,按 N 级运价计算每千克 CNY26.11,其运费为 CNY1044.40,而按"Q45"级别计算 45 千克重的货物按每千克 CNY19.61 计算,其运费只有 CNY882.45,显然按"Q45"级别申报运费合理。

3. 铁路运费的基本知识

（1）国际铁路联运。国际铁路货物运输的运费计算有三条原则。

1）发送路和到达路的铁路运输费用,按发送国和到达国的国内铁路运价规则计收。

2）过境路的铁路运输费用,按《国际铁路货物联运协定统一过境运价规程（统一运价）》的有关规定计收。

3）未参加国际货协铁路的货物运送费用,按这些铁路所参加的另一铁路联运协定（《国际货约》）的规定计收。

（2）境内（对香港）联运的费用计算。境内（对香港）联运的费用计算分为四种情况：①境内段铁路运费计算；②深圳过轨租车费；③深圳口岸劳务费、中转费、调车费、租车费、装卸费、口岸代理劳务费等；④前三项费用按人民币支付,港段运杂费,包括终点费、装卸费、港段代理劳务费等。港段各项费用以港元支付。

铁路运费按不同商品归为五大类,每一大类再按整车或零担定出不同费率,根据计费重量（整车按车辆标记载重计算）确定运费。计算公式如下：

$$港段运费总额 = 运费率 \times 计费重量$$

港段终点卸货费按每车若干港元计算,但活畜禽类商品免收；调车费按每车若干港元计收；卸车费分一般杂货、重货、机器三大类定费率计收；劳务费按每车计收。

4. 集装箱运输的费用

（1）集装箱运费的种类。

集装箱运输的费用构成和计算方法与传统的运输方式不同。以海洋运输为例,它包括内陆或装运港市内运输费、拼箱服务费、堆场服务费、集装箱及其设备使用费海运运费等。

内陆运输费（inland transport charge）或装运港市内运输费主要包括区域运费、无效托运费、变更装箱地点费等。内陆或港口市内运输可以由承运人负责,也可以由货主自理。如由货主自理，有关费用负担和支付按买卖合同规定，由发货人或收货人负责。在一般情况下，在出口地发生的费用由发货人负责，在进口地发生的费用由收货人负责。

拼箱服务费（LCL service charge）包括拼箱货在货运站至堆场之间空箱或重箱的运输、理货，货运站内的搬运、分票、堆存、装拆箱以及签发场站收据、装箱单制作等各项服务费用。

堆场服务费（terminal handling charge），也称码头服务费，包括在装船港堆场接受来自货主或集装箱货运站的整箱货和堆存、搬运至装卸桥下的费用，以及在卸货港的从装卸桥下接收进口箱，将箱子搬运到堆场和在堆场堆存的费用。堆场服务费还包括在装卸港的有关单据费用。

集装箱及其他设备使用费（fee for use container and other equipment）是指当货主使用由承运人提供的集装箱及底盘车等设备时发生的费用。它还包括集装箱从底盘车上吊上吊下的费用。

集装箱海运运费由船舶运费和一些相关费用组成。目前集装箱海运运费基本上分成两大类：一类是沿用传统的件杂货即散货的运费计算方法，也就是以每运费吨作为计费单位；另一类是以每个集装箱作为计费单位，即包箱费率（box-rate）。总的趋势是包箱费率的计算方法逐步取代传统件杂货运费的计算方法。

（2）集装箱运费的规定方法。

集装箱的包箱费率有三种规定方法：

1）FAK 包箱费率（freight for all kinds box-rate），即不分货物种类，也不计货量，只规定统一的每个集装箱收取的费率（参照表 2-3）。

表 2-3　中国—新加坡航线集装箱费率表　　　　（单位：美元）

装港	货类	CFS/CFS	CY/CY	
		Per F/T	20'FCL	40'FCL
大连	杂货	78.50	1 250.00	2 310.00
新港	杂货	70.00	1 150.00	2 035.00
上海	杂货	70.00	1 150.00	2 035.00
黄浦	杂货	63.00	950.00	1 750.00
……	……	……	……	……

2）FCS 包箱费率（freight for class box-rate），即按不同货物等级制定的包箱费率（参照表 2-4）。

表 2-4　中国—澳大利亚航线集装箱费率表　　　　（单位：美元）

基本港：Brisbane, Melbourne, Sydney, Fremantle				
等级	计算标准	20' (CY/CY)	40' (CY/CY)	LCL (per F/T)
1～7	W/M	1 700	3 230	95
8～13	W/M	1 800	3 420	100
14～20	W/M	1 900	3 510	105
港口附加费	—	84	160	Null
燃油附加费	—	102	195	Null

3）FCB 包箱费率（freight for class & basis box-rate），即按不同货物等级或货物类别以及计算标准制定的费率（参照表2-5）。

表 2-5 中国—地中海航线集装箱费率表　　　　　　　（单位：美元）

基本港：Algiers, Genoa, Marseilles				
等级	LCL per W	LCL per M	20' (CY/CY)	40' (CY/CY)
1-7	131.00	100.00	2 250.00	4 200.00
8-13	133.00	102.00	2 330.00	4 412.00
14-20	136.00	110.00	2 450.00	4 640.00
港口附加费	Null	Null	74	142
燃油附加费	Null	Null	90	174

■ 实例展示 2-9　集装箱运费的计算

某中国外贸公司以 CFR 价格条件出口到法国马赛蘑菇罐头共 1 000 箱，每箱重量为 12 千克，尺码为 0.023 6 立方米。求该批货物总运价。

解：（1）1 000 箱蘑菇罐头总重量 = 12×1 000 = 12（公吨）

总尺码 = 0.023 6×1 000=23.6（立方米）

接近达到一整箱，故采用整箱装，按 FCL 方式计收运费。

（2）从承运的运输公司的"货物分级表"（classification of commodities）中查到蘑菇罐头的等级为 8 级。

（3）查到马赛的 20 尺箱的港口附加费和燃油附加费共计 74 + 90 = 164（美元）

（4）总运价 = 2 330 + 164 = 2 494（美元）

2.3.2 保险费的计算

1. 保险金额的约定

保险金额（insured amount）是被保险人对保险标的的实际投保金额，也是保险人依据保险合同所应承担的最高赔偿金额，也是计收保险费的基础。如果买卖双方在买卖合同中对保险金额未做出明确规定，那么按照有关的国际贸易惯例办理。根据国际保险市场的习惯，保险金额的计算公式为：

保险金额 = CIF（或 CIP）价 × （1+ 投保加成率）

从上述计算公式中可以看出，参加投保的不仅是货物本身的价值，运费和保险费也参加了投保。由于保险金额是以 CIF 货价为基础计算的，因此如果对外报价为 CFR（或 CPT）价格而国外客户要求改报 CIF（或 CIP）价格，那么应先把 CFR（或 CPT）转化为 CIF（或 CIP）价格再加成计算保险金额。所以，在仅有 CFR（或 CPT）价格的情况下，CIF（或 CIP）价格应使用下列公式计算：

CIF（或 CIP）价 = CFR（或 CPT）价 ÷（1 − 投保加成 × 保险费率）

在按 CIF 或 CIP 条件成交时，按国际贸易惯例，预期利润一般按 CIF 价的 10% 估算，因此在买卖合同中未规定保险金额时，习惯上按 CIF 价或 CIP 价的 110% 投保。中国人民保险公司承保出口货物的保险金额，一般也是按国际保险市场上通常的加成率，即按 CIF 或 CIP 发票金额的 110% 计算的。由于不同货物、不同地区、不同时期的预期利润不一，因此在洽商交易时，如果买方要求保险加成超过 10%，卖方也可酌情接受。如果买方要求保险加成率过高，那么卖方应同有关保险公司商妥后方可接受。

2. 保险费的计算

在 CIF、CIP 价格条件下，保险费是货价的组成部分之一，它是保险金额与保险费率的乘积。保险费率由保险公司按不同商品、不同运输方式、不同目的地和不同的险别制定，计算时可参阅保险公司所提供的费率表。

（1）一般保险费的计算。

CIF 价或 CIP 价的保险金额计算公式如下：

$$保险金额（每单位）= CIF 价或 CIP 价 \times (1 + 投保加成率)$$

$$保险费（每单位）= 保险金额（每单位）\times 保险费率$$

（2）含折扣价保险费的计算。

除非合同或信用证有规定，保险金额应以减除折扣后的净价为基数。计算公式如下：

$$保险费 = CIF/CIP 价 \times (1 - 折扣率) \times 投保加成 \times 保险费率$$

（3）超成保险费的计算。

按照一般习惯做法，保险金额按发票金额加成 10%，但有时买方提出加成超出 10%，这就增加了出口商的费用支出，如买卖合同未规定，那么超额部分应由买方负担。超成保险费的计算公式如下：

$$超成保险费 = CIF/CIP 价 \times 超成率 \times 保险费率$$

■ **实例展示 2-10　保险金额的计算**

某商品出口到欧洲某港口，每吨成本为 2 000 元，运费为每吨 150 元，保险费率为 0.9%，加成 10% 投保。求按 CIF 价加成 10% 的保险金额。

解：保险金额 =（2 000 + 150）÷［1 - 0.9% ×（1 + 10%）］×（1 + 10%）= 2 388.65(元)

■ **实例展示 2-11　保险费的计算**

一批货物 CIF 总价为 USD8937.6，进口商要求按成交价格的 110% 投保协会货物保险条款（A）(保险费率为 0.8%) 和战争险（保险费率为 0.08%）。求出口商应付给保险公司的保险费用。

解：保险金额 = 8 937.6 × 110% = 9 831.36（美元）

保险费 = 9 831.36 ×（0.8% + 0.08%）= 86.52（美元）

思考题

一、单项选择题

1. 出口总成本是指（　　）。
   A. 进货成本
   B. 进货成本＋出口前的一切费用
   C. 对外销售价
   D. 进货成本＋出口前的一切费用＋出口前的一切税金

2. 卖方按照原价给予买方一定百分比的减让，即在价格上给予适当的优惠，这是（　　）。
   A. 佣金　　　　B. 折扣　　　　C. 预付款　　　　D. 订金

3. 在国际贸易中，佣金的计算方式是（　　）。
   A. 净价 × 佣金率
   B. 含佣价 × 佣金率
   C. 净价 ÷（1 - 佣金率）
   D. 单价 × 佣金率

4. 已知 CIF 价格为 100 美元，运费为 10 美元，保险费为 10 美元，佣金率为 2%，则按 CIF 计算的佣金是（　　）美元。
   A. 1.60　　　　B. 1.63　　　　C. 2.00　　　　D. 2.40

5. 我国某公司出口某商品，对外报价为 400 美元/台 CIF 纽约，外商要求将价格改报为 CIFC3%，我方应将价格改报为（　　）美元。
   A. 412　　　　B. 388　　　　C. 387.63　　　　D. 412.37

6. 某公司对外发盘，200 台 1 匹空调机，每台 150 美元 FOB 广州，外商要求改报 CIF 汉堡，经查，运至汉堡的总运费为 3 500 美元，保险费为 100 美元，则改报价应为（　　）美元。
   A. 3 750　　　　B. 167.5　　　　C. 168　　　　D. 184

7. 如果 FOB 价格为 200 美元，运费为 22 美元，投保加一成，保险费率为 2%，那么 CIF 价格应为（　　）美元。
   A. 226　　　　B. 226.4　　　　C. 226.9　　　　D. 227

8. 出口换汇成本高于当时的外汇牌价，说明该次出口（　　）。
   A. 亏损　　　　B. 盈利　　　　C. 不能确定　　　　D. 不盈不亏

二、多项选择题

1. 下列报价写法不正确的有（　　）。
   A. FOB QINGDAO USD10.00/PC
   B. CIF LIVERPOOL GBP125.00/TON
   C. FOB SHANGHAI $15.25/PC
   D. FOB JINAN USD2.00/KG

2. 在国际贸易中，确定进出口商品的价格时，必须要遵守的原则有（　　）。
   A. 要结合国别、地区政策作价
   B. 按照国际市场价格水平作价
   C. 双方协商作价
   D. 要结合购销意图作价

三、判断题

1. 含佣价 = 净价 ÷（1 – 佣金率），其中的净价一定是 FOB 净价。（   ）
2. 佣金是对中间商提供服务的报酬，而折扣则是对卖方提供的一定程度的价格优惠。（   ）
3. 出口换汇成本高于银行牌价，说明该笔出口交易是盈利的。（   ）
4. 正确使用折扣，可以调动买方的购买积极性，从而扩大销路。（   ）
5. 我国出口商在贸易合同中规定的价格应该与出口总成本一致。（   ）
6. 不写明折扣或佣金的一定是净价。（   ）
7. 在商品价格中包括佣金时，必须要以文字来说明。（   ）

四、计算题

1. 出口某商品 100 公吨，报价每公吨 1 950 美元 FOB 上海，客户要求改报 CFR 伦敦价，已知该货为 5 级货，计费标准为 W，每运费吨运费为 70 美元。若要保持外汇净收入不变，应如何报价？若还需征收燃油附加费 10%、港口附加费 10%，又应如何计算？

2. 我方向西欧某客商推销某商品，发盘价格为每公吨 1 150 英镑 CFR 西欧某港口，对方复电要求改按 FOB 中国口岸定价，并给予 2% 佣金。查自中国口岸至某港口的运费为每公吨 170 英镑，我方如要保持外汇收入不变，改按买方要求条件报价，应如何报价？

3. 我国某外贸公司出口某商品 1 000 箱，该货每箱收购价为 200 元人民币，国内费用为收购价的 15%，出口后每箱可退税 14 元人民币，外销价每箱 CFRC5% 曼谷 38 美元，每箱货应付海运运费 2.35 美元，银行外汇牌价 100 美元 =720 元人民币。试计算该商品的出口换汇成本及盈亏率，并按换算公式进行验算。

4. 上海旺盛贸易公司于 2003 年 5 月收到日本三井株式会社订购 17 公吨海产品的询价。旺盛贸易公司按正常报价程序进行报价核算。该海产品每公吨进货价格为 5 600 元人民币（含增值税 17%），出口包装每公吨 500 元人民币；该批货物国内运杂费共计 1 200 元人民币；出口商检费为 300 元人民币；报关费为 100 元人民币；港区港杂费为 950 元人民币；其他各种费用共计 1 500 元人民币。旺盛公司向银行贷款的年利率为 8%；预计垫款时间 2 个月；银行手续费率为 0.5%（按成交价格计），退税率为 3%；海洋运费共 2 200 美元，保险费率 0.85%；三井株式会社要求在报价中含佣金 3%。若旺盛贸易公司的预期利润是 10%（以成交金额计），当时人民币对美元汇率为 8.25∶1，试报出 CIF3% 的价格。

Chapter3
第 3 章

合同的磋商与内容

情景导入

在完成价格初步核算后，2018 年 2 月 10 日，张明给泰国 FUMING FEED CO., LTD.（以下简称 FUMING 公司）发送了电子邮件，对本公司情况进行了介绍，并期待能与对方建立业务关系。

2 月 11 日，上海良友（集团）有限公司收到 FUMING 公司业务员迈克（Mike）的询盘邮件，经过发盘、还盘等环节，双方最终于 2 月 27 日达成一致。2 月 28 日，张明制作外销合同三份，签署后邮寄两份给 FUMING 公司会签，FUMING 公司收到合同签署后保留一份，并将一份邮寄给上海良友（集团）有限公司归档。

3.1 合同的磋商

3.1.1 交易磋商的含义和重要性

交易磋商（business negotiation），又称贸易谈判，是指买卖双方以买卖某种商品为目的，通过一定程序就交易的各项条件进行沟通和协商，最后达成协议的全过程。交易磋商的目的是买卖双方通过磋商能共同取得一致意见，达成交易。在国际贸易中，交易磋商占有十分重要的地位，交易磋商是签订国际货物买卖合同的基础和依据，是进出口商品贸易的基础工作，合同是磋商的目的和结果。所以，在实际工作中，相关业务人员要认真对待，并且做好交易前的各项准备工作。

3.1.2 交易磋商的形式和内容

交易磋商在形式上可以分为口头和书面两种。不论采用哪种形式的磋商，所遵循的国际交易基本规则和国际惯例都是相同的。

1. 交易磋商的形式

（1）口头磋商。口头磋商主要是指面对面的谈判，如参加各种交易会、洽谈会，以及贸易小组出访、邀请客户来华洽谈交易等。此外，双方通过国际长途电话进行的交易磋商也属于口头磋商。在口头磋商，特别是面对面谈判中，谈判双方进行直接接触和交流，便于了解对方的诚意、态度和想法，从而采取相应的对策，做出必要的说明，以减少误会，提高谈判效率。口头磋商有助于多种建设性方案的提出，并可能引发谈判双方之间新的合作机会；在口头磋商中，谈判双方可以灵活运用谈判策略和技巧，根据谈判进展情况及时调整谈判策略，达到预期目的。所以，口头磋商比较适合谈判内容复杂、涉及问题较多的贸易，如大宗交易或价值高的标的物的谈判。

（2）书面磋商。书面磋商是指通过信件和数据电文，包括电报、电传、传真、EDI、电子邮件等方式来洽谈交易。随着现代通信技术的发展，书面磋商越来越简便易行，而且书面磋商的费用比口头磋商要低廉很多，所以大多数贸易企业在日常业务中采用书面磋商方式。但书面磋商效率低，是单向沟通的方式，比较适用于正式谈判前的试探性接触，或贸易伙伴间有长期贸易关系的谈判，抑或空间距离较远、交易规模较小的谈判。目前，多数企业使用电子邮件或传真的书面磋商方式。

2. 交易磋商的内容

在任何一笔具体交易的磋商中，买卖双方都要就交易的商品及各项交易条件进行协商。只有双方就各项交易条件达成一致意见，交易才可达成，合同才能签订。因此，有关买卖商品的各项交易条件就成为双方交易磋商的重要内容。磋商的内容主要包括商品的名称、品质、数量、包装、价格、装运、保险、支付以及商检、索赔、仲裁和不可抗力等交易条件。

3.1.3 交易磋商的一般程序

交易磋商的一般程序可概括为询盘、发盘、还盘和接受四个环节。其中，发盘和接受是交易必不可少的两个基本环节或法律步骤。只有一方的发盘被另一方所接受，交易才能达成，合同方能成立。

1. 询盘

询盘（inquiry）是指买方为了购买或卖方为了销售货物而向对方提出有关交易条件的询问。主要是为了试探对方对交易的诚意和了解其对交易条件的意见。询盘的内容可涉及价格、品名、品质、数量、包装、交货期以及索取商品目录或样品等。因为多数询盘只是询问价格，所以在实际业务中询盘常被称作询价。询盘可以由买方发出，也可以由卖方发出，可采用口头方式，亦可采用书面方式，如询价单（inquiry sheet）格式进行。目前随着信息网络技术的发展，利用电子邮件和商务网络询盘已成趋势。

询盘在通常的交易中并非必不可少的环节，一般是一种内容不明确、不肯定、不全面或附有保留条件的建议，这种建议具有邀约性质，因此对双方均无法律约束力。在国际贸易中，发出询盘的一方通常是为了试探市场，了解市场和客户对自己交易条件的反应，寻求交易机会，有时一方发出的询盘也表达了与对方进行交易的愿望，希望对方接到询盘后及时发出有效的发盘，以便考虑接受与否。

询盘时一般不直接用"询盘"的术语，而常用"请报价……"（Please quote…）、"请告……"（Please advise…）、"请电传告……"（Please advise by telex…）、"对×××有兴趣，请……"（interested in …please）、"请发盘…"（Please offer…）等词句。

例如，买方询盘：请报500吨L－苹果酸成本、运费加保险至新加坡的最低价，12月装运，尽速电告。（Please quote lowest price CIF Singapore for 500 M/T L-Malic Acid December shipment Cable Promptly.）

卖方询盘：可供纯度99%的L－苹果酸500吨，12月装运，如有兴趣请电告。（Supply 500M/T L-Malic Acid 99Pct December shipment please cable if interested.）

2. 发盘

发盘（offer）又称为报盘、发价、报价，是指交易的一方（发盘人）向另一方（受盘人）提出购买或出售某种商品的各项交易条件，并愿意按照这些条件与对方达成交易，订立合同的意思表示。发盘既是商业行为，又是法律行为，在合同法中被称为要约。

发盘可以是应对对方的询盘做出的答复，也可以在没有询盘的情况下直接发出。发盘既可以由卖方发出，也可以由买方发出。由卖方发出的发盘称作售货发盘（selling offer）；若由买方发出，则称购货发盘（buying offer），或习称为递盘（bid）。一项发盘涉及的当事人包括发盘人（offerer）和受盘人（offeree）。发盘一经受盘人在发盘有效期内表示接受，发盘人将受其约束，有义务按发盘中规定的条件与对方订立合同；发盘对受盘人没有约束，受盘人有权在发盘的有效期内要求对方按发盘中规定的条件与之签约。

发盘一般采用下列术语和词句："发盘"（offer）、"发实盘"（offer firm/firm offer）、"递盘"（bid；biding）、"递实盘"（bid firm/firm bid）、"报价"（quote）、"供应"（supply）、"订购"（book/booking）、"订货"（order/ordering）。

3. 还盘

还盘（counter-offer）又称还价、反要约、新的发盘，是受盘人在接到发盘后，对发盘的内容不同意或不完全同意，为了进一步磋商，又向发盘人提出修改建议或变更内容的表示。

还盘有两个法律后果：其一，还盘是对发盘的拒绝，还盘一经做出，原发盘即失去效力，发盘人不再受其约束；其二，还盘是受盘人向原发盘人提出的一项新的发盘。还盘做出后，还盘的一方与原发盘的发盘人在地位上发生了变化：还盘人由原发盘的受盘人变成新发盘的发盘人，而原发盘的发盘人则变成了新发盘的受盘人。新受盘人有权针对还盘的内容进行考虑，决定接受、拒绝或是再还盘。一笔交易有时不经过还盘即可达成，有时要经过还盘，甚至往返多次的还盘才能达成。

还盘的形式可有多种不同，有的明确使用"还盘"字样，有的则不使用，而在内容中表示出对发盘的修改，也构成还盘。

例如，你方 10 月 20 日邮件收悉，还盘每条 10 美元 CIF 纽约。（Your email October 20th counter offer USD 10 Per piece CIF New York.）

你 2007 年 12 月 8 日电收到，我们遗憾地告诉你，你方所报价格太高。还盘价格 970 美元/公吨，装运期 2008 年 2 月 15 日前，其他条件不变。（Thank you for your offer of 8 December 2007. We are disappointed to tell you that the price is too high. We can offer at USD970 per metric ton, for shipment before February 15th, 2008. We can accept what else you say.）

4. 接受

接受（acceptance），法律上称作承诺，是交易的一方在接到对方的发盘或还盘后，同意对方提出的条件，愿意与对方达成交易，并及时以声明或行动表示出来。接受和发盘一样，既属于商业行为，也属于法律行为。一方的发盘经另一方接受，交易即告达成，合同即告成立。

接受一般用"接受"（accept）、"同意"（agree）和"确认"（confirm）等术语表示。当双方还盘次数少，交易条件变化不多，情况简单时，在接受时可不必复述全部条件；如果还盘次数多，交易条件变化多，情况复杂，那么在接受时最好复述全部条件，以避免双方在条件解释上出现不一致。

例如，你方 2007 年 8 月 20 日电子邮件我方接受。（Yours August 20th email we accept.）

你方 5 月 25 日电子邮件我方接受，纯度 99% 的 L - 苹果酸 500 吨每公斤 10 美元 CIF 纽约 12 月份装运不可撤销即期信用证。（Yours May 25th email we accept 500M/T L-Malic Acid 99Pct at USD10/Kg CIF New York December shipment irrevocable sight credit.）

【知识窗口 3-1】实质性变更和非实质性变更

根据《联合国国际货物销售合同公约》（简称《公约》）的规定，受盘人对货物的价格、付款、品质、数量、交货时间与地点、一方当事人对另一方当事人的赔偿责任范围或解决争端的办法等提出添加或更改，均视为实质性变更发盘条件，成为新的发盘。所以，还盘并不一定是还价，对付款方式、装运期等主要交易条件提出不同的建议，也都属于还盘的性质。在还盘时，双方都同意的条件一般无须重复列出。

3.2 合同的签订

3.2.1 国际货物买卖合同的含义

国际货物买卖合同（contract for the international sale of goods），亦称国际货物销售

合同，按照《联合国国际货物销售合同公约》的规定，是指营业地处于不同国家或地区的当事人所订立的货物买卖契约。货物买卖合同是指卖方为了取得货款而把货物的所有权移交给买方的一种双务合同。所谓"双务"（bilateral）是指合同双方当事人相互承担义务，同时双方相互享有权利，一方所承担的义务正是另一方所享有的权利。在这种合同中，卖方的基本义务是交出货物的所有权，买方的基本义务是支付货款。这是货物买卖合同区别于其他合同的一个主要特点。国际货物买卖合同的订立同其他合同一样，是双方当事人意思表示一致的结果。

3.2.2 签订书面合同的意义

如前所述，买卖双方经过磋商，一方的发盘被另一方有效接受后，交易即达成，合同即告成立。成交后，另行签署合同或确认书不是合同有效成立的必备条件。但是，在国际贸易实践中，在双方当事人达成交易后，一般均签订一份具有一定格式的书面合同，以明确双方的权利和义务。签订书面合同具有重要的意义，主要表现在以下三个方面。

1. 书面合同是合同成立的证据

根据法律要求，凡是合同必须能得到证明，提供证据，包括人证和物证。书面合同因有买卖双方的正式签订而为其有效成立提供了证据。某些被国家法律认可、具有效力的口头合同，更需要用一定的书面形式加以确定，以成为口头合同有效成立的书面证据。作为合同有效成立的证据，书面合同在处理双方争议问题上的作用显得最为突出。当双方将其争议提交仲裁或诉讼时，书面合同可以作为仲裁庭或法官进行仲裁和做出判断的一个有力证据。没有这种书面形式的证据，就难以得到法律的保护，即使是有理的一方，也会丧失其权益。

2. 书面合同是合同生效的条件

在国际贸易中，有时合同的生效是以签订书面合同为条件的。在买卖双方磋商的过程中，当一方要求以签订书面合同为准时，即使双方已对交易条件全部协商一致，在书面合同签订之前，合同也不能生效。在此情况下，签订书面合同就是合同生效的条件。另外，有些国家的法律或行政法规规定，或当事人约定签订书面合同的，都应当签订书面合同。有些国家的法律或行政法规还规定，某些合同必须由政府主管部门批准，合同才能成立，例如"要式合同"。这类合同，仅由买卖双方予以书面签订还不够，还需政府主管部门批准，才能成为有效合同。

3. 书面合同是履行合同的依据

合同履行是一个十分复杂的过程，它涉及很多环节和部门，只有各方面都围绕同一个合同协同动作，才能有序、正确地履行合同。无论是口头还是书面达成的协议，如果没有一份包括各项交易条件或条款的合同，就会给合同的履行带来许多不便。所以，在实际业务中，签订书面合同或用书面形式对口头合同加以确定，作为履行合同的依据，来规定双方各自应享受的权利和应承担的义务，是非常重要的。

3.2.3 合同有效成立的条件

交易一方的发盘一经对方有效接受，合同即告成立。但合同是否具有法律效力，还要视其是否具备了一定的条件。根据各国合同法规定，一项合同，除买卖双方就交易条件通过发盘和接受达成协议外，还需具备下述有效条件才算是一项有法律约束力的合同。

1. 当事人必须在自愿和真实的基础上达成协议

各国法律都承认"契约自由"和"意思自主"是合同法的基本原则。合同的签订必须是在双方当事人自愿基础上进行的。一方采取强制、威胁、暴力、诈骗手段，迫使对方订立的合同在法律上是无效的。此外，当事人之间达成的协议，必须是当事人之间意思表示一致的结果。各国法律都认为，意思表示一致必须由双方当事人就同一标的交换各自的意思，从而达成一致。如果一方当事人向对方提出一项要约，而对方对该项要约表示承诺，那么在双方当事人之间就达成了一项具有法律约束力的合同。

2. 买卖双方当事人必须具有订约、履约的行为能力

签订买卖合同的当事人，无论是自然人还是法人，都必须具有完全的民事行为能力。按照各国法律的规定，自然人在签订合同时，必须是精神正常的成年人才具有行为能力，而未成年人或精神病人订立合同必须受到限制。关于法人签订合同的行为能力，各国法律一般认为，法人必须通过其授权的代理人，在法人的经营范围之内签订合同，而且其活动范围不得超过公司章程的规定，否则属于越权行为，合同不能发生法律效力。

我国法律除对未成年人、精神病人签订合同的能力加以限制外，对某些合同的签约主体还做了一定的限定。例如，规定只有取得对外贸易经营权的企业或其他经济组织才能签订国际货物买卖合同，没有该项经营权的企业如要签订国际货物买卖合同，就必须委托有该项权益的企业来代理签约。

3. 合同必须有对价和合法的约因

一项在法律上有效的合同，除了当事人之间意思表示一致以外，还必须具备另一项要素，这个要素，英美法系称为"对价"（consideration），大陆法系称为"约因"（cause）。按相关法律的规定，合同只有在有"对价"或"约因"的情况下，才是法律上有效的合同；无"对价"或"约因"的合同不受法律保护，是没有强制执行力的。

4. 合同的标的和内容必须合法

合同的标的和内容必须合法,这是几乎所有国家法律对合约订立的基本要求。这一要求不仅包括合同的标的,还包括合同中对当事人权利、义务的约定,即合同内容不能违反国家法律强制性规定,不得违反公共政策或公共秩序,损害社会公共利益、善良民俗;同时,合同的内容应当遵循公平原则。

我国《合同法》第五十二条明确规定,损害国家、集体或者第三人利益,以合法形式掩盖非法目的,损害社会公共利益,违反法律、行政法规的强制性规定的合同无效。但是,合同中有违反我国法律或社会公共利益的条款,经当事人协商后同意予以取消或改正,则不影响合同的效力。

5. 合同的形式必须符合法律规定的形式

合同的形式是指订立当事人达成的协议的表现形式。各国法律对合同成立的形式要求不同。有些国家从便利商业交往的角度出发,规定买卖合同可以以任何形式订立,无论是以口头形式、书面形式或以行动来表示均无不可,听凭当事人自愿。有些国家从维护合同的严肃性出发,规定某些合同,特别是超过一定金额的买卖合同,必须采用书面的形式订立。

《公约》对国际货物买卖合同的形式原则上不加以限制,无论采用书面形式还是口头形式,均不影响合同的效力。我国《合同法》允许采用口头形式和其他形式订立合同,但在实际操作中,相关部门认为涉外经济合同是重要的合同,原则上应当采用书面的形式订立。因此我国在 1986 年 12 月 11 日核准《联合国国际货物销售合同公约》时,对该项规定提出了保留,即订立、更改或终止国际货物买卖合同必须采用书面形式,书面形式可以包括信件、电报和电传。

3.2.4 书面合同的形式

在国际贸易中,书面合同的格式和名称不尽相同,形式很多,均无特定的限制。一般常用的有销售合同、购货合同、成交确认书、协议、备忘录、意向书、订单。我国外贸企业在对外贸易实践中,采用的书面合同主要有销售合同、销售确认书两种。

1. 合同

合同(contract)的内容比较全面、完整,对于买卖双方的权利和义务,以及争议的预防和处理,均有详细、明确的规定。在大宗商品或成交金额较大的交易中,普遍采用此种形式。

合同包括销售合同和购货合同。这两种合同的格式和主要内容基本一致,其中包括商品的品名、品质、数量、包装、价格、装运、保险、支付、商检、索赔、仲裁、不可抗力等条款。在对外贸易实践中,通常由我国企业印制固定的格式,一式两份,成交后，由买卖双方按约定的交易条件逐项填写，经双方签字，买卖双方各自保存一份。合同有正本和副本之分，合同副本与正本同时制作，无须签字，亦无法律效力，仅供交易双方内部留作参考，其份数可视双方需要而定。

2. 确认书

确认书（confirmation）属于简式合同的一种，是买卖双方在通过交易磋商，达成交易后，由买卖双方加以确认的、列明达成交易条件的书面证明。确认书主要包括品名、规格、数量、价格、包装、装运、保险和付款方式等条款。虽然它所包括的条款较为简单，但与合同具备同等的法律效力，对买卖双方均有约束力。

确认书分为销售确认书（sales confirmation）和购买确认书（purchase confirmation）。这两种确认书的格式基本一致，当达成交易时，通常也由企业填制事先印就的、格式固定的确认书，一式两份，经双方签署后，各自保存一份，以备存查，并作为履行合同的依据。

3. 协议

协议（agreement）在法律上是合同的同义词。只要协议对买卖双方的权利和义务做出明确、具体和肯定的规定，即使书面文件上被冠以"协议"或"协议书"的名称，一经双方签署确认，也与合同一样，对买卖双方均具有法律约束力。但是，在交易洽商的内容比较复杂，双方只是商定了其中一部分条件，还有一部分条件有待进一步洽商的情况下，通常双方先签订一个"初步协议"（preliminary agreement）或"原则性协议"（agreement in general），同时在协议书中订明"本协议属初步协议，正式合同有待进一步洽商后签订"之类的说明，这种协议就不属于正式有效的合同。

4. 意向书

在交易磋商尚未最后达成协议前，买卖双方为了达成某项交易，将共同争取实现的目标、设想和意愿，有时还包括初步商定的部分交易条件，以书面形式记录，作为今后进一步谈判的参考和依据，这种书面文件被称为"意向书"。意向书（letter of intent）只是双方当事人达成某项协议的意愿表示，不是法律文件，对当事人仅仅具有一定道义上的约束力。但根据意向书，有关当事人彼此负有道义上的责任，在进一步洽谈时，一般不应与意向书中所做的规定偏离太远。

5. 备忘录

备忘录（memorandum）是指进行交易洽商时用来记录洽商的内容，以备今后核查的文件。如果当事人双方把洽商的交易条件完整、明确、具体地记入备忘录，并经双方签字，那么这种备忘录的性质和作用与合同无异。如果双方洽商后，只是对某些事项达成一致或一定程度的理解或谅解，并记入备忘录，作为双方的初步协议，以作为今后进一步洽谈、合作的参考依据，并常常冠以"理解备忘录"或"谅解备忘录"（memorandum of understanding）的名称，则这种备忘录不具有法律约束力，只是对双方具有一定道义上的约束力。备忘录在我国外贸实际工作中较少使用。

6. 订单和委托订购单

订单（order）是指进口商或实际买家拟制的货物订购单。委托订购单（indent）是指由代理商或佣金商拟制的代客购买货物的订购单。我国贸易企业在贸易实践中，采用订单的方式比较常见。在交易达成后，客户往往发出订单，要求我方签署后退回一份。这种经洽商成交后发出的订单，实际上是国外客户的购买合同或购买确认书。对此，我方应仔细审阅其内容，看其中的条款与双方已商定的各项交易条件是否一致。如果内容一致或者虽有添加、更改之处，但情况并不严重且我方可以接受，则应按对方要求签署订单。如果发现添加、更改之处是我方所不能接受的，则必须及时向对方提出异议，以免对方误认为我方已默认其订单中所列条款，进而产生不必要的纠纷。此外，有些并未与我方进行过磋商的国外客户有时会径自寄来订单，对于这类订单，应根据其具体内容区别其为发盘还是发盘邀请，并及时予以答复。

3.3 合同的内容与缮制

书面合同的内容一般由约首、本文和约尾三部分组成。

3.3.1 约首

约首是指合同的序言部分，包括合同名称、编号、合同当事人名称和地址、订约时间与地点等。合同的订约地点涉及合同履行以哪国法律为准的问题，因此为了避免不必要的麻烦和纠纷，出口合同的订约地点最好写明在我国。有的合同将"订约时间和地点"在约尾订明。除此之外，在合同序言部分常常写明双方订立合同的意愿和执行合同的保证，该序言对双方均具约束力。

3.3.2 本文

本文是合同的主体部分，具体列明各项交易的条件或条款，包括货物的名称、品质、数量、价格、包装、交货时间与地点、运输与保险、支付方式以及检验、索赔、不可抗力和仲裁等条款，这些条款体现了双方当事人的权利和义务，所以也叫权利义务部分，一般分为合同的主要条款和一般条款。

1. 商品的品名、品质条款

该条款是合同中的重要条款，品名应明确、具体并适合商品的特点，品质条款应列明商品的等级、规格等内容，并可注明商标。如果该商品是凭样品买卖，则要列明样品的编号或寄送日期。

例如，悠哈奶糖 250G/袋（UHA Milk Candy 250G/bag）。

2. 商品的数量条款

在出口合同中应明确买卖的具体数量、计量单位和数量机动幅度。按重量计量的商品还应包括重量的规定方法，如无明确规定，按国际惯例以净重计算交货数量。对于无法明确具体数量的散装和裸装货，可用溢短装条款加以约定。

例如，出口大豆 1 000 公吨，允许有 5% 的多装或少装（soybeans 1000 metric tons, with 5% more or less allowed at the buyers' option for chartering purpose）。

3. 商品的包装条款

在进出口合同中，包装条款主要是对包装材料、包装方式、包装费用和包装标志做出相应规定。通常包装条款要说明包装的数量以及如何包装，如麻袋（gunny bags）、纸箱（carton case）等。

例如，纸箱装，每箱净重 50 公斤（in cartons of 50 kilos net each）。

4. 商品的价格条款

货物的价格条款主要包括单价（unit price）和总值（total amount）两项内容，单价由计价货币、单位价格金额、计量单位和贸易术语构成。

例如，CIF 纽约价每打 15 美元（USD 15.00 PER DOZEN CIF NEWYORK）。

5. 商品的装运条款

商品的装运条款应包括装运港（地）、目的港（地）、装运时间和是否允许分批装运或转运等内容。

例如，2011 年 9 月由上海运往伦敦，允许分批和转运。（Shipment from Shanghai to London during Sep.2011, with partial shipments and transshipment allowed.）

6. 商品的支付条款

贸易合同中的支付条款要明确规定结算方式，不同的结算方式内容各异，分别说明如下：

（1）汇付方式（remittance）通常有预付货款（俗称前 T/T）和赊账交易（俗称后 T/T）等形式。在采用汇付方式时，交易双方应在贸易合同中明确规定汇付的时间、具体的汇付方法和金额等。

例如，买方应在 2011 年 3 月 10 日前将 100% 的货款以电汇方式预付给卖方。（The buyer shall pay 100% of the sales value in advance by T/T to reach the seller not later than MAR.10th, 2011.）

（2）托收方式（collection）是指债权人委托当地银行通过它在进口地的分行或代理行向债务人收取货款的支付方式。实际业务中多采用跟单托收。在采用托收方式时，交易双方必须明确规定交单条件和付款、承兑责任以及付款期限等内容。

例如，买方对卖方开具的见票后 30 天付款的跟单汇票，于提示时应即承兑，并应于汇票到期日付款，付款后交单。(The buyers shall duly accept the documentary draft drawn by the sellers at 30 days sight upon first presentation and make payment on its maturity. The shipping documents are to be delivered against payment only.)

（3）信用证（letter of credit）是指开证银行应申请人的要求并按其指示，向第三者开具的载有一定金额，在一定期限内凭符合规定的单据付款的书面保证文件。

信用证从不同的角度可分为跟单信用证、光票信用证、可撤销信用证和不可撤销信用证、即期信用证和远期信用证、可转让信用证和不可转让信用证等形式。在实际业务中通常使用的是即期不可撤销跟单信用证。

例如，买方应通过卖方所接受的银行于装运月份前 30 天开出不可撤销的即期信用证，于装运日后 20 天在中国银行议付。(The buyer shall open through a bank acceptable to the sellers an irrevocable sight letter of credit to the sellers 30 days before the month of shipment. And remain valid for negotiation in bank of china until the 20 days after the date of shipment.)

（4）托收与信用证相结合。这种方式是指部分货款用托收方式支付，部分货款用信用证支付。一般做法是来证规定，出口商出立两张汇票，信用证部分凭光票付款，整套货运单据附在托收部分汇票项下收取。但信用证内必须注明"在发票金额全部付清后方可交单"的条款。

例如，货款 50% 应开立不可撤销信用证，余款 50% 见票后即期付款交单。全套货运单据随于托收项下，于申请人付清发票全部金额后交单。如进口人不付清全部金额，则货运单据由开证银行掌握，听凭卖方处理。(50% of the invoice value is paid by irrevocable L/C, while the remaining 50% will be paid against D/P at sight. The full set of the shipping documents shall be accompanied by collection and shall only be released after payment of total invoice value. If the importer fails to pay full invoice value, the shipping documents shall be held by the issuing bank at the exporter's disposal.)

7. 货运保险条款

出口合同中保险条款视贸易术语而定。FOB/CFR/FCA/CPT 术语项下保险条款，应明确保险由买方办理（insurance to be covered by the buyers）；CIF/CIP 术语项下的保险条款，应明确规定由谁办理保险，确定投保险别和保险金额以及以何种保险条款为依据，并注明该条款的生效日期。

例如，保险由卖方按发票金额的 110% 投保一切险和战争险，按中国人民保险公司 1981 年 1 月 1 日的有关海洋运输货物保险条款为准。(Insurance is to be covered by the seller for 110% of total invoice value covering all risks and war risk as per and subject to the relevant ocean marine cargo clauses of the People's Insurance Company of China, dated 1/1/1981.)

8. 商品检验检疫条款

商品检验检疫条款一般包括检验权的规定、检验或复验的时间和地点、检验机构、检验项目和检验证书等内容。

例如，买卖双方同意以装运港（地）中国出入境检验检疫局签发的质量和重量检验证书作为信用证项下议付所提交的单据的一部分，买方有权对货物的质量和重量进行复验，复验费由买方负担。但当发现质量和/或重量与合同规定不符时，买方有权向卖方索赔，并提供经卖方同意的公证机构出具的检验报告。索赔期限为货物到达目的港（地）后 180 天内。(It's mutually agreed that the certificate of quality and weight issued by the China Exit and Entry Inspection and Quarantine Bureau at the port/place of shipment shall be part of the documents to be presented for negotiation under the relevant L/C. The buyer shall have the right to reinspect the quality and weight of the cargo. The reinspection fee shall be borne by the buyer. Should the quality and/or weight be found not in conformity with of the contract, the buyer are entitled to lodge with the Seller a claim which should be supported by survey reports issued by a recognized surveyor approved by the seller? The claim, if any, shall be lodged within 180 days after arrival of the goods at the port/place of destination.)

9. 不可抗力条款

不可抗力条款主要规定不可抗力的范围及其处理的原则和方法，以及不可抗力发生后通知对方的期限、方法和出具证明的机构等内容。

例如，由于人力不可抗拒事故，使卖方不能在合同规定期限内交货或不能交货，卖方不负责任，但卖方必须立即以电报通知买方。如买方提出要求，卖方应以挂号函向买方提供由中国国际贸易促进委员会或有关机构出具的发生事故的证明文件。(In case of force majeure, the seller shall not be held responsible for late delivery or non-delivery of the goods but shall notify the buyer by cable. The seller shall deliver to the buyer by registered mail, if so requested by the buyer, a certificate issued by the China Council for the Promotion of International Trade or competent authorities.)

10. 索赔条款

贸易合同中的索赔条款一般规定提出索赔的时效和责任的界定。

例如，倘若买方提出索赔，凡属品质异议须于货到目的口岸之日起 30 天内提出。凡属数量异议须于货到目的口岸之日起 15 天内提出。对所装货物所提出的任何异议，属于保险公司、轮船公司、其他有关运输机构或邮递机构所负责者，售方不负任何责任。(In case of quality discrepancy, claim should be filed by the buyer within 30 days after the arrival of the goods at port of destination, while for quantity discrepancy; claim should be filed by the buyer within 15 days after the arrival of the goods at port of destination. It is understood that the seller shall not be liable for any discrepancy of the goods shipped due to the causes for which the insurance company, shipping company, other transportation organization/or post office are liable.）

11. 仲裁条款

仲裁条款的内容一般包括仲裁地点、仲裁机构、仲裁规则和裁决的效力。在规定仲裁地点时，我方一般首先争取规定在我国仲裁。

例如，凡因本合同引起的或与本合同有关的任何争议，均应提交中国国际经济贸易仲裁委员会，按照申请仲裁时该会现行有效的仲裁规则进行仲裁。仲裁裁决是终局的，对双方均有约束力。（Any dispute arising from or connection with this contract shall be submitted to China International Economic and Trade Arbitration Commission for arbitration which shall be conducted in accordance with the Commission's arbitration rules in effect at the time of applying for arbitration. The arbitral award is final and binding upon both parties.）

3.3.3 约尾

约尾涉及合同的效力范围和有效条件等主要问题，所以又称为效力部分。一般列明合同适用的法律和惯例、合同的份数、使用的文字及其效力、生效的时间以及双方代表签字等内容。有的合同还根据需要缮制附件及其效力，附在合同后面，作为合同不可分割的一部分。

■ **实例展示 3-1　上海良友（集团）有限公司张明缮制的合同样本**

1. 制单补充资料

上海良友（集团）有限公司出口 320 吨面粉的制单补充资料：

货物毛重：322 000KGS　　　　体积：300CBM
商业发票的开票日期：2018.6.20　　发票编号：LY11SI-003-5
装箱单的制单日期：2018.6.20
实际装船日期：2018.7.15　　　　提单号：SISHLKGA97297
船名：HALCYON V.1106S
保险单号：23546890
出口运费：25 078 美元
保险费：5 210 美元
集装箱尺寸：10*20 英尺
单位编码：62122133-6
出口收汇核销单编号：780594951
箱号/铅封号：SITU2900605/ITS1019256　　GESU3561102/ITS1019125
　　　　　　GLOU3919424/ITS1019176　　SITU2962567/ITS1019141
　　　　　　TEMU2119838/1019132　　　　TEHU2858212/1019297
　　　　　　DFSU2009715/ITS1019251　　BMOU2626150/ITS1019103
　　　　　　SITU2895598/1019117　　　　BMOU2744153/1019190

2. 单据样本

上海良友（集团）有限公司
中国上海张杨路 88 号
SHANGHAI LIANGYOU GROUP
NO.88 ZHANGJIANG ROAD SHANGHAI, CHINA 200122

售货确认书
SALES CONFIRMATION

Tel：0086-021-85083376
Fax：0086-021-85083378

编号：
No. LY11SC-003-5
日期：
Date FEB 28, 2018

TO Messrs：
FUMING FEED CO., LTD.
THAILAND 653, MOO 4, SOI E 6 PATANA 1 RD., SAMUT PRAKAN 10280
TEL：66-2-324-0770 FAX: 66-2-324-0350-1

谨启者：兹确认授予你方下列货品，其成交条款如下：
DEAR SIRS: WE HEREBY CONFIRM HAVING SOLD TO YOU THE FOLLOWING GOODS ON THE TERMS AND CONDITIONS AS SPECIFIED BELOW:

（1）货物名称及规格 NAME OF COMMODITY AND SPECIFICATION	（2）数量 QUANTITY	（3）单价 UNIT PRICE	（4）总价 AMOUNT
WHEAT FLOUR (FEED GRADE) PACKING:25KG PER BAG NET N.W:320 MT	320 MT	CIF BANGKOK USD400.00 PER MT	USD128000.00
		TOTAL	USD128000.00

TOTAL AMOUNT IN WORDS: SAY US DOLLARS ONE HUNDRED AND TWENTY-EIGHT THOUSAND ONLY

（5）装运期限：
TIME OF SHIPMENT： NOT LATER THAN JUL.30, 2018
SHIPPING MARKS：FUMING, THAILAND
（6）装运港：
PORT OF LOADING： SHANGHAI CHINA
（7）目的港：
PORT OF DESTINATION： BANGKOK THAILAND
（8）分批装运：
PARTIAL SHIPMENTS： ALLOWED
（9）转船：
TRANSSHIPMENT：ALLOWED
（10）付款条件：
TERMS OF PAYMENT：BY AN IRREVOCABLE LETTER OF CREDIT AT 30 DAYS AFTER B/L DATE AVAILBLE WITH ANY BANK IN CHINA REMAIN VAILD FOR NEGOTIATLON TILL AUG.20, 2018
（11）保险：
THE SELLER SHALL COVER INSURANCE AGAINST WPA AND INSURANCE BREAKAGE & WAR RISKS FOR 110% OF THE TOTAL INVOICE VALUE AS PER THE RELEVANT OCEAN MARINE CARGO OF P.I.C.C. DATED 1/1/1981.
（12）品质规格：
ASH ≤ 1%, MOISTURE ≤ 13.5%, WET GLUTE ≥ 35%, PROTEIN ≥ 12.5%
（13）其他事项：
a. ORIGINAL DOCUMENTS SEND TO L/C ISSUING BANK WITHIN TEN WORKING DAYS OTHER AFFAIRS OF B/L DATE.
b. ADVISING BANK IN CHINA：
CHINA MINSHENG BANKING CORP.LTD., SHANGHAI BRANCH
SWIFT CODE：MSBCCNBJ005

CONFIRMED BY：
买方 Mike   卖方 张明
THE BUYER   THE SELLER
  出口商   进口商

实战演练 3-1　贸易合同的缮制

1. 制作依据

（1）出口商：上海世贸进出口有限公司　代码：310h1082356879

（2）进口商：百达贸易公司（BAIDA TRADE CO., LTD）
　　　　　　　　　　　　　　　13 PARK STREET TIVERSTONE
　　　　　　　　　　　　　　　61-02-97573548

（3）贸易方式：一般贸易

（4）进口国（地区）：澳大利亚悉尼

（5）合同号：2018080108

（6）付款方式：100%发票金额的不可撤销即期信用证

（7）合同签订日期：2018.8.1

（8）装运期限：2018年10月

（9）运输方式：江海运输

（10）商品名称：

木制玩具（WOODEN TOYS）共466打

规格型号（打）	数量（美元）	单价（箱）	包装（KG）	毛重（KG）	净重（KG）	长（CM）	宽（CM）	高（CM）
YW 4002	126	45.00	2打每箱	20	18	40	30	20
YW 4004	340	25.00	4打每箱	22	20	50	30	20

2. 上海世贸进出口有限公司出口木制玩具合同的制单补充资料

商业发票的开票日期：2018.8.30

发票编号：LLE31VI-007

装箱单的制单日期：2018.8.30

实际装船日期：2018.10.23

提单号：SELGAKTA173879

船名：GETON STAR V.1296W

保险单号：2345600

出口运费：647美元

保险费：175美元

集装箱尺寸：10*20英尺

单位编码：622342-6

出口收汇核销单编号：234556947

箱号/铅封号：拼箱货

3. 要求：制作销售合同

上海世贸进出口有限公司
NO.43 CHIFENG ROAD, SHANGHAI CHINA
售货确认书
SALES CONFIRMATION

Tel：　　　　　　　　　　　　　　　　　　　　编号：
Fax：　　　　　　　　　　　　　　　　　　　　No._____
　　　　　　　　　　　　　　　　　　　　　　　日期：
TO Messrs：　　　　　　　　　　　　　　　　　Date_____

谨启者：兹确认授予你方下列货品，其成交条款如下：
DEAR SIRS：WE HEREBY CONFIRM HAVING SOLD TO YOU THE FOLLOWING GOODS ON THE TERMS AND CONDITIONS AS SPECIFIED BELOW：

（1）货物名称及规格 NAME OF COMMODITY AND SPECIFICATION	（2）数量 QUANTITY	（3）单价 UNIT PRICE	（4）总价 AMOUNT
TOTAL			

TOTAL AMOUNT IN WORDS：

（5）装运期限：
TIME OF SHIPMENT：
（6）装运港：
PORT OF LOADING：
（7）目的港：
PORT OF DESTINATION：
（8）分批装运：
PARTIAL SHIPMENTS：
（9）转船：
TRANSSHIPMENT：
（10）付款条件：
TERMS OF PAYMENT：
（11）保险：
INSURANCE：
（12）REMARKS：

CONFIRMED BY：
　　买方　　　　　　　　　　　　　　　　　　　　卖方
　　THE BUYER　　　　　　　　　　　　　　　　　THE SELLER

思考题

一、单项选择题

1. 谈判中卖方主动发盘报价叫（　　　）。
    A. 报盘　　　　　B. 递盘　　　　　C. 还盘　　　　　D. 受盘

2. 在谈判中买方主动发盘报价叫（   ）。
   A. 报盘   B. 还盘   C. 受盘   D. 递盘
3. 不可撤销的发盘叫作（   ）。
   A. 询盘   B. 实盘   C. 虚盘   D. 递盘
4. 在进出口交易洽商的有关环节中，对一当事人没有法律约束力的环节是（   ）。
   A. 询盘   B. 发盘   C. 还盘   D. 接受
5. 一项发盘，经过还盘后，则该项发盘（   ）。
   A. 失效   B. 对原发盘人有约束力
   C. 仍然有效   D. 对还盘人没有约束力
6. 根据《联合国国际货物销售合同公约》，合同成立的必要程序是（   ）。
   A. 询盘、发盘、还盘和接受   B. 发盘接受和签约
   C. 询盘、发盘、还盘、接受和签约 D. 发盘和接受
7. 按照《联合国国际货物销售合同公约》的解释，逾期接受应被视为（   ）。
   A. 还盘   B. 一项新的发盘   C. 接受   D. 询盘
8. 《联合国国际货物销售合同公约》对发盘内容"十分确定"的解释是（   ）。
   A. 明确规定合同的有效期   B. 规定责任范围和解决争端的办法
   C. 规定交货地点和时间   D. 明确货物、规定数量和价格
9. 我国对外贸易实践中所称的"虚盘"对应于《联合国国际货物销售合同公约》中的（   ）。
   A. 发盘   B. 还盘   C. 接受   D. 询盘
10. 下列（   ）构成接受。
    A. 你6日电接受，交货期改在本月底
    B. 你6日电接受，100个单位包装另加托盘装运
    C. 你6日电接受，请提供中国原产地证
    D. 你6日电接受，另需100打同样条件

二、多项选择题

1. 根据《联合国国际货物销售合同公约》规定，受盘人对（   ）等内容提出添加或变更，均作为实质性变更发盘条件。
   A. 价格   B. 付款   C. 品质   D. 数量
2. 根据《联合国国际货物销售合同公约》的规定，在国际货物买卖中，卖方的基本义务是（   ）。
   A. 提交合格货物   B. 办理运输   C. 提交合格的单据 D. 转移货物的所有权
3. 交易磋商的程序包括（   ）。
   A. 询盘   B. 发盘   C. 还盘   D. 接受
4. 还盘在性质上（   ）。
   A. 属于一项新的发盘   B. 对还盘人具有法律约束力

  C. 对原发盘的拒绝   D. 对原发盘人具有约束力
5. 一项发盘在（　　）时失效。
  A. 被发盘人撤回或撤销   B. 被受盘人还盘
  C. 被受盘人拒绝   D. 超过发盘规定的接受有效期
6. 书面合同签订的意义在于（　　）。
  A. 当事人意思表示的基础   B. 合同生效的条件
  C. 合同成立的证据   D. 当事人履行合同的基础

三、案例分析

1. A在2月17日用航空信寄出一份注有"不可撤销"字样的实盘给B，规定受盘人在2月25日前答复有效。但A又于当日下午用电报发出撤回通知，该通知于2月18日上午送达B处。B于2月19日才收到A航空邮寄来的实盘，由于考虑到发盘的价格对他有利，于是立即用电报向A发出接受通知。试问：合同是否成立？

2. 上海B公司于10月20日收到香港A商行出售木材的发盘，发盘中列明各项必要条件，但未规定有效期。经研究后，B公司于22日上午11时整，向上海电报局交发对上述发盘表示接受的电报，该电报于22日下午1时整送达香港A商行。在此期间因木材价格上涨，香港A商行于22日9时15分向香港电报局交发电报，其电报如下："由于木材价格上涨，我方10月20日电发盘撤销。"A商行的电报于22日11时20分送达B公司。试问：合同是否成立？

3. A向B发盘："供应50台拖拉机，丰收牌，100匹马力，每台CIF香港6 500美元，订立合同后两个月装运，不可撤销即期信用证支付，请电复。"B在收到发盘后立即复电："我方接受你方的发盘，订立合同后立即装船。"但A未答复。试问：在上述情况下，合同是否成立？

4. 我国出口企业于6月1日用电传向英商发盘销售某商品，限6月7日复到。6月2日收到英商来电："如价格减5%可接受。"我方尚未对英商来电作答，由于该商品的国际市价剧涨，英商又于6月3日来电传表示："无条件接受你方6月1日发盘，请电告合同号码。"试问：在此情况下，我方应如何处理？为什么？

5. 我国某外贸公司于3月1日向美商发去电传，发盘供应某农副产品1 000公吨并列明"牢固麻袋包装"。美商收到我方电传后立即复电表示："接受，装新麻袋装运。"我方收到上述复电后，即着手备货，准备于双方约定的6月装船。数周后，某农副产品国际市价猛跌，针对我方的催证电传，美商于3月20日来电称："由于你方对新麻袋包装的要求未予确认，因此双方之间无合同。"而我外贸公司则坚持合同已有效成立，于是双方对此发生争执。试问：此案应如何处理？说明理由。

四、操作和实训题

1. 以下是我国某公司对日本大阪（Osaka）ABC公司出口饲料蚕豆合同中的主要交易条件，合同条款中存在错漏，请予改正，并用英文写出正确、完整的合同条款。

品名及规格： 饲料蚕豆（Feeding Broad Beans），良好平均品质
　　　　　　水分（Moisture）15%
　　　　　　杂质（Admixture）2%
数量： 60 000 吨
包装： 袋装
价格： 每吨 200 元 CIF 班轮条件上海包括佣金
交货： 2001 年 10 月 30 日装 3 000 吨
　　　 2001 年 11 月 30 日装 3 000 吨
保险： 由卖方投保一切险、偷窃提货不着险、钩损险、战争险
支付： 信用证支付

2. 2001 年 10 月上海新发展进出口贸易实业有限公司收到新加坡海外贸易有限公司（OVERSEAS TRADEING CORPORATION，SINGAPORE）电洽购美加净牙膏，货号为 NW101（MAXAM TOOTH PASTE, ART. NO.NW101），其往来电文如下，请根据双方磋商结果签订售货确认书一份。

Oct.9
Incoming
MAXAM TOOTH PASTE ART101 PLEASE CABLE PRESENT PRICE AND AVAILABLE QUANTITY FOR DEC.

Oct.10
Outgoing
YOURS NINTH MAXAM TOOTH PASTE ART NO.NW101 IN CARTONS OF SIX DOZENS EACH REFERENCE PRICE HK DOLLARS 120 PER DOZ CIFC5% SINGAPORE SHIPMENT DEC.

Oct.11
Incoming
YOURS TENTH INTERESTED 10，000 CARTONS PLEASE OFFER FIRM.

Oct.12
Outgoing
YOURS ELEVENTH OFFER SUBJECT REPLY HERE THIRTEENTH 10，000 CARTONS HKD 120 PER DOZ CIFC5% SINGAPORE PAYMENT BY IRREVOCABLE SIGHT L/C SHIPMENT WITHIN 30 DAYS AFTER RECEIPT L/C.

Oct.13
Incoming
YOURS TWELFTH HKD 115 PER DOZ INSURANCE 110 PERCENT INVOICE VALUE AGAINST ALL RISKS AND WAR RISKS PAYMENT BY L/C AT 30 DAYS SIGHT PLEASE CABLE REPLY IMMEDIATELY.

Oct.14
Outgoing
YOURS THIRTEENTH HKD 118 PAYMENT AS USUAL SIGHT CREDIT REPLY HERE FIFTEENTH.

Oct.15
Incoming
YOURS FOURTEENTH L/C OPENING PLEASE CABLE CONTRACT NUMBER.

Oct.16
Outgoing
YOURS FIFTEENTH S/C NUMBER 01XDTTD-14778.

Chapter 4 第 4 章

贸易结算方式与单据

🔍 情景导入

上海良友（集团）有限公司与泰国 FUMING 公司签订的销货合同商定，支付方式为信用证，其中支付条款规定：BY AN IRREVOCABLE LETTER OF CREDIT AT 30 DAYS AFTER B/L DATE AVAILBLE WITH ANY BANK IN CHINA REMAIN VAILD FOR NEGOTIATLON TILL AUG.20th, 2018.(买方开出不可撤销提单日后 30 天延期付款信用证，于 2018 年 8 月 20 日前在中国议付为有效，信用证规定任何在中国的银行可以议付。) 在合同签订半个月后（2018 年 3 月 15 日），上海良友（集团）有限公司还未收到 FUMING 公司开来的信用证，于是发出催证的电子邮件，催促 FUMING 公司迅速办理开证手续。2018 年 3 月 22 日，中国银行上海分行通知上海良友（集团）有限公司收到 FUMING 公司通过泰国标准银行开来的信用证电开本。张明拿到了通知行转来的 FUMING 公司的信用证，仔细阅读并审核信用证所列条款，以便更好地缮制信用证中所规定的单据。

4.1 汇付和托收

在国际贸易中，货款的结算比国内贸易复杂，不仅牵涉使用的货币和具体的结算方法，还涉及不同国家的有关法律、国际惯例和银行习惯等。支付条款是买卖合同中的一个重要组成部分，直接关系到买卖双方的切身利益，也是贸易双方在磋商交易过程中的重点。实践中，国际贸易的结算方式有多种，其中汇付和托收两种结算方式最为常用。

4.1.1 汇付

1. 汇付的含义

Remittance, as a frequently used payment method in international trade, refers to transfer funds from one party to another among different countries.

汇付（remittance）是汇款人委托银行将货款汇交收款人的一种结算方式。在采用汇付方式结算货款时，买方直接通过银行将货款汇交给卖方；卖方将货物发运给买方后，有关货运单据也由卖方自行寄送买方。这对银行来说，只涉及一笔汇款业务，并不处理单据。由于汇款业务中结算工具（委托通知、票据）的传递方向同于资金的流向，因此属于顺汇方式。

2. 汇付结算流程图

汇付结算流程如图 4-1 所示。

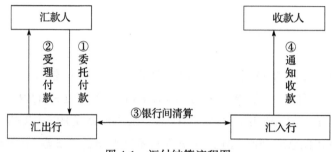

图 4-1　汇付结算流程图

3. 汇付当事人

汇付结算方式有四个基本当事人：汇款人、汇出行、汇入行和收款人。

（1）汇款人（remitter），即付款人。在国际贸易结算中，通常为进口商，即买卖合同的买方。

（2）汇出行（remitting bank），是接受汇款人的委托汇出款项的银行，通常是进口商所在地的银行。

（3）汇入行（receiving bank），又称解付行（paying bank），是接受汇出行的委托解付汇款的银行。汇入行通常是汇出行的代理行，是收款人所在地的银行。

（4）收款人（payee），通常就是出口商，即买卖合同的卖方。

4. 汇付的两种基本类型

在国际贸易中，以汇付方式进行货款结算时，按照款项支付与货物转移的时间先后，可以分为预汇付和后汇付两种基本类型。

（1）预汇付（payment in advance），是指进口商先将货款通过汇付方式汇给出口商，出口商后将货物移交给进口商。

（2）后汇付（payment after arrival of the goods），也称为货到后汇付，是指出口商先将货物移交给进口商，然后进口商才将货款通过汇付方式汇给出口商。

5. 汇付的三种基本方式

当汇款人委托汇出行办理汇付结算业务时，通常有三种基本方式，即信汇、电汇和票汇。

（1）信汇（mail transfer，M/T）。

Mail transfer means that the remitting bank, on the request of the remitter, transfers the funds by mailing a payment order or mail transfer advice.

信汇是汇出行应汇款人的要求，用航空信函指示委托汇入行向指定收款人付款的方式。

信汇的优点是费用低廉，但收款人收到汇款的时间较长。一些金额较小或需用不急的汇款经常使用此种方式。目前这种方式已经很少使用，有些国家甚至已不使用。

（2）电汇（telegraphic transfer，T/T）。

Telegraphic transfer means the remitting bank sends its payment order to the paying bank by cable/telex/SWIFT. It is the most efficient and safest way to transfer fund.

电汇是汇出行应汇款人的要求，用电报、电传或环球同业银行金融电讯协会（Society for Worldwide Interbank Financial Telecommunication，SWIFT）电文等电讯方式指示委托汇入行向指定的收款人付款的方式。

电汇的优点是速度快、安全，但费用较信汇高，它也是目前最常用的汇付方式。目前，由于SWIFT具有实时传递速度快、准确性强、收费合理、规范方便等特点，所以被广泛使用，已经逐渐代替电传。

（3）票汇（demand draft，D/D）。

Demand draft is a remittance that the remitting bank, at the request of the remitter, draws a demand draft on the paying bank, ordering the latter to pay a certain sum of money to the beneficiary (the payee of the draft) on presentation.

票汇是指进口商在本地银行购买银行即期汇票之后将汇票带到国外亲自取款，或者直接寄给出口商，出口商凭银行汇票向指定的银行收取款项的汇款方式。

票汇除有限制转让和流通的规定外，经收款人背书，可以流通转让。它的特点是周转时间较长、收费低、取款灵活，可替代现金流通，但容易遗失或被窃，安全性较低。一些金额小、收款不急的业务可采用票汇，给中间人的佣金等也较多采用票汇。

6. 汇付方式的性质

在进出口贸易使用汇付方式结算货款的过程中，银行只提供服务而不提供信用，因此使用汇付方式仍然基于买卖双方相互的信任，并在此基础上向对方提供信用和进行资金融通，所以汇付方式属于商业信用性质。

7. 汇款申请单的缮制

（1）汇款申请单空白样单如图4-2所示。

境外汇款申请书 APPLICATION FOR FUNDS TRANSFERS (OVERSEAS)			
（1）致：中国银行 To: BANK OF CHINA		（2）日期 DATE	
（3）请代办下列汇款： □电汇 T/T □票汇 D/D □信汇 M/T			（4）发电等级 Priority □普通 Normal □加急 Urgent
（5）申报号码 BOP Reporting No.			
（6）20 银行业务编号 Bank Transac. Ref. No.		（7）收电行/付款行 Receiver/Drawn on	
（8）32A 汇款币种及金额 Currency & Interbank Settlement Amount		（9）金额大写 Amount in Words	
（10）其中	现汇金额 Amount in FX	账号 Account No./Credit Card No.	
^	购汇金额 Amount of Purchase	账号 Account No./Credit Card No.	
^	其他金额 Amount of others	账号 Account No./Credit Card No.	
（11）50a 汇款人名称及地址 Remitter's Name & Address			
（12）□对公组织代码 Unit Code	□对私	个人身份证件号码 Individual ID NO. □中国居民个人 Resident Individual □中国非居民个人 Non-Resident Individual	
（13）54/56a 收款银行之代理行名称及地址 Correspondent of Beneficiary's Bank Name & Address			
（14）57a 收款人开户银行名称及地址 Beneficiary's Bank Name & Address	收款人开户银行在其代理行账号 Beneficiary's Bank A/C No.		
（15）59a 收款人名称及地址 Beneficiary's Name & Address	收款人账号 Beneficiary's A/C No.		
（16）70 汇款附言 Remittance information	只限 140 个字位 Not Exceeding 140 Characters	（17）71A 国内外费用承担 All Bank's charges if any are to be borne by □汇款人 OUR □收款人 BEN □共同 SHA	

图 4-2

（18）收款人常驻国家（地区）名称及代码 Resident Country/Region Name and Code					
（19）请选择：□预付货款 Advance Payment □货到付款 Payment against delivery □退款 Refund □其他 Others			（20）最迟装运日期		
（21）交易编码 BOP Transac. Code		（22）相应币种及金额 Currency & Amount		（23）交易附言 Transac. Remark	
（24）是否为进口核销项下付款	是□ 否□	合同号		发票号	
（25）外汇局批件/备案表号			（26）报关单经营单位代码		
（27）报关单号		报关单币种及金额		本次核注金额	
（28）银行专用栏 For Bank Use Only		（29）申请人签单 Applicant's Signature		（30）银行签单 Bank's Signature	
购汇汇率 Rate		请按照贵行背页所列条款代办以上汇款并进行申报 Please Effect the Upward Remittance. Subject to the Conditions Overleaf.			
等值人民币 RMB Equivalent					
手续费 Comission					
电报费 Cable Charges		申请人姓名 Name of Applicant 电话 Phone No.		核准人签字 Authorized Person 日期 Date	
支付费用方式 In Payment of the remittance	□现金 By Cash □支票 By Check □账户 From Account				
核印 Sig. Ver		经办		复核	

汇款申请单空白样单

（2）汇款申请书内容解读与缮制。

1）致：汇出行（表示：此表要提交给）（已印制好）。

2）日期：申请日期（指去银行办理业务的日期）。

3）汇款方式：电汇、信汇、票汇。

4）发电等级：SWIFT 系统设置的默认发送"普通"级别文件。

5）申报号码：银行填写。

6）20 银行业务编号：银行填写。

7）收电行/付款行：银行填写。

8）32A 汇款币种及金额：用阿拉伯数字写出汇款的总金额。

9）金额大写：用英文表示金额。

10）"现汇金额"：汇款人申请汇出的实际付款金额中，直接从外汇账户或以外币现钞支付的金额。

"购汇金额"：汇款人申请汇出的实际付款金额中，向银行购买外汇直接对境外支付的金额。

"其他金额"：汇款人除购汇、现汇以外对境外支付的金额，包括跨境人民币交易以及经常贸易项下交易等的金额。

11）50a 汇款人名称及地址：进口商公司全称和地址。

12）可以在对公或对私业务中选择，并填写组织机构代码（由 8+1 位数字组成）。

13）54/56a 收款银行之代理行名称及地址：当汇出行与汇入行之间无往来账户时填写。

14）57a 收款人开户银行名称及地址：收款人在出口地的开户行。

15）59a 收款人名称及地址。

16）70 汇款附言：只限 140 字。

17）71A 国内外费用承担：分为汇款人支付、收款人支付、双方共同支付。

18）收款人常驻国家（地区）名称及代码：根据银行提供的代码表填写。

19）按汇款性质选择预付款项、货到付款、退款或其他。

20）最迟装运日期。

21）交易编码。

22）相应币种及金额：多种交易性质下第一行写金额最大的那笔，第二行填写其余金额。

23）交易附言。

24）选择是否为进口核销项下付款。

25）外汇局批件/备案表号。

26）报关单经营单位代码。

27）报关单号：在后 T/T 时，此项要填写（单号、币种、金额）；在前 T/T 时，无须填写。

28）银行专用栏：由银行填写。

29）申请人签单。

30）银行签单。

8. 汇出行给汇入行的汇款指示

■ 实例展示 4-1　SWIFT MT103 格式下的银行间委托付款指示

（1）案例介绍。

Smith Co. Ltd.（汇款人）指示 UFJ, Zurich（汇款行）向 Janson Co. Ltd.（收款人）开在 ABN Amro Bank, Amsterdam（解付行）的账户支付 2010 年 4 月 15 日发票 20989 项下货款 EUR1969.57。发报行开有多个账户，此时发报行要求对方使用 219429056 账户用以偿付。同时，UFJ, Zurich 已知 ABN Amro Bank, Amsterdam 处理该笔汇款的手续费为 EUR2.50。

（2）UFJ, Zurich 发送 SWIFT 报文格式和内容如下：

```
SENDER                                      ××××××
MESSAGE TYPE                                103
RECEIVER                                    ××××××
SENDER'S REFERENCE                          : 20: 494932/DEV
BANK OPERATION CODE                         : 23B: CRED
VALUE DATE/CURRENCY/INTERBANK SETTLED AMOUNT: 32A: 100528EUR1972, 07
CURRENCY/INSTRUCTED AMOUNT                  : 33B: EUR1969, 57
ORDERING CUSTOMER                           : 50K: SMITH ZURICH
SENDER'S CORRESPONDENT                      : 53B: /219429056
BENEFICIARY CUSTOMER                        : 59: /502664959
JANSON LEDEBOERSTRAAT 30 AMSTERDAM
REMITTAN CE INFORMATION                     :70: /INV/20989-100415
DETAILS OF CHARGES                          : 71A: OUR
RECEIVER'S CHARGES                          :71G: EUR2, 50
```

【知识窗口 4-1】何为 SWIFT

SWIFT 是"环球同业银行金融电信协会"（Society for Worldwide Interbank Financial Telecommunication）的简称，是国际银行同业间的国际合作组织，成立于 1973 年 5 月，由北美和西欧 15 个国家的 239 家银行发起，总部设在比利时的布鲁塞尔，董事会为最高权力机构。目前，SWIFT 在全世界拥有会员国 197 个，会员银行 6 000 多家，其环球计算机数据通信网在荷兰和美国设有运行中心，在各会员国设有地区处理站，共连接了 7 300 多家用户，日处理 SWIFT 电信 671 万多笔，为会员提供了安全、可靠、快捷、标准化、自动化的通信服务，SWIFT 的广泛使用，对提高国际银行同业间的信息处理与交换具有深远的意义。其特点如下：

> （1）SWIFT 需要会员资格。目前我国的大多数专业银行都是其成员。
> （2）SWIFT 的费用较低。同样多的内容，SWIFT 的费用只有电传（telex）的 18% 左右，电报（cable）的 2.5% 左右。
> （3）SWIFT 的安全性较高。SWIFT 的密押比电传的密押可靠性强、保密性高，且具有较高的自动化。
> （4）SWIFT 的格式具有标准化。对于 SWIFT 电文，SWIFT 组织有着统一的要求和格式。

■ 实战演练 4-1　填制汇款申请书，缮制汇款银行间委托付款指示

Xinghua Trading Co.Ltd. 委托中国银行上海分行向 Johnson Trading Co.Ltd. 支付 S/C No.45980 下的佣金 1 672.98 美元，Johnson Trading Co.Ltd. 在汇丰银行纽约分行设有账户，且中国银行上海分行与汇丰银行纽约分行有直接账户关系。中国银行上海分行已知汇丰银行纽约分行处理该笔汇款的手续费为 10 美元，付款人和收款人各自承担汇款费用。

（1）填写电汇汇款申请书。
（2）缮制汇出行给汇入行发送的报文（采用 SWIFT MT103 格式）。

4.1.2　托收

When exporter (or the creditor) has shipped the ordered goods or provided the regulated services, he will submit financial documents or commercial documents or both, which evidence the fulfillment of the contract obligation and claim thereto, to his bank, request his bank, to entrust the importer's bank (normally the exporter bank's correspondent bank) to present the document to the importer (or the debtor), and to collect money for goods or service from the importer.

托收（collection）是出口商委托银行向进口商收款的一种方法。托收分为光票托收和跟单托收两种。在国际贸易中，货款结算常使用跟单托收。一般为出口商先行发货，开出汇票，连同有关货物运输等单据，委托出口地银行通过它在进口地的分行或代理行向进口商收取货款。由于托收业务中结算工具（委托通知、票据）的传递方向相反于资金的流向，因此属于逆汇方式。

与汇付相比，在托收方式下出口商收款的安全性较强。

1. 托收方式的当事人

托收结算方式的基本当事人有四个，即委托人、托收行、代收行和付款人。
（1）委托人（principal/drawer）指开出汇票委托银行办理托收的一方，通常是出口商，也称为出票人。

（2）托收行（remitting bank/the principal's bank）又称委托行或寄单行，它是接受委托人的委托办理代收款项，同时又委托国外银行向付款人收款，一般为出口地银行。

（3）代收行（collecting bank/presenting bank）指接受托收行的委托，向付款人收款的银行，通常是进口地银行。

（4）付款人（drawee/payer）是支付款项的一方，也是汇票的受票人，通常就是进口商。

在托收业务中，有时还可能有提示行和代理行两个当事人。

2. 托收业务流程图

托收业务流程如图4-3所示。

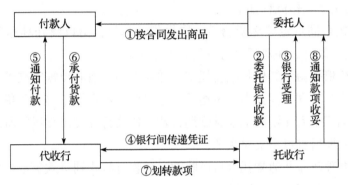

图4-3 托收业务流程图

3. 跟单托收的种类

跟单托收根据货运等单据交付方式的不同，可分为付款交单和承兑交单两种。

（1）付款交单（documents against payment，D/P）是卖方的交单须以买方的付款为条件，即出口商将汇票连同货运等单据交给银行托收时，指示银行只有在进口商付清货款时才能交出货运单据。如果进口商拒付，就不能从银行取得货运单据，也无法提取单据项下的货物。付款交单按款项支付时间不同又可分为即期付款交单和远期付款交单两种。

1）即期付款交单（D/P at sight）主要操作流程如下。

A. 出口商按合同规定装运货物后，取得货运单据，出口商开具即期汇票，连同货运等单据一起交托收行，并对托收行进行收款指示。

B. 由托收行根据指示制作托收委托书，并与汇票和所有单据寄交进口地代收行。

C. 代收行收到单据和委托书后按指示向进口商提示汇票以及随附单据。

D. 进口商见汇票后立即付款。

E. 代收行收款后即交出货运等所有随附单据。

F. 代收行办理转账并通知托收行已收款，托收行将收到货款贷记出口商账户。

2）远期付款交单（D/P after sight）主要操作流程如下。

A. 出口商按合同规定装运货物后，取得货运单据，出口商开具远期汇票，连同货运等单据一起交托收行，并对托收行进行收款指示。

B. 由托收行根据指示制作托收委托书，并与汇票和所有单据寄交进口地代收行。

C. 代收行收到单据和委托书后按指示向进口商提示远期汇票以及单据。

D. 进口商见汇票后在汇票上承兑到期付款，同时代收行收回汇票和单据。

E. 待汇票到期后进口商支付款项。

F. 代收行收款后即交出货运等所有单据。

G. 代收行办理转账并通知托收行已收款，托收行将收到货款贷记出口商账户。

（2）承兑交单（documents against acceptance，D/A）是卖方的交单以买方对于远期汇票的承兑为条件，即出口商在将远期汇票连同货运等单据交给银行托收时，指示银行在进口商对于远期汇票做出承兑后交出货运等单据。付款人于汇票到期日时，再履行付款义务。

承兑交单的主要操作流程如下。

1）出口商按合同规定装运货物后，取得货运单据，出口商开具远期汇票，连同货运等单据一起交托收行，并对托收行进行收款指示。

2）由托收行根据指示制作托收委托书，并与汇票和所有单据寄交进口地代收行。

3）代收行收到单据和委托书后按指示向进口商提示远期汇票以及单据。

4）进口商见汇票后在汇票上承兑到期付款，代收行即交出货运等所有单据。

5）待汇票到期后进口商支付款项。

6）代收行办理转账并通知托收行已收款，托收行将收到货款贷记出口商账户。

（3）付款交单与承兑交单的区别。

在付款交单条件下，进口商在未付清货款前，从银行得不到货运单据，提不走货物，货物的所有权仍属出口商。当进口商拒付时，出口商虽然还可以另行处理货物或将货物运回来，实际却需要承担一笔额外储运费或降价处理等损失，如处理不及时，还有可能被进口国海关视作无主货物加以没收。

在承兑交单情况下，进口商只需在汇票上履行承兑手续，即可取得单据，把货提走。进口商到期不付款，虽然出口商有权依法向承兑人追偿，但事实是，此时的进口商多半已无力偿付，或者早已宣告破产，甚至根本找不到进口商了。利用承兑交单方式进行交易进行的诈骗在国际上也屡见不鲜。在这些情况下，出口商势必遭受钱、货两空的重大损失。

4. 托收结算方式的性质

按照《托收统一规则》，银行在托收业务中，只提供服务，不提供信用。

在托收业务中，银行只以委托人的代理人行事，既无保证付款人必然付款的责任，也无检查审核货运单据是否齐全，是否符合买卖合同的义务；当发生进口商拒绝付款的情况后，除非事先取得托收银行同意，代收银行也无代为提货、办理进口手续和代为保管的义务。

所以，托收方式与汇付方式一样，也属商业信用性质，出口商能否收到款项，依赖的是进口商这个商业企业的商业信用。

【知识窗口 4-2】《托收统一规则》

《托收统一规则》(Uniform Rules for Collections)是国际商会第 522 号出版物,以下简称"URC522",已于 1996 年 1 月 1 日起正式实施,全文共 26 条,分为总则、托收的形式和结构、提示方式、义务和责任、付款、利息和手续费及其他费用、其他规定共七个部分。

5. 托收委托书的缮制

(1) 托收委托书的空白样单如图 4-4 所示。

出口托收委托书

致:_____银行

请贵行依照国际商会《托收统一规则》第 522 号(1995 年修订版)的有关规定和我国公司的下列要求处理所附单据。

国外代收行(collecting bank)					委托人(drawer)				
付款人(drawee)					托收金额				
					汇票日期			期限	
合同号					发票号				
单据	汇票	发票	海运提单	空运单	保险单	装箱单重量单	品质证	产地证	GSP格式 A	受益人证明	电抄
正本											
副本											

☐ 请贵行将所附单据办理托收
☐ 请贵行收妥款项后,办理结汇,并贷记我公司人民币账 NO._____ 开户行_____
☐ 请贵行收妥款项后,贷记我公司账 NO._____ 开户行_____
☐ 请贵行要求代收行 ☐ 即期付款交单(D/P) 远期付款交单(D/P at xx days after sight) ☐ 承兑交单(D/A)
☐ 贵行银行费用由付款人承担 ☐ 可弃权 ☐ 不可弃权
☐ 贵行银行费用由我公司承担
☐ 请通知我公司汇票到期日
☐ 如果付款延迟,向付款人收取____%p.a. 的延迟付款利息
☐ 如果付款人拒绝付款 / 拒绝承兑,请立即通知我公司并说明原因。
☐ 如果付款人拒绝付款 / 拒绝承兑,请要求代收行对货物采取必要措施(仓储 / 加保),费用由我公司承担。
☐ 请通过 ☐ 航邮 ☐ 快邮 ☐ DHC 寄单
☐ 如有需要请联系:

　　　　　　　　　　　　　　　　　　　　　　　　　公司印鉴
(公司联系人:　　　　　　电话:　　　　　　　)　　年　月　日

图 4-4 托收委托书的空白样单

(2) 托收委托书内容解读和缮制。

1) 致:填写托收行名称,即出口行中文名称。

2）日期：办理托收日期，如 2008-05-07。

3）代收行（collecting bank）：名称，填写进口行英文名称；地址，填写进口行英文地址。

4）委托人（drawer）：填写出口商公司中文名称、中文地址、电话。

5）付款人（drawee）：填写进口商公司英文名称、英文地址、电话。

6）托收金额：填写合同币别及合同金额。

7）汇票日期、期限：填写汇票出票日期和付款期限。

8）合同号、发票号：填写相应的合同和商业发票编号。

9）单据种类、份数：汇票份数（正本加副本的总数，具体数量请参考合同）、商业发票份数（正本加副本的总数，具体数量请参考合同）必填；航空运单份数（正本加副本的总数，具体数量请参考合同），如果是空运，则必填；保险单份数（正本加副本的总数，具体数量请参考合同），如果合同是 CIF/CIP，则必填；装箱单份数（正本加副本的总数，具体数量请参考合同）必填；数量重量证书份数（正本加副本的总数，具体数量请参考合同）、健康证份数、植物检疫证书份数（正本加副本的总数，具体数量请参考合同）、品质证书份数（正本加副本的总数，具体数量请参考合同）、原产地证（正本加副本的总数，具体数量请参考合同）、普惠制产地证（正本加副本的总数，具体数量请参考合同）、电抄（出口商发送的装船通知），如果进口商需要这些单据，都必须填写和提交。

10）付款指示。

开户行名称：填写出口商开户行中文名称；账号：填写合同币别对应的外汇账号。

托收方式：在对应的"□"打"√"。

国外费用承担人：在相应的"□"打"√"。

国内费用承担人：在相应的"□"打"√"。

联系人姓名：需与出口商基本资料一致。

电话：填写出口商公司资料里的电话。

传真：填写出口商公司资料里的传真。

■ 实战演练 4-2　托收委托书的填制

Chunyun Trading Co.Ltd. 委托中国银行大连分行托收其第 5310 号合同下的货款 6 970.50 欧元，付款方式是即期付款交单，提交的单据有汇票、发票、箱单、提单、保险单、质检证。付款人是 H.O.Smith Co.Ltd。请根据以上条件填制托收委托书。

4.2　信用证特点和种类

4.2.1　信用证的含义

A letter of credit is an undertaking at the request of the applicant, written by the issuing bank to the beneficiary, informing it that the bank will pay a sum certain in money, if it provides complying documents within a prescribed time of period.

信用证是银行根据开证申请人的请示，向受益人开立的，承诺在规定期限内凭符合的单据支付一定金额的书面文件。

根据 UCP600 第 2 条的规定：信用证是一项不可撤销的安排，无论其名称或描述如何，该项安排构成开证行对相符交单予以承付的确定承诺。所谓"承付"（honor）是指：①如果信用证为即期付款信用证，则即期付款；②如果信用证为延期付款信用证，则承诺延期付款并在承诺到期日付款；③如果信用证为承兑付款信用证，则承兑受益人开出的汇票并在汇票到期日付款。

简而言之，信用证是一种银行开立的有条件的承诺付款的书面文件。

4.2.2 信用证的特点

1. 信用证是一种银行信用，开证行承担第一性的付款责任

信用证支付方式是由开证银行以自己的信用做出付款的保证。在信用证付款的条件下，开证银行是信用证的第一付款人。出口商发货后，凭有关合格的单据，就能取得开证行或其授权的银行的付款，而无须担心进口商是否履行其付款责任。在信用证业务中，开证银行对受益人的付款责任不仅仅是第一性的，而且是独立的、终局的。即使进口商在开证后失去偿付能力，只要出口商提交的单据符合信用证条款，开证行也要负责付款，履行开证行的付款承诺。付了款如发现有误，也不能向受益人和索偿行进行追索。在开证银行破产倒闭等无力付款的情况下，出口商仍有权根据买卖合同向进口商索取货款。

2. 信用证是一项独立、自足的文件

信用证的开立以买卖合同作为依据，但信用证一经开出，就成为独立于买卖合同以外的另一种契约，不受买卖合同的约束。出口商提交的单据即使符合买卖合同要求，但若与信用证条款不一致，仍会遭银行拒付。对此 UCP600 第 4 条明确规定："就其性质而言，信用证与可能作为其开立基础的销售合同或其他合同是相互独立的交易，即使信用证中含有对此类合同的任何援引，银行也与该合同无关，且不受其约束。"所以，出口商在收到开证行发来的信用证时，应审慎地审核该证，在有与合同规定不相符之处时，出口商有权要求修改。

3. 信用证是一种单据的买卖

UCP600 第 5 条规定："银行处理的是单据，而不是单据可能涉及的货物、服务或履约行为。"在信用证方式之下，实行的是凭单付款的原则。受益人只要提交了符合信用证条款的单据，开证银行就必须履行其付款承诺，进口商也应接受单据并向开证行付

赎单。如果进口商付款后发现货物有缺陷，可凭单据向有关责任方提出损害赔偿要求，而与银行无关。反之，如果单据与信用证有不符之处，则虽然货物完全正确，开证行仍有权拒付货款，出口商只能找进口商协商后通过法律途径解决有关纠纷。此外，应该注意的是，根据UCP600第14条和第34条规定，银行虽有义务审核单据，但这种审核只是用以确定单据表面上是否符合信用证条款，开证银行只根据表面上符合信用证条款的单据付款、承担眼前付款责任、承兑汇票或议付。所以银行在信用证业务中是按"严格相符原则"办事的。"严格相符原则"要求做到"单证一致"，即受益人提交的单据在表面上与信用证规定的条款一致；还要做到"单单一致"，即受益人提交的各种单据之间表面上一致。

【知识窗口4-3】《跟单信用证统一惯例》

《跟单信用证统一惯例》（UCP600）共39条，第1～5条为UCP的适用范围、定义，解释，信用证与合同，单据与货物、服务或履约行为；第6～13条为兑用方式、截止日和交单地点，开证行责任，保兑行责任，信用证及其修改的通知，修改，电讯传输的和预先通知的信用证和修改，指定，银行之间的偿付安排；第14～16条为单据审核标准，相符交单，不符单据、放弃及通知；第17～28条为正本单据及副本，商业发票，涵盖至少两种不同运输方式的运输单据，提单，不可转让的海运单，租船合同提单，空运单据，公路、铁路或内陆水运单据，快递收据、邮政收据或投邮证明，"货装舱面""托运人装载和计数""内容据托运人报称"及运费之外的费用，清洁运输单据，保险单据及保险范围；第29～32条为截止日或最迟交单日的顺延，信用证金额、数量与单价的伸缩度，部分支款或部分发运，分期支款或分期发运；第33～37条为交单时间、关于单据有效性的免责、关于信息传递和翻译的免责、不可抗力、关于被指示方行为的免责；第38条是可转让信用证；第39条是款项让渡。

此外，国际商会把《〈跟单信用证统一惯例〉电子交单补充规则》（UCP Supplement to UCP500 for Electronic Presentation，国际商会eUCP1.0版）修改为《跟单信用证电子交单统一惯例》（The Uniform Customs and Practice for Documentary Credits for Electronic Presentation，eUCP1.1）作为UCP600的补充规则。eUCP共有12个条款。UCP600很多条款不对电子交单产生影响，要与eUCP一起使用。在电子交单或以电子和纸质单据混合方式提交单据时，要同时使用eUCP和UCP600两个规则。

4.2.3 信用证当事人及其权利与义务

信用证业务的主要当事人有开证申请人、开证行、受益人和通知行，其他当事人还有议付行、付款行、保兑行、承兑行和偿付行等，统称为指定银行（nominated bank），是开证行在信用证中明确指定的有关银行。

1. 开证申请人

开证申请人（applicant）简称开证人（opener），指向银行申请开立信用证的人，通常是进口商。进口商作为开证申请人受到两个合同的约束：贸易合同和与开证行签订的业务代理合同，即开证申请书。

2. 开证行

开证行（opening bank/issuing bank）是指应开证申请人要求或者代表自己开出信用证的银行，一般是进口地的银行。开证行受三方面契约的约束：一是与开证申请人的契约关系；二是对受益人的付款承诺；三是与通知行、议付行、付款行、保兑行等的委托代理关系。信用证一经开出，开证行需承担第一性的付款责任。

3. 受益人

受益人（beneficiary）是指信用证上所指定的有权使用该证的人，是信用证金额的合法享受人。一般为出口商，有时也可能是中间商。受益人应按信用证规定发货并提交符合信用证规定的单据、接受议付行的追索。同时，受益人有权决定是否接受及要求修改信用证，有权依照信用证条款提交汇票及/或单据向指定的付款银行要求取得信用证下的款项。受益人交单后，如遇开证行倒闭，信用证无法兑现，受益人则有权向进口商提出付款要求，进口商仍应负责付款。

4. 通知行

通知行（advising bank/notifying bank）是指应开证行的委托，将信用证通知（或转递）给受益人的银行，通常是出口地银行。如果通知行决定通知信用证，须合理谨慎地鉴别信用证的表面真实性。如通知行不能确定信用证的表面真实性，即无法核对信用证的签署或密押，则应毫不迟延地告知开证银行，说明其不能确定信用证的真实性，并及时澄清疑点；如通知行在不能确定信用证的表面真实性的情况下仍决定通知该信用证，则必须告知受益人它未能鉴别该证的表面真实性。

5. 议付行

根据UCP600第2条的解释，议付是指"指定银行在相符交单下，在其应获偿付的银行工作日当天或之前向受益人预付或者同意预付款项，从而购买汇票（其付款人为指定银行以外的其他银行）及/或单据的行为"。该指定的银行即为议付行（negotiating bank）。开证行可以在信用证中指定议付行，也可以不具体指定。如信用证中未指定，则可由受益人酌情选择通知行或与其有往来的其他银行担任议付行。

议付行有义务严格审单，并在信用证有效期内决定接受或拒绝受益人提交的单据。议付行进行议付时也应满足"单证一致，单单一致"的条件，这样才能在垫付货款后，从开证行收回垫款。议付后，议付行取得正当持票人的权利。在开证行无力支付或倒闭或拒付时，议付行立即产生对受益人的追索权。

6. 付款行

付款行（paying bank/drawee bank）是指信用证上规定的汇票付款人或在付款信用证下执行付款的银行，适用于即期及延期付款信用证。付款行一般是开证行，也可以是接受开证行委托代为付款的另一家银行。例如，当以出口地货币开证时，付款行通常是出口地银行；当信用证以第三国货币开立时，付款行通常为第三国银行。付款行只是代开证行对受益人所提交的与信用证条款相符的单据付款。付款行验单并付款后，即为终局性付款，即使事后发现有误，也无权向受益人或议付行行使追索权。

7. 保兑行

保兑行（confirming bank）指根据开证行的授权或要求对信用证加具保兑的银行。根据UCP600第2条的解释，保兑"指保兑行在开证行承诺之外做出的承付或议付相符交单的确定承诺"。UCP600第8条"保兑行的责任"规定："保兑行自对信用证加具保兑之时起即不可撤销地承担承付或议付的责任。"汇票、单据一经保兑行付款或议付，即使开证行倒闭或无理拒付，保兑行均无权向出口商追索票款。因此保兑行承担与开证行相同的承诺和独立的付款责任，保兑信用证下的受益人可获得开证行和保兑行的双重独立付款保证。而"若开证行授权或要求一银行对信用证加具保兑，而其不准备照办，则该银行必须毫不延误地通知开证行"。

8. 承兑行

远期信用证要求受益人出具远期汇票的，会指定一家银行作为受票行，由它对远期汇票做出承兑，这就是承兑行（accepting bank）。承兑行可以是开证行本身，也可以是通知行或其他指定的银行。

如果承兑行不是开证行，承兑后又最后不能履行付款，开证行应负最后付款的责任。若单证相符，而承兑行不承兑汇票，那么开证行可指示受益人另开具以开证行为受票人的远期汇票，由开证行承兑并到期付款。承兑行付款后向开证行要求偿付。

9. 偿付行

偿付行（reimbursing bank）是开证行指定的对议付行、承兑行或付款行进行偿付的代理人。为了方便结算，开证行有时委托另一家有账户关系的银行代其向议付行、承兑行或付款行进行偿付，偿付行只有在开证行存有足够的款项并收到开证行的偿付指示时才付款。偿付行偿付后再向开证行索偿。偿付行的费用以及利息损失一般由开证行承担。根据UCP600第13条b、c款规定：开证行在向偿付行发出指示或授权时，不应以索偿行必须向偿付行提供与信用证条款相符的证明为先决条件；如偿付行未能进行偿付，那么开证行并不能解除其提供偿付的任何义务。因此偿付行无审单义务，只是代开证行付款，本身没有对受益人必须付款的义务。如事后开证行发现单证不符，那么它只能向索偿行追索而不能向偿付行追索。

4.2.4 信用证的业务流程

信用证的业务流程根据信用证类型的不同而有所差异，但就其基本流程而言，大体来说要经过申请、开证、通知、交单、议付、索偿、偿付、赎单等环节。由于以信用证方式结算，结算工具（汇票、单据、索偿证明等）与资金流向相反，因此信用证也属于逆汇。现以最常见的即期跟单议付信用证为例，简要说明其业务流程以及各环节的操作要点。

1. 订立买卖合同

进出口商订立以信用证为支付方式的国际货物买卖合同，同时在合同的支付条款中对信用证的开证时间、开证银行、信用证的种类、金额、到期日和到期地点等做出明确规定。

2. 申请开证

开证申请人，即进口商，应在规定的开证时间内向出口商可接受的本地银行申请开立信用证。

开证申请人应提交内容完整、明确适用的开证申请书，该申请书是开证申请人对开证行的付款指示，也是开证申请人与开证行之间的一种书面契约，规定了开证申请人和开证行的责任和义务。因此开证申请书的内容应与买卖合同条款一致，不能将与信用证无关的内容和合同中过细的条款写入申请书，更不能将模糊的、模棱两可的、可做弹性解释的或有争议的内容写入申请书。

同时，申请人须按开证金额的一定比例向开证行支付开证保证金，即押金或其他担保品。收取押金的比例取决于开证人的资信状况、业务实力以及开证银行的习惯做法和有关当局的规定，一般来说资信良好或拥有开证银行授信额度的申请人可以免交或少交押金。

3. 开立信用证

开证行接受开证申请人的开证申请后，应严格按照开证申请书的内容拟定信用证条款，向指定的受益人开出信用证，并以信函、电传电报或 SWIFT 等方式通知出口商所在地的分行或代理行（统称通知行）转递。

信用证可以通过信开本形式和电开本形式开立。信开本（open by airmail）是指开证行通过采用印就的信函格式开立的信用证，开证后以空邮寄送通知行。现在通过这种方式开立的信用证已经很少。

电开本（open by cable）是指开证行使用电报、电传、传真、SWIFT 等各种电讯方法将信用证条款传达给通知行。电开本信用证可以分为以下几种。

（1）简电本（brief cable），即开证行只是通知已经开证，将信用证主要内容，如信用证号码，受益人名称、地址，开证人名称，金额，货物名称、数量、价格、装运期以及信用证有效期等预先通告通知行，详细条款将另外航寄通知行。值得注意的是，简电本信用证不具有法律效力，不足以作为交单议付的依据。因此开立简电本时一般注明"详情后告"（full details to follow）等类似词语。

（2）全电本（full cable），即开证行以电讯方式开证，把信用证全部条款传达给通知行。全电本信用证是一个内容完整的信用证，可以作为交单议付的依据。有些银行在电文中注明"有效文本"，借以明确该全电本的性质。未标明"详情后告"或"随寄证实书"等字样，应视为全电本。

（3）SWIFT 信用证。目前国际结算中所使用的信用证，绝大多数是 SWIFT 信用证。所谓 SWIFT 信用证就是依据国际商会所制定的电讯信用证格式，利用 SWIFT 网络系统所设计的特殊格式（format），通过 SWIFT 网络系统传递信用证信息的方式开立的信用证。SWIFT 信用证具有标准化、固定化和统一化的特性，其传送速度快、开证成本较低，被银行和客户广为采用。

4. 通知信用证

UCP600 第 9 条"信用证及其修改的通知"规定："a. 信用证及其任何修改可以经由通知行通知给受益人。非保兑行的通知行通知信用及修改时不承担承付或议付的责任。b. 通知行通知信用证或修改的行为表示其已确信信用证或修改的表面真实性，而且其通知准确地反映了其收到的信用证或修改的条款。……e. 如一银行被要求通知信用证或修改但其决定不予通知，则应毫不延误地告知自其处收到信用证、修改或通知的银行。f. 如一银行被要求通知信用证或修改但其不能确信信用证、修改或通知的表面真实性，则应毫不延误地通知看似从其处收到指示的银行。如果通知行或第二通知行决定仍然通知信用证或修改，则应告知受益人或第二通知行其不能确信信用证、修改或通知的表面真实性。"

通知行在收到信用证后，应立即对信用证进行审核，在核对印鉴或密押无误并将有关信用证的情况记录在案后，及时地将信用证转交受益人。如是信开本信用证，通知行就缮制信用证的通知书，说明信用证的真实性，将通知书、正本信用证交给受益人，副本归档；如是电开本信用证，通知行就以信用证通知书的形式转告受益人，留复印件备查。通知行照来电复印，复印本随附面函通知受益人，原本留存。

5. 审证、交单、议付

（1）审证及改证。

受益人收到经通知行转来的信用证后，应即根据买卖合同和 UCP600 为依据进行全面审核。如发现任何与合同或国际惯例（例如 INCOTERMS®2010，UCP600）不符而又不能接受或无法照办的条款和规定，则应通知开证人，要求进行必要的修改。如开证人同意修改，则应由开证申请人向原信用证的开证银行提交信用证修改申请书，提出改证申请，在开证行审核同意后向信用证原通知行发出修改通知书，通知行验明修改通知书的表面真实性后，再将其传递给受益人。

（2）交单。

受益人审核信用证无误，或经修改收到修改通知书认可后，即可按信用证及其修改书规定装运货物，并备齐各项符合信用证规定的装运单据，开出汇票连同信用证正本（经修改的还须连同修改通知书），在信用证交单期和有效期内，递交议付行办理议付。

（3）议付。

UCP600第2条对议付的定义为："指定银行在相符交单下，在其应获偿付的银行工作日当天或之前向受益人预付或者同意预付款项，从而购买汇票（其付款人为指定银行以外的其他银行）及/或单据的行为。"

议付实际是议付行在受益人向议付行提交符合信用证条款单据的前提下，对受益人的垫款，也是银行叙做的一种"出口押汇"业务。议付行按信用证条款审核单据无误后，按照汇票金额扣除利息，把货款垫付给出口商。议付行办理议付后，成为汇票的善意持票人，如遇开证行拒付，有向其前手出票人即受益人进行追索的权利。议付行议付后，通常在信用证正本背面做必要的有关议付事项的记录，俗称"背批"，目的主要是防止超额和重复议付。

6. 寄单索偿

索偿指议付行办理议付后，缮制好寄单面函，根据信用证指示，凭单向开证行或其指定的银行（付款行或偿付行）请求偿付的行为。信用证项下的寄单路线一般有两种情况。

（1）如果国外开证行在信用证中授权另一家银行作为信用证的偿付行，则在寄单索偿的时候，往往将汇票寄往该偿付行，将其余单据寄往开证行。

（2）如果信用证规定将全部议付单据寄往开证行，则应根据规定照办，将全部单据寄往开证行。

7. 偿付

信用证业务中的偿付指开证行或被指定的付款行或偿付行向议付行进行付款的行为。

开证行接到议付行寄来的单据后，应立即审核单据，并于收到单据的次日起5个营业日内通知议付行表示接受或拒绝接受单据。

UCP600第13条规定：如果信用证中没有银行间的偿付规则，则a.开证行必须给予偿付行有关偿付的授权，授权应符合信用证关于兑用方式的规定，且不应设定截止日；b.开证行不应要求索偿行向偿付行提供与信用证条款相符的证明；c.如果偿付行未按信用证条款见索即偿，开证行将承担利息损失以及产生的任何其他费用；d.偿付行的费用应由开证行承担；e.如果偿付行未能见索即偿，开证行不能免除偿付责任。

开证行（或其指定的付款行）核对单据无误后，付款给议付行。

8. 付款赎单

开证行履行偿付责任后，马上通知开证申请人赎单。开证行的赎单通知称为 AB 单（accepted bill）。申请人接到开证行的赎单通知后，必须立即到开证行付款赎单，但在赎单前要审查单据，如果发现不符点，也可以提出拒付，但拒付理由一定是单证之间或单单之间不符的问题。在实务中，有时尽管存在不符点，但申请人也愿意接受单据，但只要接受单据，就不能是有条件的，而且必须在合理时间内付款。

申请人赎单后就可以安排提货、验货、仓储、运输、索赔等事宜，一笔以信用证为结算方式的交易即告终止。若发现货物与合同不符，不能向开证行提出赔偿要求，只能向出口商索赔，也可以进行仲裁或诉讼。

4.2.5 信用证的种类

在国际贸易中所使用的信用证种类繁多，可以从不同的角度做不同的划分，其中比较常见的有：

1. 根据信用证项下的汇票是否附有货运单据，信用证可分为跟单信用证和光票信用证

（1）跟单信用证（documentary credit）是指开证行凭跟单汇票或仅凭单据付款的信用证。付款行凭信用证规定的单据支付信用证项下的款项。这里的"单据"是指代表货物所有权的单据。跟单信用证主要用于贸易结算，是当前国际贸易支付的主要方式。

（2）光票信用证（clean credit）是指开证行仅凭不附单据的汇票付款的信用证或要求汇票附有非货运单据，如发票、垫款清单等的信用证。

2. 根据开证行所负的责任不同，信用证可分为不可撤销信用证和可撤销信用证

（1）不可撤销信用证（irrevocable letter of credit）是指信用证一经开出，在其有效期内，若未经受益人及有关当事人的同意，开证行不得片面修改或撤销的信用证。只要受益人提供的单据符合信用证规定，开证行就必须履行付款义务。

（2）可撤销信用证（revocable letter of credit）是指开证银行可以不经受益人同意，也不必事先通知受益人，在议付银行议付之前有权随时取消或修改的信用证。这种信用证对受益人缺乏保障，所以 UCP600 取消了这类信用证，但在 UCP500 中仍有此分类，这点应引起注意。

3. 根据有无另一家银行在信用证上加以保证兑付，信用证可分为保兑信用证和不保兑信用证

保兑信用证（confirmed credit）是指一份信用证开出后经由另一家银行加以保证兑

付的信用证。这另一家保证兑付的银行称为保兑行，保兑行可能是通知行或转递行，也可能是第三方银行。

受益人或通知银行一般在对开证银行的资信不够了解或不足以信任时，或对进口国在政治上、经济上有考虑时才提出保兑这种要求；除此以外，有的开证银行考虑到本银行开出的信用证不能被受益人接受或不易被其他银行议付时，会主动要求另一家银行对该信用证加具保兑。

信用证经另一家银行保兑后，受益人就取得了两家银行的付款保证。保兑手续通常是由保兑银行在信用证上加列保兑文句，或另列一张说明已经保兑的证明。保兑文句一般如："此证已经我行保兑"（This credit is confirmed by us）或"兹对此证加具保兑并保证于提示符合此证条款的单据时履行付款"（We hereby added our confirmation to this credit and we undertake that documents presented for payment in conformity with terms of this credit will be duly paid on presentation）。

未经另一家银行加具保兑的信用证就是不保兑信用证（unconfirmed letter of credit）。开证行资信良好时，通常使用不保兑信用证，即一般的不可撤销信用证。即便开证行要求另一家银行加保，如果该银行不愿意在信用证上加具保兑，则被通知的信用证仍然只是一份未加保的不可撤销信用证。通知行在给受益人的信用证通知中一般会写上：这是上述银行所开信用证的通知，我行只通知而不加保证。（This is merely an advice of credit issued by the above mentioned bank which conveys no engagement on the part of this bank.）

4. 根据付款时间的不同，信用证可分为即期信用证和远期信用证

（1）即期信用证（sight letter of credit）是指开证行或开证行指定的付款行收到符合信用证条款的跟单汇票或装运单据后，立即履行付款义务的信用证。在即期信用证中，为了加速收汇时间，有时还加列电汇索偿条款（T/T reimbursement clause），即开证行允许议付行在审核各种单据与信用证相符后，可以用电报或电传通知开证行或指定付款行，说明单证相符并要求付款。开证行或其指定付款行接到电报或电传通知后，有义务立即用电汇将货款拨交议付行。

（2）远期信用证（usance letter of credit）是指开证行或付款行在收到信用证项下的单据时，不立即付款，而是在规定的期限内履行付款义务的信用证。

远期信用证又可分为银行承兑远期信用证和延期付款信用证两种。

银行承兑远期信用证（banker's acceptance letter of credit）是指以开证行作为远期汇票付款人的信用证。这种信用证项下的汇票在承兑前，银行对受益人的权利义务以信用证为准；在承兑后，银行作为汇票的承兑人，则应对出票人、背书人、持票人承担付款责任。

延期付款信用证（deferred payment letter of credit）是指开证行在信用证中规定，开证行收单后若干天，或提单日期后若干天付款的信用证。这种信用证不要受益人开立汇票，所以出口商不能利用贴现市场的资金，只能自行垫款或向银行借款。

（3）假远期信用证（usance letter of credit payable at sight）也称买方远期信用证（buyer's usance letter of credit），是指信用证中规定受益人开立远期汇票，由付款行负责贴现，一切利息和费用由开证申请人负担。使用这种信用证，对受益人来说可以即期收到货款，但要承担远期汇票到期遭到拒付时被追索的风险。然而对开证申请人来说，要待远期汇票到期时才向付款行付款。所以，进口商使用这种信用证是为了套用开证行或其指定付款行的资金，相当于向开证行贷款。

5. 根据受益人对信用证的权利可否转让，信用证可分为可转让信用证和不可转让信用证

可转让信用证（transferable letter of credit）指开证行开立的写明"可转让"（transferable）字样，受益人可以全部或部分转让给第二受益人的信用证。可转让信用证只能转让一次，转让费由第一受益人负责，但可同时转让给一个或一个以上的第二受益人。

UCP600 第 38 条规定：

（1）可转让信用证系特别注明"可转让"字样的信用证。

（2）除非转让时另有规定，有关转让的所有费用（诸如佣金、手续费、成本或开支）须由第一受益人支付。

（3）只要信用证允许部分支款或部分发运，信用证可以分部分地转让给数名第二受益人。已转让信用证不得应第二受益人的要求再转让给任何其后受益人。

UCP600 还规定：信用证须准确转让原证，必须保险的比例可以增加，信用证金额、单价、截止日、交单日期或最迟装运期限等内容可以减少或缩短；开证申请人和受益人的名称可以改变。第一受益人有权用自己的发票（和汇票）替换第二受益人提交的发票（和汇票），其金额不得超过原信用证金额。经过替换发票（和汇票），第一受益人可以在信用证下支取其发票与第二受益人发票间的可能产生的差额。

不可转让信用证（non-transferable letter of credit）是指受益人不能将信用证的权利转让给他人的信用证。凡未注明"可转让"字样的信用证，都是不可转让信用证，实际业务中多数是这种信用证。

6. 循环信用证

循环信用证（revolving letter of credit）是指信用证被受益人全部或部分利用后，其金额又重新恢复到原金额，可再次使用，直至达到规定的次数或规定的总金额为止。循环信用证按循环计算方式不同，可分为按时间循环和按金额循环两种。

按时间循环信用证（revolving around time）是指受益人在一定的时间内（如每个月）支取信用证规定的金额，本次支取金额后，在下次的一定时间内仍可支取，上次未用完的余额可以移至下次一并使用。

按金额循环信用证（revolving around value）是指受益人按规定金额向议付银行交单议付货款后，仍可以恢复原金额，可以继续使用，直至用足规定循环的次数或规定的总金额为止。按金额循环信用证根据恢复方式不同分为：自动循环（automatic revolving）、非自动循环（non automatic revolving）和半自动循环（semi-automatic revolving）三种。

循环信用证的特点是可以多次循环使用，它通常用于商品数量大，需要在较长的一段时间内分期分批交货的情况下。进口人可以不必多次开证从而节省开证费用，同时出口人也可免去多次审证的麻烦。

7. 对开信用证

对开信用证（reciprocal letter of credit）是指两张信用证的开证申请人互以对方为受益人而开立的信用证，对开信用证的特点是第一张信用证的受益人（出口人）是第二张信用证的开证申请人和受益人，第一张信用证的通知行通常是第二张信用证的开证行。两张信用证的金额相等或大体相等，两证可同时互开，也可先后开立。对开信用证多用于易货贸易或来料加工和补偿贸易业务。

8. 对背信用证

对背信用证（back to back letter of credit）是指受益人要求原证的通知行或其他银行以原证为基础，另开一张内容相似的信用证给第三者，新证称为对背信用证，又称转开信用证。对背信用证的受益人可以是国外的，也可以是国内的。对背信用证的内容除开证申请人、受益人、金额、单价、装运期限、有效期限等可以变动外，其他条款一般与原证相同。由于对背信用证的条款修改时，新证的开证申请人须征得原证开证申请人的同意，所以修改比较困难，所需时间也较长。对背信用证常在中间商转售他人货物从中谋利，或两国不能直接进行进出口贸易，而须通过第三者沟通时使用。

9. 预支信用证

预支信用证（anticipatory credit），也称红条款信用证（red clause credit），是指受益人在装运货物之前先开具汇票向指定的银行（通常是通知银行或转递银行）收款的信用证。所以它与远期信用证正好相反，进口人付款在先，而出口人交单在后。进口人愿意开立预支信用证，主要是由于进口地市场货源紧缺，或是进口人主动以预付货款为条件争取出口人供货，抑或是进口人为了使其在出口地的代理人能够掌握一笔资金，以便随时在出口地收购货物。事实上，预支信用证是开证人利用通知银行或转递银行资金的一种方式。

预支信用证有预支信用证部分金额和全部金额两种。根据信用证规定，预支款项的利息可以由受益人支付，也可以由开证人支付。

10. 议付信用证、付款信用证和承兑信用证

（1）议付信用证（negotiation credit）是指开证银行允许受益人向某一银行或任何银

行交单议付的信用证。议付信用证又可分为两种形式。

1）公开议付信用证（open negotiation credit）是指任何银行都可以办理议付手续的信用证。这种信用证一般列有以下文句："凡根据本信用证并按其所列条款而开具的汇票向我行提示并交出本证规定的单据者，我行同意对其出票人、背书人及善意持有人履行付款义务。"（We hereby agree with the drawers, endorsers and bona-fide holders of the draft(s) drawn under and in compliance with the terms of this credit that such draft(s) shall be duly honoured on due presentation and delivery of documents as herein specified.）

2）限制议付信用证（restricted negotiation credit）是指信用证规定只允许某一指定银行办理议付手续的信用证。这种信用证一般列有以下文句："本信用证限定××银行议付。"（Negotiation under this credit are restricted to ×× bank.）

公开议付信用证由于在任何银行都可以议付，所以对受益人比较方便。限制议付信用证由于开证银行考虑审核单据的质量，故指定某一家银行作为议付银行，或由于照顾某一银行的业务，而加列"限制"条款。

（2）付款信用证（payment credit）是指指定某一家银行付款的信用证。当受益人凭这种信用证向指定的付款银行提交规定的单据时，指定的付款银行即予付款。

付款信用证一般还有以下三重意思：一是付款时一般不需要受益人开具汇票；二是不能办理议付手续，付款行见到单据才支付款项；三是开证银行在出口地银行有存款，出口地银行收到单据后就可以将款项划入受益人账内。具体属哪一类情况，则根据信用证的规定来确定。

（3）承兑信用证（acceptance credit）是指指定某一家银行承兑的信用证。当受益人凭这种信用证向指定的银行开具远期汇票并提示时，指定的银行即行承兑，并于汇票到期日准时付款。

在承兑信用证中被指定承兑的银行一般是信用证中的开证银行。在受益人向指定的承兑银行提示汇票要求承兑时，通常还要同时提交单据。而承兑银行只有在核对单证无误后才予承兑。

11. 备用信用证

备用信用证（standby letter of credit）又称商业票据信用证（commercial paper letter of credit）、担保信用证或保证信用证（guarantee letter of credit），是指开证行应开证申请人的要求，对受益人开立的承诺承担某项义务的凭证。这种信用证一般用于投标、还款或履约保证。

备用信用证的运作程序是：开证行根据开证申请人的请求向受益人开出备用信用证；开证申请人按照合同履行其义务。若开证申请人根据合同的规定履行了其应尽的义务，备用信用证便自动失效，此时全部交易即告结束。若开证申请人未能根据合同的规定履行其应尽的义务，受益人可按照备用信用证的规定向开出备用信用证的银行提出索款要求，程序通常是提交一份开证申请人未履行合同义务的声明；开证行经审查认为受益人所提交的声明符合备用信用证的规定，即按约定向受益人支付信用证金额，并从开证申请人处获得偿付。

4.3 信用证的内容和信用证开证申请

4.3.1 信用证的主要内容

信用证的主要内容分为五个部分：第一部分是关于信用证本身的规定，主要包含当事人名称、地址，信用证的可撤销性，开证日期、地点及编号，到期日与地点，信用证金额及币种以及信用证支用方式；第二部分是关于运输的规定，包括起运地与目的地，运输方式，是否允许转运与分批装运以及装运期限；第三部分是关于商品（货物）的描述；第四部分是对单据的要求；第五部分是一些其他事项说明，如对中介银行的指示、特别条款、负责条款等。

1. 信用证样例

```
BASIC HEADER          F01 BKCHCNBJA940 0542 763485
APPLICANTION HEADER Q 700 1043 011214 SCBKHKHHBXXX 3414 633333 1048 N
*SHANGHAI COMMERCIAL BANK LIMITED HONG KONG
USER HEADER              SERVICE CODE        103:
                         BANK. PRIORITY      113:
                         MESG USER REF.      108:
BBIBMEY036P40000
                         INFO. FROM CI       115:
SEQUENCE OF TOTAL        27:                 1/1
FORM OF DOC. CREDIT      40 A:               IRREVOCABLE
DOC. CREDIT NUMBER       20:                 LCBB61561
DATE OF ISSUE            31 C:               041214
EXPIRY                   31 D:               DATE 050129 PLACE AT OUR COUNTER IN HONGKONG
APPLICANT                50:                 ABLENDID DEVELOPMENT LTD
                                             UNIT 10-6, 15/F MENAL ASIA GRANITE
                                             34 WAI YIP STREET, KOWLOON HONG KONG
BENEFICIARY              59:                 SOHO TEXTILE AND LIGHT INDUSTRY CO. LTD.
                                             120 TAIPING ROAD.
                                             NANJING, CHINA
CURRENCY AND AMOUNT      32 B:               CURRENCY USD AMOUNT 108,750.00
AVAILABLE WITH/BY        41 D:               ANY BANK
                                             BY NEGOTIATION
DRAFTS AT …              42 C:               AT SIGHT
DRAWEE                   42 D:               SHANGHAI COMMERCIAL BANK LTD.
                                             HONGKONG FOR FULL INVOICE VALUE
PARTIAL SHIPMENTS        43 P:               ALLOWED
TRANSSHIPMENT            43 T:               ALLOWED
LOADING IN CHARGE        44 A:               PORT IN CHINA
FOR TRANSPORT TO …       44 B:               AARHUS, DENMARK
DESCRIPTION OF GOODS     45 A:
       FABRIC CRUSHED VELOUR, 150CM, AT USD7.5/M
       AS PER S/C NO. 2K11121, JSL ORDER NO. 4500207220
```

ART. 5360004/10, 1,000M VANILLA
ART. 5360025/30, 2,000M BURGUNDY
ART. 5360029/40, 10,700M HUNTER GREEN
ALL CIF AARHUS, DENMARK

DOCUMENTS REQUIRED   46 A:

1. FULL SET OF CLEAN 'ON BOARD OCEAN VESSEL' BILL OF LADING ISSUED TO ORDER AND BLANK ENDORSED NOTIFYING JYSK CO. LTD., AND MARKED 'FREIGHT PREPAID' SHOWING NAME AND ADDRESS OF SHIPPING COMPANY'S AGENT AT DESTINATION.
2. SIGNED COMMERCIAL INVOICES IN TRIPLICATE SHOWING CIF VALUE OF THE MENTIONED GOODS AND STATING 'WE HEREBY CERTIFY THAT THE GOODS HEREIN INVOICED CONFIRM WITH P/O NO., AND ART. NO.'
3. PACKING LISTS IN TRIPLICATE SHOWING NUMBER OF CARTONS, GROSS WEIGHT, NET WEIGHT AND SPECIFIED PER CONTAINER,
4. GSP CERTIFICATE FORM A IN DUPLICATE ISSUED BY COMPETENT AUTHORITY OF P.R. CHINA
5. INSURANCE POLICY OR CERTIFICATE IN ASSIGNABLE FORM AND ENDORSED IN BLANK FOR 110 PCT OF INVOICE VALUE WITH CLAIMS PAYABLE AT DESTINATION IN CURRENCY OF DRAFT COVERING ICC(A), INSTITUTE WAR CLAUSES (CARGO), INSTITUTE STRIKES CLAUSES (CARGO), WAREHOUSE TO WARHOUSE CLAUSES AND SHOWING NO. OF ORIGINALS ISSUED.

ADDITIONAL COND.   47 A:

1. CHARGES INCURRED IN RESPECT OF ANY TELEGRAPHIC TRANSFER/CHARTS PAYMENT/PAYMENT ADVICE BY SWIFT/TELEX ARE FOR ACCOUNT OF BENEFICIARY.
2. A HANDLING COMMISSION OF USD50.00 OR EQUIVALENT, PLUS TELEX CHARGES, IF ANY, WILL BE DEDUCTED FROM THE PROCEEDS FOR EACH SET OF DOCUMENTS WITH DISCREPANCIES PRESENTED UNDER THIS LETTER OF CREDIT.
3. ALL DOCUMENTS MUST BE PRESENTED THROUGH BENEFICIARY'S BANKER AND EXTRA COPY OF INVOICE AND TRANSPORT DOCUMENT FOR L/C ISSUING BANK'S FILE REQUIRED.

WE HEREBY ENGAGE WITH THE DRAWERS, ENDORSERS AND BONA FIDE HOLDERS THAT DRAFTS DRAWN AND NEGOTIATED IN COMPLIANCE WITH THE TERMS AND CONDITIONS OF THIS CREDIT WILL BE DULY HONOURED ON PRESENTATION.
THIS DOCUMENTARY CREDIT IS SUBJECT TO THE UNIFORM CUSTOMS AND PRACTICE FOR DOCUMENTARY CREDITS (1993) REVISION, INTERNATIONAL CHAMBER OF COMMERCE, PUBLICATION NO. 500.

DETAILS OF CHARGES   71 B: ALL BANKING CHARGES OUTSIDE HONG KONG ARE FOR ACCOUNT OF BENEFICIARY.
PRESENTATION PERIOD   48:   ALL DOCUMENTS MUST BE PRESENTED TO AND REACH OUR COUNTER IN HONG KONG WITHIN 7 DAYS AFTER B/L DATE.
CONFIRMATION   49:   WITHOUT
INSTRUCTIONS   78:

1. PLS FORWARD THE WHOLE SET OF DOCUMENTS IN ONE LOT TO OUR BILLS PROCESSING CENTRE (KOWLOON) AT 2/F., 666 NATHAN ROAD,KOWLOON, HONG KONG VIA COURIER SERVICE AT BENEFICIARY'S EXPENSES.
2. IN REIMBURSEMENT, WE SHALL REMIT PROCEEDS IN ACCORDANCE WITH YOUR INSTRUCTIONS UPON RECEIPT OF THE DOCUMENTS

ADVISE THROUGH   57 D: YOUR JIANGSU BRANCH,
148 ZHONGSHAN SOUTH ROAD, NANJING, CHINA

【知识窗口4-4】何为SWIFT格式的信用证

信用证的开立方式主要有信开和电开,随着电信事业的发展,信开方式已被电开方式所取代。电开方式包括电传、电报和SWIFT格式。SWIFT格式的信用证具有高性能、低成本、安全、迅速的特点,因此已被世界各国广泛使用。现在主要介绍跟单信用证SWIFT MT700的格式与内容(见表4-1)。

表 4-1 SWIFT 格式信用证代码含义

项目	内容	要点提示
20 DOCUMENTARY CREDIT NUMBER	信用证号码	
27 SEQUENCE OF TOTAL	电文页次	
31C DATE OF ISSUE	开证日期	
31D DATE AND PLACE OF EXPIRY	信用证有效期和有效地点	该日期为最后交单的日期
51A APPLICANT BANK	信用证开证的银行	
50 APPLICANT	信用证开证申请人，一般为进口商	
59 BENEFICIARY	信用证的受益人，一般为出口商	
32B CURRENCY CODE, AMOUNT	信用证结算的货币和金额	
39A PERCENTAGE CREDIT AMOUNT TOLERANCE	信用证金额上下浮动允许的最大范围	数值表示百分比，5/5 为上下浮动最大为 5%
39B MAXIMUN CREDIT AMOUNT	信用证最大限制金额	
40A FORM OF DOCUMENTARY CREDIT	跟单信用证形式	通常为不可撤销跟单信用证
41A AVAILABLE WITH…BY…	指定的有关银行及信用证总付的方式	如果是自由议付信用证，该项目代号为：41D，内容为：ANY BANK IN…
42A DRAWEE	汇票付款人	
42C DRAFTS AT…	汇票付款日期	
43P PARTIAL SHIPPMENTS	分装条款	表示该信用证的货物是否可以分批装运
43T TRANSSHIPMENT	转运条款	表示该信用证的货物是否可以转运
44A LOADING ON BOARD/DISPA.H/ TAKEING IN CHARGE AT/FORM	装船、发运和接收监管的地点	
44B FOR TRANSPORTATION TO…	货物发运的最终地	
44C LATEST DATE OF SHIPMENT	装船的最迟的日期	
44D SHIPMENT PERIOD	船期	44C 与 44D 不能同时出现
45A DESCRIPTION OF GOODS AND/OR SERVICE	货物描述	货物的情况、价格条款
46A DOCUMENTS REQUIRED	单据要求	对各种提交单据的要求
47A ADDITIONAL CONDITIONS	特别条款	
48 PERIOD FOR PRESENTATION	交单期限	如未规定，视为运输单据后 21 天内交单
49 CONFIRMATION INSTRUCTIONS	保兑指示	CONFIRM：要求保兑行保兑该信用证
71B CHARGES	费用情况	表明费用是否由受益人（出口商）出

2. 信用证内容解读

（1）开证行名称、地址（applicant bank）：这两项内容，如是信开信用证，一般在信用证顶部或右下角已印妥；如是电开信用证，电文开头的发电行即是开证行；如电文由其他银行转发，所转电文的开头应有开证行的名称和地址。

（2）信用证的类型（form of documentary credit）：这项内容有不同的表示法，如"不可撤销的"（irrevocable）、"可转让的"（transferable）等。在信用证条款里也有涉及，如即期信用证是以汇票的期限来确定的，汇票为即期（at sight）则信用证亦为即期；汇票为远期（at…days after/from…），信用证也为远期；汇票为远期，但可以即期索汇而且贴现息由开证人负担，这种信用证为假远期；信用证内包含预支条款的为预支信用证……

（3）信用证名称和号码（documentary credit number）：信用证名称有的用"DC"表示"跟单信用证"的意思，即"documentary credit"的缩写。信用证号码是一项必不可少的内容，许多单据都须引用。如是转开证，要注意区别转开行的证号与原证证号。转开行证号一般在转开文句中述及，原证证号则在原证开头部分注明。另外要注意信用证内不同条款中所援引的信用证号要与信用证本身的证号一致，不一致者，无法确定正确与否，须联系开证行证实。

（4）开证日期（date of issue）：这一日期必须与发电或转开等日期相区别。有的信用证内有明显的开证日期文字，如"Date of issue"或"Issuing date"标示，没有这种文字标示的，以发电日为开证日。如由其他行转电或转开，则电文开头的日期应为转电日或转开日。电文内可能提及原信用证开证日。

（5）有效期和有效地点（date and place of expiry）：一般用"expiry"表示期满，或"expiry date"表示期满日，也可以用"Validity""Validity date""Valid till"等表示。有的在到期日后加地址"date and place of expiry"表示在某日某地到期。

（6）信用证货币和金额（currency code amount）：一般信用证货币和金额与合同一致，注意有溢短装的情况下，溢短装的金额也要包含在内。

（7）受益人（beneficiary）：一般用"beneficiary"表示，有的用"in favor of"表示，一般是出口商。

（8）通知行或转递行：通知行为"advising bank"或"notifying bank"；转递行为"transmitting bank"，一般是出口地银行。

（9）开证申请人（applicant）：一般用"applicant"，有的用"accountee""opener""for account of""by order of(b/o)""order""at request of""you are authorize to drawn on"等，这些单词和短语之后都可加开证人名称，开证人一般是进口商。

（10）支付和汇票条款，此条款主要包括三个部分。

1）AVAILABLE WITH…BY…，指定哪家银行付款及付款方式，一共有四种付款方式。

2）DRAFTS AT…，以这种方式表示汇票期限，即期的规定 at sight，如规定"at…days after/from…"则表示不同类型的远期。

3）DRAWEE，以这种方式表示汇票付款人，一般都以开证行为汇票付款人。

（11）装运条款，此条款主要包括以下内容。

1）起运港和目的港（loading on board/dispatch/takeing in charge at/form…for transportation to…）：为适应现代化运输方式的需要，信用证注明"Loading on board/dispatch/taking in charge from…for transport to…"表示装船/发货/负责监管自某地运输至某地，可根据不同的运输方式填制。

2）分批装运（partial shipments）：一般注明"partial shipments are permitted/not permitted"表示允许或不允许分批装运。有的在允许分运后加一些限制性条件，如"partial shipments are permitted only in two Lots"表示只能分两批。有的分批与装运时间相联系，如"100 M/T in Jan., 200M/T in Feb"。有的分批与目的港相联系，如"50M/T to London, 70M/T for Paris"。有的与运输方式相联系，如"one set by air, two units by sea""partial shipments allowed only one lot by air and five lots by sea". 还有的与单据相联系, 如 "partial shipments permitted and a separate set of documents is required for each shipment" 等。

3) 转运（transshipment）：一般规定 "transshipment is allowed /not allowed" 表示允许或不允许转运。有的规定只允许在某口岸转运, 如 "transshipment allowed only in Hongkong"。有的规定只在货装集装箱的情况下允许转运, 如 "transshipment is allowed only goods in container"。

4) 装运期（latest date of shipment）：一般表示为 "Latest Date of Shipment" 或 "Latest Shipment Date", 这两种表达都表示最迟装运日。"Shipment…not later than…" 表示装运不能晚于某日。

（12）货物条款（description of goods and/or service）：货物条款前一般有 "covering, evidencing shipment of 或 shipment of" 等字样, 表示装运什么货物之意。此条款一般包括货名、货量、规格、单价、价格术语、总值、包装等, 如 Red beans 10M/T grade 2 unit price USD 300.00M/T CTF Tokyo Packed in gunny bags（红小豆 10 吨二级单价每吨 300 美元东京到岸价, 麻袋装）。货物条款繁简不一, 内容多时可加附页说明, 并加注 "as per attached sheet which form an integrate part of this L/C"（货物如附页, 此附页构成本信用证不可分割的一部分）。内容少时连货名都没有而只加注 "as per Contract No…"（货物如……号合同）。

（13）单据条款（documents required）：应提供的单据, 主要包括以下几项。

1) 商业发票: 一般发票条款内注明 "Signed Commercial Invoice in …Copies" 表示签字的商业发票××份。有时发票名称仅写 "Invoice", 含义不变, 但无须签字。有的在此条款后加注 "showing…" "indicating…" 或 "mentioning…" 等词, 表示发票应显示的内容。

2) 提单: 一般提单条款为 "full set of clean on board ocean bill of lading made out to order (of…) and blank endorsed, marked 'Freight Prepaid(or Collect)' notifying applicant (or other party)", 意思是全套清洁已装船提单, 做成空白（或某人）抬头, 空白背书, 注明 "运费预付（或到付）" 通知开证人（或其他方）。此条款包括提单份数、是否清洁、是否已装船、提单名称、抬头、背书、运费、通知方等内容。

3) 保险单或保险凭证: 一般此条款为 "Insurance Policy or Insurance Certificate in 2 copies for 110% of Invoice Value covering All Risks and War Risks", 意思是保险单或保险凭证一式两份, 按发票金额的 110% 投保一切险和战争险。此条款包括单证名称、份数、投保金额、投保险别。一些信用证还可以根据实际需要加列其他内容, 如加 "in negotiable" 表示可转让的, 加 "payable at destination" 表示在目的港赔付, 加 in Currency of draft 表示按汇票货币赔付等。

如以 FOB 成交, 保险应由买方办理, 信用证加注 "Insurance to be covered by buyer" 或类似说法。

（14）其他条款（additional conditions）：其他条款很多, 可根据业务需要或按客户要求加列各种内容, 示例如下。

1) 交单期限, 如 "The documents must be presented for negotiation within 15 days after the date of issuance of the transport documents but within the validity of the credit"（在

不超过信用证有效期的情况下，必须在装运单据签单日后 15 天之内交单议付）。

2）银行费用，如"All banking charges are for account of beneficiary"（全部银行费用由受益人负担）。

3）不符点费用，如"A fee of USD 30-(or equivalent) will be charged for each set of discrepant documents presented which require our obtaining approval from our customer"（提供单证不符的单据，每套将收 30 美元（或等值）费用，单据须经我行征得客户同意）。

4）寄单条款，如"All documents must be airmailed to us in two consecutive lots"（全部单据必须分两次航寄我行）。

5）偿付条款，如"We shall pay you by T/T upon our receipt of complying documents"（收到单证相符的单据后，我们将向你办理电汇付款）。

6）议付行背批条款，如"The amount of the draft under this credit should be noted by negotiating bank on the reverse hereof"（议付行应将本信用证项下的汇票金额批注在本证背面）。

（15）开证行担保条款，此条款的内容是"We hereby engage with drawers and /or bona fide holders that draft drawn and negotiated in conformity with the terms of this credit will be duly honored on presentation"（我们在此向出票人及／或善意持有人保证按该信用证条款出具和议付的汇票在提示时将被兑付）。

（16）凡承认 UCP600 条款的银行，开证时都加注信用证据此开立的内容，表示开证行将以此为原则处理信用证业务，并且发生业务纠纷时也将以此为准则进行解决。此条款的内容是"This credit is subject to the Uniform Customs and Practice for Documentary Credit (2007 Revision) International Chamber of Commerce, Paris, France Publication NO.600"（本证依据法国巴黎、国际商会《跟单信用证统一惯例》(2007 年修订版) 第 600 号出版物开立）。

■ 实战演练 4-3　解读 SWIFT 格式信用证 1

L/C No.: 894010151719
PLACE AND DATE OF ISSUE: HONG KONG MAR 04,2004
APPLICANT: BERNARD & COMPANY LIMITED
UNIT 1001-3 10/F YUE XIU BLDG
160-174 LOCKHART ROAD
WANCHAI HONG KONG
BENEFICIARY: NANJING CANTI IMPORT AND EXPORT CORP.
120 MX STREET, NANJING, CHINA
SHIPMENT: FROM SHANGHAI, CHINA TO SYDNEY, AUSTRALIA BEFORE APR. 04, 2004
TRANSHIPMENT: ALLOWED
PARTIAL SHIPMENT: NOT ALLOWED
DOCUMENTS REQUIRED:
-FULL SET OF CLEAN ON BOARD FREIGHT COLLECT OCEAN BILL OF LADING, MADE OUT TO ORDER OF SHIPPER AND BLANK ENDORSED, MARKED "NOTIFY ID COM CO., 79-81 WALES RD, NSW, AUSTRALIA" AND THE L/C NO.
-INVOICE IN TRIPLICATE

-PACKING LIST IN TRIPLICATE
DESCRIPTION OF GOODS: LUGGAGE SET OF 8 PCS

■ 实战演练 4-4　解读 SWIFT 格式信用证 2

ISSUING BANK: STANDARD CHARTERED BANK, LONDON
ADVISING BANK: BANK OF CHINA GUANGZHOU
APPLICANT: PETRICO INTERNATIONAL TRADING CORP. UO SHEPPARD ARENUE EAST SUITE 406 WILLOWDALE ONTARIO CANADA M2K W2
BENEFICIARY: XUWANG BUSINESS COMPUTING CO. LTD RM. NA34. ZIJINGYUAN HOTEL OF ZHONGSHAN UNIVERSITY, GUANGZHOU.P.R. CHINA.
FORM OF L/C: IRREVOCABLE
L/C NO: 001/95/14020X
ISSUE DATE: 04.02.22
EXPIRY DATE/PLACE: 04.04.30 IN COUNTRY OF BENEFICIARY
L/C AMOUNT: USD4,458,314.00
AMOUNT SPECIFICATION: CIF
AVAILABLE WITH/BY: FREELY AVAILABLE BY NEGOTIATION
DRAFTS: AT SIGHT DRAWN ON OURSELVES
TRANSPORT DETAILS: FROM CHINESE PORT NOT LATER THAN 15TH APRIL 1995 TO TORONTO, CANADA
DESCRIPTION OF GOODS:
　　XUWANG DOCUMENTATION SYSTEMS VERSION 5.0 1000SETS
　　XUWANG DOCUMENTATION SYSTEMS VERSION 6.0 2000SETS
　　XUWANG EDUCATION SYSTEMS 5000 BOXES
DOCUMENTS REQUIRED: CERTIFICATE OF ORIGIN FORM A DULY NOTARIZED IN SIX COPIES.
CONDITIONS: CONSIGNEE-BIG TREE BUSINESS CO. LTD SUNRISE STREET EAST, TORONTO, CANADA.

4.3.2　申请开立信用证

1. 开证申请书的填制

进口方与出口方签订国际贸易货物进出口合同并确认以信用证为结算方式后，即由进口方向有关银行申请开立信用证。开证申请是整个进口信用证处理实务的第一个环节，进口方应根据合同规定的时间或在规定的装船前一定时间内申请开证，并填制开证申请书，开证行根据有关规定收取开证押金和开证费用后开出信用证。

开证申请人（进口方）在向开证行申请开证时必须填制开证申请书。开证申请书是开证申请人对开证行的付款指示，也是开证申请人与开证行之间的一种书面契约，它规定了开证申请人与开证行之间的权利和义务关系，在这一契约中，开证行只是开证申请人的付款代理人。

开证申请书主要依据贸易合同中的有关主要条款填制，申请人填制后随附合同副本一并提交银行，供银行参考、核对。信用证一经开立则独立于合同，因而在填写开证申请时应审慎查核合同的主要条款,并将其列入申请书中。

在一般情况下,开证申请书都由开证银行事先印就,以便申请人直接填制。开证申请书通常为一式两联,申请人除填写正面内容外,还须签具背面的"开证申请人承诺书"。

(1)不可撤销的信用证开证申请书空白样单如图4-5所示。

<table>
<tr><td colspan="3" align="center">RREVOCADLE DOCUMENTARY CREADIT APPLICATION</td></tr>
<tr><td colspan="2">TO:</td><td>Place/date:</td></tr>
<tr><td colspan="2" rowspan="2">Beneficiary (fullname and address)</td><td>Credit No.</td></tr>
<tr><td>Date and place of expiry of credit</td></tr>
<tr><td>Partial shipments
☐ allowed ☐ not allowed</td><td>Transhipment
☐ allowed ☐ not allowed</td><td>☐ Issue by airmail
☐ Issue by teletransmission</td></tr>
<tr><td colspan="2">Loading on board/dispatch/taking in charge at/from</td><td>Amount (both in figures and words)</td></tr>
<tr><td colspan="2" rowspan="2">Description of goods:</td><td>Credit available with
☐ by sight payment ☐ by acceptance ☐ by negotiation
☐ by deferred payment at
against the documents detailed herein
☐ and beneficiary's draft for 100% of the invoice value</td></tr>
<tr><td>☐ FOB ☐ C&F ☐ CIF</td></tr>
<tr><td colspan="3">
Documents required: (marked with ×)
1.(   ) Signed Commercial Invoice in _ copies indicating L/C No. and Contract No.
2.(   ) Full set of clean on board ocean Bills of Lading made out to order and blank endorsed, marked "freight [ ] to collect/[ ]prepaid[ ]showing freight amount" notifying
3.(   ) Air Waybills showing "freight [ ]to collect/[ ]prepaid[ ]indicating freight amount" and consigned to
4.(   ) Memorandum issued by   consigned to
5.(   ) Insurance Policy/Certificate in _ copies for 110% of the invoice value showing claims payable in China in currency of the draft. Blank endorsed, covering ([ ]Ocean Marine Transportation All Risks, War Risks
6.(   ) Packing List/Weight Memo in _ copies indicating quantity/gross and net weight of each package and packing condition as called for by the L/C
7.(   ) Beneficiary's certified copy of cable/telex dispatched to the accountees within 24 hours after shipment advising[ ] name of vessel/[ ]No./[ ]wagon No., date, quantity, weight and value of shipment.
8.(   ) Beneficiary's Certificate certifying that extra copies of the documents have been dispatched according to the contract terms.
9.(   ) Other documents, if any:
Additional instructions:
1.(   )All banking charges outside the opening bank are for beneficiary's account.
2.(   ) Documents must be presented within _ days after the date of issuance of the transport documents but within the validity this credit.
3.(   ) Third party as shipper is not acceptable. Short form/Blank Back B/L is not acceptable.
4.(   ) Both quantity and amount   % more or less are allowed.
5.(   ) All documents to be forwarded in one cover, unless otherwise stated above.
You correspondents to advise beneficiary ☐ adding their confirmation ☐ without adding their confirmation
Payments to be debited to our _____ amount no _____

                                                           Signature: _____
</td></tr>
</table>

图4-5 不可撤销的信用证开证申请书空白样单

（2）开证申请书内容解读和缮制。

1）TO（致_____行）填写开证行名称。

2）Date（日期）填写申请开证，如：050428。

3）Beneficiary (full name and address)（受益人全称和详细地址），填写受益人全称和详细地址。受益人指信用证上所指定的有权使用该信用证的人，一般为出口人，也就是买卖合同的卖方。

4）Applicant（开证申请人），填写开证申请人名称及地址。开证申请人又称开证人，指向银行提出申请开立信用证的人，一般为进口人，就是买卖合同的买方。开证申请人为信用证交易的发起人。

5）Advising Bank（通知行），填写通知行名址。如果该信用证需要通过收报行以外的另一家银行转递、通知或加具保兑后给受益人，该项目内填写该银行。

6）Credit No.（信用证号码），由银行填写。

7）Date and place of expiry（信用证有效期及地点），地点填受益人所在国家，如050815 IN THE BENEFICIARY'S COUNTRY。

8）Parital shipments（分批装运条款），填写跟单信用证项下是否允许分批装运；Transhipment（转运条款），填写跟单信用证项下是否允许货物转运；Loading on board/dispatch/taking in charge at/from 填写装运港；not later than 填写最后装运期，如050610；For transportation to 填写目的港。

9）信用证开证方式。

A. Issue by airmail（以信开的形式开立信用证），选择此种方式，开证行以航邮方式将信用证寄给通知行；With brief advice by teletransmission（以简电开的形式开立信用证），选择此种方式，开证行将信用证主要内容发电预先通知受益人，银行承担必须使其生效的责任，但简电本身并非信用证的有效文本，不能凭以议付或付款，银行随后寄出的"证实书"才是正式的信用证。

B. Issue by express delivery（以信开的形式开立信用证），选择此种方式，开证行以快递（如DHL）将信用证寄给通知行。

C. Issue by teletransmission (which shall be the operative instrument)（以全电开的形式开立信用证），选择此种方式，开证行将信用证的全部内容加注密押后发出，该电讯文本为有效的信用证正本，如今大多用"全电开证"的方式开立信用证。

10）Amount（金额），分别用数字小写和文字大写填写信用证金额，小写输入时须包括币种与金额，如USD89600, U.S.DOLLARS EIGHTY NINE THOUSAND SIX HUNDRED ONLY。

11）Description of goods（货物描述），填写货物相关信息，如01005 CANNED SWEET CORN, 3060Gx6TINS/CTN, QUANTITY: 800 CARTON, PRICE: USD14/CTN。

12）Credit available with（信用证种类），填写此信用证可由某银行即期付款、承兑、议付、延期付款，即押汇银行（出口地银行）名称。如果信用证为自由议付信用证，银行可用"ANY BANK IN…（地名/国名）"表示。如果该信用证为自由议付信用证，而且对议付地点也无限制，则可用"ANY BANK"表示。

A. by sight payment，勾选此项，表示开具即期付款信用证。即期付款信用证是指受益人（出口商）根据开证行的指示开立即期汇票，或无须汇票仅凭运输单据即可向指定银行提示请求付款的信用证。

B. by acceptance，勾选此项，表示开具承兑信用证。承兑信用证是指信用证规定开证行对于受益人开立以开证行为付款人或以其他银行为付款人的远期汇票，在审单无误后，应承担承兑汇票并于到期日付款责任的信用证。

C. by negotiation，勾选此项，表示开具议付信用证。议付信用证是指开证行承诺延伸至第三当事人，即议付行，其拥有议付或购买受益人提交信用证规定的汇票/单据权利行为的信用证。如果信用证不限制某银行议付，可由受益人（出口商）选择任何愿意议付的银行，提交汇票、单据给所选银行请求议付的信用证称为自由议付信用证，反之为限制性议付信用证。

D. by deferred payment at，勾选此项，表示开具延期付款信用证。如果开具这类信用证，需要写明延期多少天付款，如 at 60 days from payment confirmation（60 天承兑付款），at 60 days from B/L date（提单日期后 60 天付款）等。

延期付款信用证指不需汇票，仅凭受益人交来单据，审核相符，指定银行承担延期付款责任起，延长直至到期日付款。该信用证能够为欧洲地区进口商避免向政府交纳印花税而免开具汇票外，其他都类似于远期信用证。

E. against the documents detailed herein（连同下列单据），填写需要随附提交的单据。

F. and beneficiary's draft(s) for ____ % of invoice value at ____ sight drawn on ____，意即受益人按发票金额 ____ %，做成限制为 ____ 天，付款人为 ____ 的汇票。注意延期付款信用证不需要选择连同此单据。

"At ____ sight"为付款期限。如果是即期，需要在"At ____ sight"之间填"****"或"----"，不能留空。远期有几种情况：at ×× days after date（出票后 ×× 天），at ×× days after sight（见票后 ×× 天）或 at ×× days after date of B/L（提单日后 ×× 天）等。如果是远期，要注意两种表达方式的不同：一种是见票后 ×× 天（at ×× days after sight），一种是提单日后 ×× 天（at ×× days after B/L date）。这两种表达方式在付款时间上是不同的，"见单后 ×× 天"是指银行见到申请人提示的单据时间算起，而"提单日后 ×× 天"是指从提单上的出具日开始计算的 ×× 天，所以如果能尽量争取到以"见单后 ×× 天"的条件成交，就等于又争取了几天迟付款的时间。

"drawn on"为指定付款人。注意汇票的付款人应为开证行或指定的付款行，如 against the documents detailed herein and beneficiary's draft (s) for 100% of invoice value at****sight drawn on THE CHARTERED BANK。

13）价格条款，根据合同内容选择或填写价格术语和条款。

14）Documents required（marked with ×），信用证需要提交的单据（用"×"标明）。根据国际商会 UCP500《跟单信用证统一惯例》，信用证业务是纯单据业务，与实际货物无关，所以信用证申请书上应按合同要求明确写出所应出具的单据，包括单据的种类，每种单据所表示的内容，正、副本的份数，出单人等。一般要求提示的单据有提单（或空运单、收货单）、发票、箱单、重量证明、保险单、数量证明、质量证明、产地证、装船通知、商检证明等以及其他申请人要求的证明等。

注意：如果是以 CFR 或 CIF 成交，就要要求对方出具的提单为"运费已付"（Freight Prepaid）；如果是以 FOB 成交，就要要求对方出具的提单为"运费到付"（Freight Collect）。如果按 CIF 成交，申请人应要求受益人提供保险单，且注意保险险别，应要求赔付地在到货港，以便解决问题。汇票的付款人应为开证行或指定的付款行，不可规定为开证申请人，否则会被视作额外单据。

A. 签字的商业发票一式_____份，标明信用证号_____和合同_____。

B. 全套清洁已装船海运提单，做成空白抬头、空白背书，注明"运费 [ ] 待付 / [ ] 已付"，[ ] 标明运费金额，并通知_____。

C. 空运提单收货人为_____，注明"运费 [ ] 待付 / [ ] 已付"，[ ] 标明运费金额，并通知_____。

D. 铁路运单由_____签发，收货人为_____。

E. 保险单 / 保险凭证一式____份，按发票金额的____% 投保，注明赔付地在_____，以汇票同种货币支付，空白背书，投保_____。

F. 装箱单 / 重量证明一式____份，注明每一包装的数量、毛重和净重。有时候会出现其他选择，如数量 / 重量证明一式____份，由_____出具。

G. 受益人以传真 / 电传方式通知申请人装船证明副本，该证明须在装船后_____日内发出，并通知该信用证号、船名、装运日以及货物的名称、数量、重量和金额。

有时候会出现其他选择，如品质证一式____份，由 [ ] 制造商 /[ ] 公众认可的检验机构_____出具；产地证一式____份，由_____出具。

H. 提交单据日期。

I. Other documents, if any（其他单据）。

15）Additional instructions 附加条款，是对以上各条款未述之情况的补充和说明，且包括对银行的要求等。

A. 开证行以外的所有银行费用由受益人担保。

B. 所需单据须在运输单据出具日后_____天内提交，但不得超过信用证有效期。

C. 第三方为托运人不可接受，简式 / 背面空白提单不可接受。

D. 数量及信用证金额允许有____% 的增减。

E. 所有单据须一次性提交。

F. Other terms, if any（其他条款）。

2. 申请开立信用证应注意的问题

向银行申请开立信用证，是一件技术性和专业性都很强的工作，做得不好就有可能

引起多次改证和付出不必要的费用,从而增加进口方的进口成本,因此在申请开立信用证时,应注意:

(1)信用证条款要与买卖合同一致。按照 UCP500 的规定,不要把过多的细节在信用证中列明,如品名、规格、数量、单价以及装运期限等,只要简单地列明即可,若货物描述过长,也可以注明"参照××合同"的字样。

(2)汇票期限要与买卖合同的付款期限相吻合。

(3)单据条款要明确。信用证中必须列明所需单据的名称及份数,若有特别要求,还必须要详细列明。

(4)特别条款的利用。若开证人有一些特别的指示,而该指示又不能以单据方式表现出来,则可利用特别条款来说明,如技术规格、质量的说明、包装的搭配以及迟期提单可以接受等。

(5)对于信用证的修改,最好先通过传真或电子邮件等方式与受益人事先进行沟通,待双方达成一致以后,一次性进行,从而节省费用。

■ 实战演练 4-5　根据合同资料申请开立信用证

中国国际纺织品进出口公司江苏分公司
CHINA INTERNATIONAL TEXTILES I/E CORP. JIANGSU BRANCH
20 RANJIANG ROAD , NANJING, JIANGSU, CHINA

销售确认书　　　　　编号 NO.: CNT0219
SALES CONFIRMATION　　日期 DATE: MAY 10, 2004

OUR REFERENCE: IT123JS
买方 BUYERS:　TAI HING LOONG SDN, BHD, KUALA LUMPUR.
地址 ADDRESS: 7/F, SAILING BUILDING, NO.50 AIDY STREET, KUALA LUMPUR, MALAYSIA
电话 TEL:　　060-3-74236211　　传真 FAX: 060-3-74236212
兹经买卖双方同意成交下列商品,订立条款如下:
THE UNDERSIGNED SELLERS AND BUYERS HAVE AGREED TO CLOSE THE FOLLOWING TRANSACTION ACCORDING TO THE TERMS AND CONDITIONS STIPULATED BELOW:

DESCRIPTION OF GOODS	QUANTITY	UNIT PRICE	AMOUNT
100% COTON GREE LAWN	300,000 YARDS	CIF SINGAPORE @HKD3.00PER YARD	HKD900,000.00

装运 SHIPMENT:　　DURING JUNE/JULY, 2001 IN TRANSIT TO MALAYSIA
付款条件 PAYMENT:　IRREVOCABLE SIGHT L/C
保险 INSURANCE:　 TO BE EFFECTED BY SELLERS COVERING WPA AND WAR RISKS FOR 10% OVER THE INVOICE VALUE

买方(签章)THE BUYER　　　　　　　　　　　　　卖方(签章)THE SELLER
　　　　　　　　　　　　　　　　　　　　中国国际纺织品进出口公司江苏分公司
　　　　　　　　　　　　　　　　　　　　CHINA INTERNATIONAL TEXTILES I/E CORP.
　　　　　　　　　　　　　　　　　　　　　　　　JIANGSU BRANCH,

RREVOCADLE DOCUMENTARY CREADIT APPLICATION

TO: Place/date:

Beneficiary (fullname and address)	
	Date and place of expiry of credit
Partial shipments ☐ allowed ☐ not allowed	Transhipment ☐ allowed ☐ not allowed
Loading on board/dispatch/taking in charge at/from	Amount (both in figures and words)

Description of goods:	Credit available with ☐ by sight payment ☐ by acceptance ☐ by negotiation ☐ by deferred payment at against the documents detailed herein ☐ and beneficiary's draft for 100% of the invoice value ☐ FOB ☐ C&F ☐ CIF

Documents required: (marked with ×)
1. ( ) Signed Commercial Invoice in _ copies indicating L/C No. and Contract No.
2. ( ) Full set of clean on board ocean Bills of Lading made out to order and blank endorsed, marked "freight [ ] to collect/[ ]prepaid[ ]showing freight amount" notifying
3. ( ) Air Waybills showing "freight [ ]to collect/[ ]prepaid[ ]indicating freight amount" and consigned to
4. ( ) Memorandum issued by   consigned to
5. ( ) Insurance Policy/Certificate in _ copies for 110% of the invoice value showing claims payable in China in currency of the draft. Blank endorsed, covering ([ ]Ocean Marine Transportation All Risks, War Risks
6. ( ) Packing List/Weight Memo in _ copies indicating quantity/gross and net weight of each package and packing condition as called for by the L/C
7. ( ) Beneficiary's certified copy of cable/telex dispatched to the accountees within 24 hours after shipment advising[ ] name of vessel/[ ]No./[ ]wagon No., date, quantity, weight and value of shipment.
8. ( ) Beneficiary's Certificate certifying that extra copies of the documents have been dispatched according to the contract terms.
9. ( ) Other documents, if any:

Additional instructions:
1. ( ) All banking charges outside the opening bank are for beneficiary's account.
2. ( ) Documents must be presented within __ days after the date of issuance of the transport documents but within the validity this credit.
3. ( ) Third party as shipper is not acceptable. Short form/Blank Back B/L is not acceptable.
4. ( ) Both quantity and amount % more or less are allowed.
5. ( ) All documents to be forwarded in one cover, unless otherwise stated above.

You correspondents to advise beneficiary ☐ adding their confirmation ☐ without adding their confirmation
Payments to be debited to our _____ amount no _____

                                           Signature: _____

4.4 信用证的审核

信用证付款对单据的要求非常严格，如出现单证不符点，一种处理是拒付，另一种处理是对不符点罚款，这两种处理结果都会给出口商带来经济损失。所以审核信用证对出口商来说是一件非常重要的工作，在发现信用证条款和合同条款不一致并不能执行时，及时通知开证申请人更改。

4.4.1 审核信用证的要点

（1）审核信用证的付款保证，如有一项付款得不到保证，就应及时向开证人提出。

1）应该保兑的信用证是否按要求由有关银行进行保兑。

2）附有条件的信用证一般不接受，如"待获得进口许可证后才能生效"。

3）由开证申请人直接寄送的信用证，要审核信用证的真实性。

（2）审核信用证的付款时间是否与有关合同规定相一致。

1）信用证中有关支付条款，如在向银行交单后若干天内或见票后若干天内付款等情况，应仔细审核是否与合同相应条款一致。

2）信用证在国外到期不接受，由于单据的邮寄风险无法控制，所以一般要求在国内到期。

3）如信用证中的装船期和有效期是同一天的"双到期"信用证，一般不接受，在实际业务操作中，一般在有效期前10天装运，以便有合理的时间来制单结汇。

（3）审核信用证受益人和开证人的名称和地址是否完整和准确。

（4）审核信用证的价格条款是否符合合同规定。

1）信用证金额是否正确。

2）信用证中的单价与总值要准确，大小写金额必须一致，币制要正确。

3）信用证采用的价格术语是否和合同一致。

4）如数量条款中规定了溢短装条款，那么信用证也应做出相应规定，支付金额允许有一定幅度地增减。

（5）审核信用证条款中装运期的有关规定是否符合要求。

1）信用证规定的装运期太近，无法按期装运，应及时与开证申请人联系改证。

2）实际装运期与信用证规定的交单期时间相距时间太短，应及时要求改证。

3）信用证中如规定了分批出运的时间和数量，应注意能否办到，任何一批未按期装运，以后各期均告失效。

（6）审核信用证规定的交单期是否合理。

1）信用证有规定的，应严格按规定的交单期向银行交单，但要避免交单期过短，一般按规定装运期后15天左右交单。

2）信用证没有规定的，向银行交单的日期不得迟于提单日期后21天。

4.4.2 申请对信用证进行修改

通过对信用证的全面审核，在发现问题时，应分情况及时处理。对于影响安全收汇，难以接受或做到的信用证条款，必须要求国外客户进行修改。

1. 信用证修改的规则

（1）只有买方（开证人）有权决定是否接受修改信用证。
（2）只有卖方（受益人）有权决定是否接受信用证修改。

2. 修改信用证的注意事项

（1）凡是需要修改的内容，应做到一次性向客人提出，避免多次修改信用证的情况。
（2）对于不可撤销信用证中任何条款的修改，都必须取得当事人的同意后才能生效。对信用证修改内容的接受或拒绝有两种表示形式。
　1）受益人做出接受或拒绝该信用证修改的通知。
　2）受益人以行动按照信用证的内容办事。
（3）收到信用证修改后，应及时检查修改内容是否符合要求，并分情况表示接受或重新提出修改。
（4）对于修改内容要么全部接受，要么全部拒绝，部分接受修改中的内容是无效的。
（5）有关信用证修改必须通过原信用证通知行才具真实性、有效性；通过客人直接寄送的修改申请书或修改书复印件不是有效的修改。
（6）明确修改费用由谁承担。一般按照责任归属来确定修改费用由谁承担。

■ **实例展示 4-2　信用证的审核**

张明审核 FUMING FEED CO., LTD. 通过泰国标准银行开来的信用证电开本（如下所示）后，发现一些问题，并要求 FUMING FEED CO., LTD. 向泰国标准银行申请修改信用证。

```
---------------------INSTANCE TYPE AND RANSMISSION-----------
COPY RECEIVED FROM SWIFT
PRIORITY: NORMAL
MESSAGE OUTPUT REFERENCE:1457 110110 MSBCCNB JA0023409369715
CORRESPONDENT INPUT REFERENCE: 1357 110110 KASITHBKAXXX1828428653
----------------------MESSAGE HEADER---------------------------
SWIFT OUTPUT: FIN 700 ISSUE OF A DOCUMENTARY CREDIT
SENDER:   KASITHBKXXX
          KASIKORN BANK PUBLIC COMPANY LIMITED
          BANGKOK TH
BECEIVER: MSBCCNB J002
          CHINA MINSHENG BANKING CORPORATION, LIMITED
          (SHANGHAI   BRANCH)
          SHANGHAI   CN
---------------------------MESSAGE TEXT -------------------------
```

27: SEQUENCE OF TOTAL
      1/1
40A: FORM OF DOCUMENTARY CREDIT
      IRREVOCABLE
20: DOCUMENTARY CREDIT NUMBER
      ML 11000632
31C: DATE OF ISSUE
      180315
40E: APPLICABLE RULES
      UCP URR LATEST VERSION
31D: DATE AND PLACE OF EXPIRY
      180820 THAILAND
50: APPLICANT
      FUMING FEED CO.,LTD.
THAILAND 653, MOO 4, SOI E 6 PATANA 1 RD.,
SAMUT PRAKAN 10280
TEL：66-2-324-0770 FAX: 66-2-324-0350-1
59: BENEFICIARY—NAME & ADDRESS
      SHANGHAI LIANG YOU GROUP CO.,LTD.
      NO.88 ZHANGYANG ROAD SHANGHAI,
      CHINA 200122 TEL: 58761831
      FAX: 58767244
32E: CURRENCY CODE, AMOUNT
      CURRENCY: USD(US DOLLAR)
      AMOUNT: #128000.00.#
39A: PERCENTAGE CREDIT AMT TOLERANCE
      5/5
41D: AVAILABLE WITH –BY----NAME & ADDR
      ANY BANK IN CHINA BY NEGOTIATION
42C: DRAFTS AT----
      30 DAYS AFTER B/L DATE
42D: DRAWEE—NAME & ADDRESS
      ISSUING BANK
43P: PARTIAL SHIPMENTS
      NOT ALLOWED
43T: TRANSHIPMENTS
      ALLOWED
44E: PORT OF LOADING/AIRPORT OF DEP.
      ANY CHINA PORT
44B: PL OF FINAL DEST / OF DELIVERY
      LAT KRABANG, THAILAND
44C: LATEST DATE OF SHIPMENT
      180730
45: DESCRIPTN OF GOODS &/ OR SERVICES
      +5 PERCENT MORE OR LESS IN AMOUNT AND QUANTITY ACCEPTABLE
      +210 MT. OF WHEAT FLOUR (FEED GRADE)
      UNIT PRICE AT EUR 400.00/MT CFR BANGKOK

SHIPPING MARK: FUMING, THAILAND
46A: DOCUMENTS REQUIRED
+ SIGNED COMMERCIAL INVOICE IN 3 COPIES, PRICE CIF LAT KRABANG INDICATING FOB VALUE, FREIGHT CHARGES, THIS L/C NUMBER AND TERM OF PAYMENT SEPARATELY.

+FULL SET OF THREE CLEAN ON BOARD OCEAN BILL OF LADING MADE OUT OR ENDORSED TO THE ORDER OF KASIKORN BANK PUBLIC CO., LTD., BANGKOK MARKED FREIGHT PREPAID NOTIFY APPLICANT PLUS 3 NON-NEGOTIABLE COPIES.

+FULL SET OF NEGOTIABLE INSURANCE POLICY OR CERTIFICATE BLANK ENDORSED AGAINST WPA AND BREAKAGE & WAR RISKS FOR 120% OF THE TOTAL INVOICE VALUE AS PER THE RELEVANT OCEAN MARINE CARGO OF P.I.C.C. DATED 1/1/1981.

+PACKING LIST IN 3 COPIES

+CERTIFICATE OF ANALYSIS IN 3 COPIES

+CERTIFICATE OF ORIGIN IN 2 COPIES ISSUDE BY OFFICIAL AUTHORITY

+BENEFICIARY'S CERTIFICATE CERTIFYING THAT DETAIL OF SHIPMENT AND COPY OF ALL DOCUMENTS HAVE BEEN SENT TO APPLICANT AFTER SHIPMENT EFFECTED.

47A: ADDITIONAL CONDITIONS
+PLS USE THIS CORRECT APPLICANT'S ADDRESS INSTEAD OF FIELD 50:-- 77/12 MOO 2, RAMA II RD., NAKHOK MANG, SAMUTSAKHORN 74000, THAILAND.

+01 EXTRA COPY/PHOTOCOPY SEPARATE SET IS REQUIRED TO BE PRESENTED TOGETHER WITH THE DOCUMENT FOR ISSING BANK'S RETENTION. OTHERWISE, USD 10.00 WILL BE CHARGED FOR EACH SET OF DOCUMENTS PRESENTED WITH DISCREPANCIES AT BENEFICIARY'S ACCOUNT.

+(CONTINUE FROM FIELD 78) UPON NEGOTIATION, THE NEGOTIATING BANK MUST ADVISE THE ISSUING BANK: THE AMOUNT/DATE OF NEGOTIATION, B/L DATE AND THE MATURITY DATE.

+THE NEGOTIATING BANK IS REQUESTED TO STRICLY FOLLOW THE ABOVE MAILING INSTRUCTIONS. THE ISSUING BANK IS NOT LIABLE FOR ANY CLAIMS RESULTING FROM THE DELAYS CAUSED BY MISHANDING OF OUR MAILING INSTRUCTION AS PER STIPULATED. OTHERWISE, A PENALTY OF USD100.00 WILL BE CHARGED (AND / OR DEDUCTED FROM PAYMENT).

+++ THE END +++

71B: CHARGES +DISCOUNTING INTEREST AND ACCEPTANCE COMMISSION (IF ANY)ARE FOR A/C OF BENEFICIARY.

+ALL DOCUMENTS REQUIRED UNDER THIS L/C MUST BE ISSUED IN ENGLISH LANGUAGE.

+ALL DRAFTS IN DUPLICATE MUST INDICATE THE L/C NUMBER, DATE OF ISSUE AND NAME: KASIKORN BANK PUBLIC COMPANY LIMITED.

+THIS CREDITS IS SUBJECT TO THE UNIFORM CUSTONS AND PRACTICE FOR DOCUMENTARY CREDITS, 2007 REVISION, ICC PUBLICATION NO.600.

ALL BANK CHARGES OUTSIDE THAILAND
INCLUDING REIMBURSING CHARGES ARE FOR A/C OF BENEFICIARY
48: PERIOD FOR TRESENTATION
DOCUMENTS TO BE PRESENTED WITHIN 16 DAYS AFTER SHIPMENT DATE BUT WITHIN VALIDITY OF CREDIT.
49: CONFIRMATION INSTRUCTIONS
WITHOUT

53A: REIMBURSING BANK—FI BIC
    KASIUS6L
    KASIKORN BANK PCL
    LOS ANGELES, CA US
57D: 'ADCISE THROUGH' BANK –NAME & ADDR
    SHANGHAI BRANCH
72: SENDER TO RECEIVER INFORMATION
    PLEASE ADVISE BENEFICIARY URGENTLY.
------------------------MESSAGE TRAILER----------------
(CHK: C5FB4A96CC69)
PKI SIGNATURE: MAC-EQUIVALENT

信用证修改申请书如下：

KASIKORN BANK PUBLIC COMPANY LIMITED BANGKOK TH
APPLICATION FOR AMENDMENT

AMENDMENT TO CREDIT NO:
AMENDMENT NO:
AMENDMENT DATE:

TO: CHINA MINSHENG BANKING CORPORATION, LIMITED
    (SHANGHAI BRANCH)

APPLICANT	ADVISING BANK
FUMING FEED CO., LTD.	CHINA MINSHENG BANKING
THAILAND 653, MOO 4, SOI E 6 PATANA 1 RD., SAMUT PRAKAN 10280	CORPORATION, LIMITED (SHANGHAI BRANCH)
BENEFICIARY	AMUOUT
SHANGHAI LIANGYOU GROUP NO.88 ZHANGJIANG ROAD SHANGHAI, CHINA 200122	USD 128000.00

THE ABOVE MENTIONED CREDIT IS AMENDED AS FOLLOWS:
1. THE L/C EXPIRY PLACE SHOULD BE IN CHINA NOT IN THAILAND
2. PARTIAL SHIPMENTS SHOULD BE ALLOWED NOT PROHIBITED
3. UNITE PRICE IS USD 400.00 PER M/T CIF BANGKOK
4. THE GOODS INSURED FOR 110% INVOICE VALUE NOT 120%

ALL OTHER TERMS AND CONDITIONS REMAIN UNCHANGED
                                      AUTHORIZED SINGNATURE:

THIS AMENDMENT IS SUBJECT TO UNIFORM CUSTOMS AND PRACTICE FOR DOCUMENTARY CREDITS (2007 REVISION) INTERNATIONAL CHAMBER OF COMMERCE PUBLICATION NO.600

■ 实战演练 4-6 信用证审核

根据给出的信用证，提出审核意见。

1. 案例

上海世贸进出口有限公司出口木制玩具时收到下列信用证：

COMMONWEALTH BANK OF AUSTRALIA
LEVEL 1, 48 MARTIN PLACE, SYDNEY, NEW SOUTH WALES 2000

FORM OF DOC.CREDIT	*40A: IRREVOVABLE
DOC.CREDIT NUMEBER	*20: SKL1002242
DATA OF ISSUE	31C: 180821
EXPIRY	*31D: DATA 181123 PLACE IN THE COUNTRY OF BENEFICIARY
APPLICANT	*50:

BAIDA TRADE CO., ITD
13 PARK STREET TIVERSTONE
61-02-97573548

BENEFICIARY	*59:

SHANGHAI LINGFENG IMPORT & EXPORT CO., LTD.
NO.43 CHIFENG ROAD, SHANGHAI CHINA

AMOUNT	*32B: USD AMOUNT 14,170.00
AVAILABLE WITH/BY	*41D: ANY BANK BY NEGOTIATION
DRAFTS AT…	42C: DRAFTS AT SIGHT FOR FULL INVOICE COST
DRAWEE	42A: XCOMMON WEALTH BANK OF AUSTRALIA
PARTIAL SHIPMENTS	43P: ALLOWED
TRANSSHIPMENT	43T: PROHIBITED
LOADING IN CHARGE	44A: SHANGHAI
FOR TRANSPORT TO…	44B: SYDNEY PORT
LATEST DATE OF SHIP.	44C: 181016
DESCRIPT.OF GOODS	45A: WOODEN TOYS CIF SYDENEY

ART	DOZS (USD)	U/PRICE (CTN)	PACKING (KG/CTN)	G.W (KG/CTN)	N.W	MEAS (CBM/CTN)
YW 4002	126	45.00	2DOZ/CTN	20	18	0.024
YW 4004	340	25.00	4DOZ/CTN	22	20	0.03

DETAILS OF CHARGES   71B: ALL BANKING CHARGES OUTSIDE JAPAN
　　　　　　　　　　　　ARE FOR ACCOUNT OF BENEFICIARY
PRESENTATION PERIOK   48: DOCUMENTS MUST BE PRESENTED WITHIN 15 DAYS AFTER THE DATE OF SHIPMENT BUT WITHIN THE VALIDITY OF THE CREDIT
CONFIRMATION   *49: WITHOUT
DOCUMENTS REQUIRED 46A:
+SIGNED COMMERCIAL INVOICE IN TRIPLICATE
+MARINE INSURANCE POLICY OR CERTIFICATE IN DUPLICATE ENDORSED IN BLANK FOR 110 PCT OF INVOICE VALUE WITH CLAIMS TO BE PAYABLE IN JAPAN IN THE CURRENCY OF THE DRAFT COVERING OCEAN MARINE CARGO CLAUSES ALL RISK, OCEAN MARINE

WAR CLAUSES, OCEAN MARINE STRIKES RIOTS AND CIVIL COMMOTIONS CLAUSES OF THE PEOPLE'S INSURANCE COMPANY OF CHINA
　　+2/3 SET OF CLEAN ON BOARD OCEAN BILLS OF LADIN MADE OUT TO ORDER OF SHIPPER AND BLANK ENDORSED AND MARKED FREIGHT PREPAID AND NOTIFY APPLICANT
　　+OEN COPY OF NON-NEGOTIABLE BILL OF LADING
　　+PACKING LIST IN TRIPLICATE
　　+PHOTOCOPY OF G.S.P.CERTIFICATE OF ORIGIN FORM A IN DUPLICATE
　　+BENEFICIARY'S CERTIFICATE CERTIFYING THAT ONE SET OF ORIGINAL SHIPPING DOCUMEN-TS INCLUDING ONE ORIGINAL G.S.P. CERTIFICATE OF ORIGIN FORM A ORIGINAL 1/3 B/L HAVE BEEN SENT DIRECTLY TO APPLICANT BY SPECIAL COURIER SERVICE B/L SHOULD BEAR VESSEL AGENT'S NAME AND TELEPHONE NUMBER IN JAPAN
　　+FUJI'S APPLICATION SHOULD BE MENTIONED ON I/V, P/L AND B/L
　AS A PARTY OF SHIPPING MARKS　S/C NO. 2018080108

2. 审核意见

THE ABOVE MENTIONED CREDIT IS AMENDED AS FOLLOWS:

思考题

一、单项选择题

1. 在信用证业务中，有关当事方处理的是（　　）。
　　A. 服务　　　　　　B. 货物　　　　　　C. 单据　　　　　　D. 其他行为
2. 在信用证支付方式下，国际贸易单证工作除基本环节外还有（　　）环节。
　　A. 制单　　　　　　B. 审单　　　　　　C. 交单　　　　　　D. 审证
3. 在信用证支付方式下，银行处理单据时不负责审核（　　）。
　　A. 单据与有关国际惯例是否相符　　　　B. 单据与信用证是否相符
　　C. 单据与贸易合同是否相符　　　　　　D. 单据与单据是否相符
4. 信用证支付方式下，制单和审单的首要依据是（　　）。
　　A. 信用证　　　　　B. 合同　　　　　　C. 相关国际惯例　　D. 有关商品的原始资料
5. 所谓"信用证严格相符"的原则，是指受益人必须做到（　　）。
　　A. 信用证和合同相符　　　　　　　　　B. 信用证和货物相符
　　C. 信用证和单据相符　　　　　　　　　D. 以上均正确
6. 信用证的基础是买卖合同，当信用证与买卖合同规定不一致时，受益人应要求（　　）。
A. 开证行修改　　　B. 开证申请人修改　C. 通知行修改　　　D. 自行修改
7. 在信用证业务中，银行的责任是（　　）。
　　A. 只看单据，不看货物　　　　　　　　B. 既看单据，又看货物
　　C. 只管货物，不看单据　　　　　　　　D. 以上均正确
8. 信用证上如未明确付款人，则制作汇票时，受票人应为（　　）。

A. 开始申请人　　B. 开证银行　　C. 议付行　　D. 任何人

9. 根据国际商会《跟单信用统一惯例》的规定，如果信用上未注明"不可撤销"的字样，该信用证应视为（　　）。

　　A. 可撤销信用证　　　　　　　　B. 不可撤销信用证
　　C. 远期信用证　　　　　　　　　D. 由受益人决定可撤销或不可撤销

10. 在合同规定的有效期内，（　　）负有开立信用证的义务。

　　A. 卖方　　B. 买方　　C. 开证行　　D. 议付行

11. 交易金额较大，对开证行的资信不了解时，为保证货款及时收回，卖方最好选择（　　）。

　　A. 可撤销信用证　B. 远期信用证　C. 承兑交单　D. 保兑信用证

12. 关于信用证的有效期，除特殊规定外，银行将拒绝接受迟于运输单据出单日期（　　）天后提交的单据。

　　A. 20　　B. 30　　C. 25　　D. 21

13. 在采用信用证与托收相结合的支付方式时，全套货运单据应（　　）。

　　A. 随托收部分汇票项下　　　　　B. 随信用证的汇票项下
　　C. 直接寄往进口商　　　　　　　D. 留在卖方

14. 在下列有关可转让信用证的说明中，错误的说法是（　　）。

　　A. 该证的第一受益人可将信用证转让给一个或一个以上的人使用
　　B. 该证的第二受益人不得再次转让
　　C. 该证转让后由第二受益人对合同履行负责
　　D. 可以分成若干部分分别转让

15. 保兑信用证的保兑行的付款责任是（　　）。

　　A. 在开证行不履行付款义务时履行付款义务
　　B. 在开证申请人不履行付款义务时履行付款义务
　　C. 承担第一性付款义务
　　D. 付款后对受益人具有追索权

16. 在信用证付款方式下，银行付款的原则是出口商提交的单据（　　）。

　　A. 与买卖合同的规定相符
　　B. 与信用证的规定相符
　　C. 与信用证规定和买卖合同的规定同时相符
　　D. 与合同规定或信用证的规定相符

17. 对于不可撤销信用证开出后，对其中条款的修改，下列说法正确的是（　　）。

　　A. 不容许任何形式的修改
　　B. 只能在一定范围内修改
　　C. 在信用证有效期内，任何一方的任何修改，都必须经买卖双方协商一致同意后，由申请人通过开证行修改

D. 买卖双方都可直接要求开证行修改

18. 信用证条款 Latest date of shipment 表示的意思是（   ）。
    A. 信用证的到期日
    B. 信用证的最晚交单日
    C. 信用证的最早装运日
    D. 最迟装运日，表明该证项下的货物不能迟于此日期出运

19. 假远期信用证的远期汇票的利息由（   ）承担。
    A. 受益人   B. 付款行   C. 议付行   D. 开证申请人

二、多项选择题

1. 根据 UCP600 的规定，有信用证业务银行的免责范围有（   ）。
    A. 对单据的真伪不负责任
    B. 对单据表面相符不负责任
    C. 对文电传递中的事故不负责任
    D. 对于天灾人祸等不可抗力造成信用证业务不能正常进行不负责任

2. 根据 UCP600 规定，开证行可以拒付货款的理由是（   ）。
    A. 开证申请人破产 B. 单证不符   C. 货物与合同不符 D. 单单不符

3. 进出口业务中用的支付方式有（   ）。
    A. 付款交单   B. 汇款   C. 信用证   D. 托收

4. 根据 UCP600 的规定，信用证方式下要使开证行履行付款义务，受益人必须（   ）。
    A. 履行了合同的规定   B. 履行了信用证的要求
    C. 提交了符合信用证规定的单据   D. 按合同规定履行了信用证的内容

5. 根据 UCP600 的规定，如果开证行确定单据表面与信用证条款不符，开证行可以（   ）。
    A. 拒付单据   B. 自行决定联系申请人，对不符点予以接受
    C. 将单据退还寄单行   D. 拒付单据并将单据交给申请人

6. 根据 UCP600 的规定，银行在处理信用证业务时应做到（   ）。
    A. 不管单据   B. 不管贸易合同
    C. 不管货物   D. 不管买卖双方是否已对合同履约

7. 根据 UCP600 的规定，信用证经保兑后对受益人负责的银行有（   ）。
    A. 开证行   B. 通知行   C. 偿付行   D. 保兑行

8. 根据 UCP500 的规定，银行有权拒受（   ）。
    A. 迟于信用证规定的到期日提交的单据
    B. 迟于装运日后 21 天提交的单据
    C. 内容与买卖双方销售合同规定不符的单据
    D. 单据之间内容有矛盾的单据

9. 根据 UCP500 的规定，关于通知行责任的叙述正确的是（　　）。
   A. 决定通知时要核验信用证的表面真实性
   B. 决定不通知时必须告知开证行以免误事
   C. 对内容不全、条款不清的信用证或修改书，可以预先通知受益人仅供参考而不承担责任
   D. 如果开证行授权通知行对信用证加具保兑，通知行必须根据开证行指示行事
10. 在信用证支付方式下，出口企业制单必须做到（　　）。
    A. 单据与进出国有关法令和规定相符　　B. 单据与信用证相符
    C. 单据与单据相符　　　　　　　　　　D. 单据与贸易合同相符
11. 在信用证支付方式下，银行处理单据时主要关注（　　）。
    A. 单据与货物相符　　　　　　　　　　B. 单据与贸易合同相符
    C. 单据与单据相符　　　　　　　　　　D. 单据与信用证相符
12. 关于信用证中的英文"Date and place of expiry"，说法正确的是（　　）。
    A. 表明该证的到期日期和到期地点
    B. 信用证的到期地点可以在开证行所在地也可以是受益人的所在地
    C. 可以推算出信用证的开证日期
    D. 如果是开证行所在地，出口审查员一定要把握好交单时间和邮程，防止信用证失效
13. 对于信用证与合同的关系表述正确的是（　　）。
    A. 信用证的开立以买卖合同为依据
    B. 信用证的履行不受买卖合同的约束
    C. 有关银行只根据信用证的规定办理信用证业务
    D. 合同是审核信用证的依据
14. 假远期信用证与远期信用证的区别是（　　）。
    A. 开证基础不同　　　　　　　　　　　B. 信用证条款不同
    C. 利息的负担者不同　　　　　　　　　D. 收汇的时间不同

三、判断题

1. 银行在审单时，如信用证无特殊规定，都以《跟单信用证统一惯例》作为审单的依据。（　　）
2. 在背对背信用证中，原通知行成为新证的开证行，承担付款责任。原信用证的开证行亦对新证承担付款责任。（　　）
3. 在使用可转让信用证时，受益人有权要求银行将信用证的全部或部分转让给第二受益人，但第二受益人不得再将原信用证上的全部或部分权力转让给第三人。（　　）
4. 在信用证业务中，信用证的开立是以买卖合同为基础的，因此信用证条款与买卖合同条款严格相符是开证行向受益人承担付款责任的条件。（　　）
5. 按《跟单信用证统一惯例》的规定，在信用证的修改通知书有多项内容时，受益人可

只接受同意的内容,而对不同意的内容予以拒绝。(   )

6. 只要在 L/C 有效期内,不论受益人何时向银行提交符合 L/C 要求的单据,开证行一律不得拒收单据和拒付货款。(   )

7. 在审证环节中,如果发现信用证条款彼此矛盾,应提出修改信用证。(   )

8. 在信用证条款与买卖合同条款彼此矛盾时,如果不能修改或同意接受信用证条件,则必须以买卖合同为制单和审单的依据,才能达到安全收汇的目的。(   )

9. 单证员在处理信用证项下单据时,不仅需要熟悉 UCP 600,还有必要了解 ISBP 681 和 URR725。(   )

10. 按照国际商会《跟单信用证统一惯例》的规定,"除交单到期日以外,每个要求运输单据的信用证还应该规定一个运输单据出单日期后必须交单付款、承兑或议付的特定限期,如未规定该限期,银行将拒收迟于运输单据出单日期 21 天后提交的单据,但无论如何,单据也不得迟于信用证到期日提交"。(   )

11. 信用证内容必须明确无误,应明确规定各类单据的出单人(商业发票、保险单和运输单据除外),明确规定各单据应表述的内容。(   )

12. 关于信用证修改,开证行可依据申请人或受益人提交的信用证修改申请书受理该笔业务。(   )

13. 不准分批装运、不准中途转运、不接受第三者装运单据,均应在信用证中明确规定,否则,将被认为允许分批、允许转运、接受第三者装运单据。(   )

14. 在信用证支付方式下,不仅要求单据表面与信用证条款相符合,而且单据要和实物相符,开证行才按规定付款。(   )

15. 根据国际惯例,凡信用证上未注明可否转让字样,即视为可转让信用证。(   )

16. 保兑信用证就付款责任而言,开证行和保兑行同样负第一性付款的责任。(   )

17. D/A 比 D/P 风险大。(   )

18. 只要在 L/C 有效期内,不论受益人何时向银行提交符合 L/C 所要求的单据,银行一律不得拒收单据和拒付货款。(   )

19. 根据 UCP600 的规定,如果信用证条款对受益人提出了某项要求,则不管其是否已将此要求转化为单据,在交单结汇时,受益人都必须针对这项要求出具相应的单据。(   )

四、简答题

1. 为什么要催证?
2. 审证的依据和内容是什么?
3. 开证申请人改证时应注意什么问题?
4. 在信用证方式下,制作单据和审核单据的依据是什么?
5. 何为信用证的有效期、交单期和装运期?三者之间的关系如何?
6. 进口人在开立信用证时应注意什么问题?

Chapter5
第 5 章

出口备货单据

情景导入

上海良友（集团）有限公司的员工张明在规定时间内着手备货，并按销售合同和信用证的规定缮制商业发票和装箱单据。

5.1 发票

发票（invoice）是进出口贸易结算中使用的最主要的单据之一，我国进出口贸易中使用的发票主要有商业发票（commercial invoice）、海关发票（customs invoice）、形式发票（proforma invoice）、领事发票（consular invoice）及厂商发票（manufacturer's invoice）等。

5.1.1 商业发票概述

商业发票是出口商对所装运货物情况进行的详细描述，并凭以向买方收取货款的一种价目总清单，是全套进出口单据的核心。发票可以使进口商能够对货物的品名、规格、单价、数量、总价等有一个全面的了解，并凭以对货物进行验收与核对。同时，商业发票也是进出口商记账、收付汇、进出口报关及海关统计的依据。在不需要卖方出具汇票时，发票还可以作为卖方收取货款的依据。

商业发票的作用：①发票是买卖双方收付货款和记账的依据；②发票是买卖双方办理报关、纳税和计算佣金的依据；③如信用证中不要求提供汇票，发票可代替其作为付款的依据；④发票是全套结汇单据的核心，是缮制其他出口单据的依据。

5.1.2 商业发票种类

发票根据作用不同，可分为商业发票、海关发票、形式发票、领事发票、厂商发票、联合发票（combined invoice）和证实发票（certified invoice）等，其中商业发票是出口业务结汇中最重要的单据之一，是单证工作中的核心单据。

海关发票是根据某些国海关的规定，由出口商填制的供进口商凭以报关用的特定格式的发票，同时也供进口国海关核定货物原产地国，以采取不同的国别政策。

形式发票是出口商向进口商发出的有关货物名称、规格、单价等内容的非正式的参考性发票，供进口商申请进口批汇之用。它只能算是一种简式合同，不能用于托收和议付。

领事发票是拉美、菲律宾等地区为了解进口货物的原产地、货物有无倾销等情况而规定的，由进口国驻出口国领事签证的发票，作为征收进口关税的前提，同时也作为领事馆的经费来源。

厂商发票是进口国为确定出口商有无倾销行为，以及为了进行海关估价、核税和征收反倾销税，而由出口货物的制造厂商所出具的，以本国货币计算的，用来证明出口国国内市场出厂价的发票。

5.1.3 信用证商业发票条款示例

（1）SIGNED COMMERCIAL INVOICE IN THREE COPIES.

（2）BENEFICIARY'S MANUALLY SIGNED COMMERCIAL INVOICE IN FIVE FOLDS.

（3）SIGNED COMMERCIAL INVOICE IN THREE COPIES PRICE CIF BANGKOK SHOWING FOB VALUE, FREIGHT, INSURANCE PREMIUM SEPARATELY.

5.1.4 商业发票的缮制

1. 商业发票的空白样单

商业发票的空白样单如图5-1所示。

2. 商业发票内容的解读和缮制

商业发票一般无统一格式，由出口商自行设计，但内容必须要符合信用证或合同的要求。其基本内容及制单要点如下。

（1）出口商名称及地址：信用证中一般表示为"BENEFICIARY：×××"。出票人的名称、地址应与合同的卖方或信用证的受益人的名称、地址相同。一般出口企业印刷的空白发票，都事先将该公司的名称、地址、电话和传真印在发票的正上方。

（2）单据名称：商业发票上应明确标明"INVOICE"（发票）或"COMMERCIAL INVOICE"（商业发票）字样。

ISSUER		商业发票 COMMERCIAL INVOICE		
TO		INVOICE NO.	DATE	
TRANSPORT DETAILS		S/C NO.	L/C NO.	
MARKS AND NUMBERS	NUMBER AND KIND OF PACKAGES; DESCRIPTION OF GOODS	QUANTITY	UNIT PRICE	AMOUNT
AMOUNT:				SIGNED _____

图 5-1　商业发票的空白样单

（3）发票抬头（TO：…）：除信用证有其他要求之外，发票抬头一般缮制为开证申请人（APPLICANT）。发票抬头在信用证中一般表示为"FOR ACCOUNT OF×××"或"TO THE ORDER OF×××"中的"×××"部分。

（4）发票号码（invoice NO.）：发票号码一般由出口商按规律自定。

（5）发票日期（invoice date）：发票日期最好不要晚于提单的出具日期。根据 UCP 600，发票出具日期可以早于信用证开立日期，但必须在信用证或者相关惯例规定的期限内提交。

（6）装运港和目的港：一般只简单地表明运输路线及运输方式，如 FROM××TO×× BY SEA/AIR。

（7）合同及信用证号码（S/C NO.，L/C NO.）：根据实际填写。

（8）唛头（运输标志）（shipping marks）：一般由卖方自行设计，但若合同或信用证规定了唛头，则须按规定。若无唛头，应注明 NO MARKS（N/M）。

（9）货物描述（description）：必须与信用证中的货物描述（description of goods）完全一致，必要时要照信用证原样打印，不得随意减少内容，否则有可能被银行视为不符点。但有时信用证货物描述的表述非常简单，此时按信用证打印完毕后，再按合同要求列明货物具体内容。

（10）数量（quantity）：按合同标明装运货物数量，必须标明数量单位如 PIECE、SET、KG、METER 等。

（11）单价（unit price）、总价（amount）：对应不同货物标明相应单价，注意货币单位及数量单位。总价即实际发货金额，应与信用证规定一致，同时还应注明贸易术语。

（12）签字盖章：若信用证要求 SIGNED INVOICE，就要求出口商签字或加盖图章；否则按 UCP500 的规定，发票可无须签章。

（13）其他：有些国家对商业发票有特殊要求，如必须在商业发票上注明船名、重量、"无木制包装"等字样，需根据具体业务及信用证要求具体对待。

3. 制单注意要点

（1）发票的抬头人不可以是空白的，信用证有指定抬头人的，按来证规定制单，如信用证允许转让，则银行可接受由第二受益人提交的以第一受益人为抬头的发票。

（2）关于发票日期：发票应是整套单据中签发日期最早的单据。发票日期可以早于信用证的开证日期，但不可以晚于信用证的议付有效期。

（3）运输标志（唛头）：标准的货物的唛头应包括收货人简称、合同号、目的港、件数四个部分。制单时应与信用证和合同规定的完全一致，照抄唛头。若信用证和合同显示无唛头，则应填 NO MARKS（N/M）；若信用证没有规定唛头样式，制单员可以自拟唛头。

（4）货物的描述和数量：信用证项下应严格按照信用证要求填写（品名、规格、数量、包装），若信用证规定的数量前有"约""大概""大约"或类似的词，交货时允许数量有 10% 的增减幅度。

（5）单价由计价货币、单位数量、计量单位和价格术语四部分组成，缺一不可。

（6）总金额不能超过信用证的允许金额，对于佣金和折扣应按信用证的规定处理，如果来证要求分别列出运费、保险费和 FOB 价格，必须照办，如：

CIF Tokyo　　USD 30,000
Less F　　　　USD 250
Less I　　　　USD 150
FOB　　　　　USD 29,600

（7）签署：如信用证规定手签（manually signed），则必须按规定照办。对墨西哥、阿根廷的出口，无论信用证是否规定，都必须手签。

■ **实例展示 5-1　上海良友（集团）有限公司张明缮制的商业发票**

商业发票由出口企业自行拟制，无统一格式，但基本内容和缮制方法大致相同。根据信用证的规定，张明结合公司的发票格式，做了该笔出口合同下的商业发票。

上海良友（集团）有限公司

SHANGHAI LIANG YOU GROUP CO., LTD

NO.88 ZHANGYANG ROAD SHANGHAI, CHINA 200122

COMMERCIAL INVOICE

商业发票

FAX: 　　　　　　　　　　　　　　INVOICE NO: LY11SI-003-5
　　　　　　　　　　　　　　　　　　DATE: JUN.20, 2018
TEL: 　　　　　　　　　　　　　　S/C NO: LY11SC-003-S
　　　　　　　　　　　　　　　　　　L/C NO: ML11000632

唛头及号码 MARKS&NOS.	货物描述 DESCRIPTION OF GOODS	数量 QTY	单价 UNIT PRICE	总价 AMOUNT
FUMING, THAILAND	WHEAT FLOUR (FEED GRADE) PACKING:25KG PER BAG NET .... TERM OF PAYMENT: IRREVOCABLE L/C AT 30 DAYS AFTER B/L DATE AVAILABLE WITH ANY BANK IN CHINA BY NEGOTIATION. *************	12800BAGS 320MT 12800BAGS 320MT	CIF BANGKOK USD 400.00/MT	USD128000.00 ....

TOTAL: SAY US DOLLARS ONE HUNDRED AND TWENTY-EIGHT THOUSAND ONLY

WE HEREBY CERTIFY THAT THE ABOVE MENTIONED GOODS ARE OF CHINESE ORIGIN

　　　　　　　　　　　　　　　　　　　　　　SHANGHAI LIANGYOU GROUP CO., LTD
　　　　　　　　　　　　　　　　　　　　　　张明　AUTHORIZED SIGNATURE

■ **实战演练 5-1　商业发票的缮制**

根据上海世贸进出口有限公司出口木制玩具的信用证、合同和相应资料缮制商业发票。

ISSUER		商业发票 COMMERCIAL INVOICE	
TO		INVOICE NO.	DATE
TRANSPORT DETAILS		S/C NO.	L/C NO.
MARKS AND NUMBERS	NUMBER AND KIND OF PACKAGES; DESCRIPTION OF GOODS	QUANTITY	UNIT PRICE	AMOUNT
AMOUNT:			SIGNED _____

5.1.5　海关发票的缮制

海关发票的内容除了与商业发票类同的项目外，主要是证明商品的成本价和生产国。对于海关发票各国、各地区都有自己不同的格式和名称，但是目前很多国家正在逐渐减少对它的使用，而且由于各国海关的规定不同，其填制要求也有区别，若缮制有误则会影响出口。现以加拿大海关发票为例加以介绍。

1. 加拿大海关发票的空白样单

加拿大海关发票的空白样单如图 5-2 所示。

2. 加拿大海关发票的解读和缮制

加拿大海关发票要求各栏均需填满，不能留空，其主要内容有：
（1）卖方名址（vendor）：发货人名称及地址，或信用证的受益人。

Revenue Canada　　CANADA CUSTOMS INVOIE				
1.Vendor (Name and Address)	2.Date of Direct Shipment to Canada			
^	3. Other References (Include Purchaser's Order No.)			
4. consignee (Name and Address)	5. Purchaser's Name and Address (If other than Consignee)			
^	6.Country of Transshipment			
^	7.Country of Origin of Goods			IF SHIPMENT INCLUDES GOODS OF DIFFERENT ORIGINSENTER ORIGINS AGAINST ITEMS IN 12
8.Transportation:Give Mode and Place of Direct Shipment to Canada	9.Conditions of Sale and Terms of Payment			
^	10.Currency of Settlement			
11.No. of Pkgs	12.Specification of Commodities (Kind of Packages, Marks and Numbers, General Description and Characteristics, i.e. Grade, Quality)	13.Quantity (State Unit)	Selling Price	
^	^	^	14.Unit Price	15.Total
18.If any fields 1 to 17 are included on an attached commercial invoice, check this box ⬜ Commercial Invoice No. _____		16.Total weight		17.Invoice Total
^	^	Net	Gross	^
19.Exporter's Name and Address (If other than Vendor)	20.Originator (Name and Address)			
21.Departmental Ruling (if applicable)	22.If fields 23 to 25 are not applicable, check this box ⬜			
23.If included in field 17 indicate amount: (i) Transportation charges, expenses and insurance from the place of direct shipment to Canada $ _____ (ii) Costs for construction, erection and assembly incurred after importation into Canada $ _____ (iii) Export packing $ _____	24.If not included in field 17 indicate amount: (i)Transportation charges, expenses and insurance to the place of direct shipment to Canada $ _____ (ii) Amount for commissions other than buying commissions $ _____ (iii) Export packing $ _____			25. Check (if applicable): (i)Royalty payments or subsequent proceeds are paid or payable by the purchaser (ii) The purchaser has supplied goods or services for use in the production of these goods

图 5-2　加拿大海关发票的空白样单

（2）装船日期（date of direct shipment to canada）：实际装运日期，即提单的签单日期。

（3）其他参考项目（other reference（include purchaser's order No.））：有关合同、订单及商业发票的号码。

（4）收货人名址（consignee (name and address)）：货物运交的最后收货人的名称和地址。

（5）买方名址（purchaser's name and address）：若合同买方与第4栏的收货人为同一人，则填"THE SAME AS 4 CONSIGNEE"，若不同，则应详细填写。

（6）转运国（country of transshipment）：货物运输途中中转转船的地点，若不转船，则填"N/A"（APPLICABLE）。

（7）原产地国别（country of origin of goods）：发票上所列货物的产地国，即CHINA。

（8）直接运往加拿大的运输方式及起运地点（transportation: give mode and place of direct shipment to canada）：只要货物不在国外加工，不论是否转船，均填起运地、目的地名称及所用运输工具，如FROM SHANGHAI TO MONTREAL BY VESSEL。

（9）贸易条件和支付方式（condition of sale and terms of payment）：交货的价格术语和支付方式，如CFR MONTREAL BY L/C AT SIGHT。

（10）结算用货币（currency of settlement）：支付货币，应与商业发票一致。

（11）~（17）件数（No.of packages）、商品描述（specification of commodities）、数量（quantity）、单价（unit price）、总金额（total）、总重量（total weight）、发票总金额（invoice total）：按商业发票描述的内容填写。

（18）若前述17项均已在商业发票中，则第18栏中打"√"，并在其后填上商业发票号码。

（19）出口商名址：若与第一栏为同一人，则填SAME AS 1 VENDOR。若不同，则应详细填写。

（20）出口单位负责人名址：发票缮制人员或负责人的手签名称。

（21）当局规定（department ruling）：加拿大海关方面的某些管理条例。

从第23~25栏各项目若不适用时，在第22栏中打"√"。

若第23栏已包括在17栏中，则填合适的金额，若有一项无法填，则打"N/A"。

若第24栏不包括在17栏中，按实际数额填，若某些项目不适用，则打"N/A"。

第25栏一般贸易不适用，填"N/A"。

5.2 装箱单

5.2.1 包装单据简介

出口商品在运输途中，有的不需要进行包装，如粮食、矿砂等，这类货物被称为散装货，包装用 IN BULK 来描述；有的商品则只是进行简单的捆扎，如钢材、木料等，这类货物被称为裸装货，包装用 IN NUDE 来描述；除此之外，绝大多数商品都必须加以适当的包装才能装运出口，从而起到保护和美化商品的作用，这类经过包装的货物被称为包装货。

包装单据（packing document）是指一切记载或描述商品包装情况的单据，是商业发票的补充和说明，也是货运单据中的一项重要单据。进口地海关验货、公证行检验、进口商核对货物时都必须以包装单据为依据。常用的包装单据有装箱单（packing list）、包装声明（packing declaration）、重量单（weight list）、重量证书（weight certificate）、磅码单（weight memo/list）、尺码单（measurement list）、花色搭配单（assortment list）等，其中最常使用的是装箱单。

1. 装箱单概述

装箱单（packing list or packing specification）又称包装单、码单，是用以说明货物包装细节的清单。装箱单的作用主要是补充发票内容，详细记载包装方式、包装材料、包装件数、货物规格、数量、重量等内容，便于进口商和海关对货物进行核准。

装箱单所列各项数据和内容必须与提单等单据的内容相同，还要与货物实际情况相符。

2. 信用证装箱单条款示例

（1）PACKING LIST IN 3 COPIES MANUAL SIGNED BY THE BENEFICIARIES.

（2）PACKING LIST SHOWING GROWS AND NET WEIGHTS EXPRESSED IN KILOS OF EACH TYPE OF GOOD REQUIRED.

（3）SEPARATE PACKING LIST IN FULL DETAILS REQUIRED.

5.2.2 装箱单的缮制

1. 装箱单的空白样单

装箱单的空白样单如图 5-3 所示。

2. 装箱单内容解读和缮制

装箱单无统一格式，一般由出口商自行设计，其基本内容及制单要求如下：

（1）出单人的名称与地址：名称、地址应与相对应的发票一致，也要与合同的卖方或信用证的受益人的名称、地址相同，一般出口企业印刷的空白发票，都事先将该公司的名称、地址、电话和传真印在发票的正上方。

（2）抬头人：信用证项下为开证申请人名称和地址，托收项下为进口商名称和地址。填写时，名称和地址不应同行放置，应分行表明。

（3）发票号码（invoice NO.）、制单日期（date）：与商业发票相一致。

ISSUER				装箱单 PACKING LIST		
TO						
TRANSPORT DETAILS				INVOICE NO.	DATE	
MARKS AND NUMBERS				S/C NO.	L/C NO.	
C/NOS	NUMBER AND KIND OF PACKAGES	DESCRIPTION OF GOODS	QTY	G.W. (KGS)	N.W. (KGS)	MEAS. (CBM)
TOTAL:						
TOTAL IN WORDS:						
					SIGNED _____	

图 5-3 装箱单的空白样单

（4）装运港和目的港：一般只简单地表明运输路线及运输方式，如 FROM ×× TO ×× BY SEA/AIR。

（5）合同号、信用证号：与商业发票相一致。

（6）唛头（shipping mark）：必须与商业发票保持一致，与信用证和合同规定的完全一致，照抄唛头，也可以填 as per Invoice No.×××。若信用证和合同显示无唛头时，应填 NO MARKS（N/M），若信用证没有规定唛头样式，制单员可以自拟唛头。标准的唛头包括四个部分：收货人简称、合同号、目的港、件数。

（7）外包装数量（NO. of packages）：要写明包装物的名称及数量，如 180CTNs。为散装货写明 IN BULK，裸装货写明 IN NUDE。

（8）货物描述（description of goods）：装箱单货物描述可以使用统称，但不得与信用证的规定相冲突，而且装箱单上不得表明商品的单价和总价。

（9）产品数量（quantity）：按合同标明装运货物数量，与商业发票相一致。

（10）毛重（gross weight）、净重（net weight）及体积（measurement）：既要填单件

包装的毛重、净重、体积，也要填同类商品的总毛重、总净重和总体积，最后还要进行合计。

（11）出口商签章（signature）：如果合同或信用证有要求，则需进行签章；如果信用证规定中性包装，此栏可以不填。

3. 装箱单缮制注意要点

（1）如信用证对包装有特殊要求，则必须按照要求描述详细包装情况。

（2）若唛头多项，则可填写 AS SAME AS (AS PER) COMM. INV.NO.×××。

（3）重量以千克计，一般保留整数，外包装体积以立方米计，保留小数点后三位。

■ **实例展示 5-2　上海良友（集团）有限公司张明缮制的装箱单**

根据信用证的规定，张明结合公司的装箱单格式，参照发票，做了该笔出口合同下的装箱单。

上海良友（集团）有限公司
SHANGHAI LIANG YOU GROUP CO.,LTD
NO.88 ZHANGYANG ROAD SHANGHAI,CHINA 200122

PACKING LIST
装箱单

FAX： INVOICE NO: LY11SI-003-5
DATE: JUN.20,2018
TEL： L/C NO: ML11000632

唛头及号码 MARKS&NOS.	品名 NOS.&KINDS OF PKGS	数量 QTY	毛重 G.W	净重 N.W	尺码 MEAS
FUMING, THAILAND	HEAT FLOUR (FEED GRADE) PACKING:25KG PER BAG NET …… PACKED IN 12800BAGS OF 25KGS EACH	12800BAGS …… 12800BAGS	322000KGS …… 322000KGS	320000KGS …… 320000KGS (320MT)	300CBM (20CBM×10) …… 300CBM

TOTAL: SAY TWELVE THOUSAND AND EIGHT HUNDRED BAGS ONLY

PACKED IN　12800　BAGS
TOTAL GROSS WEIGHT　322000KGS
TOTAL NET WEIGHT　320000KGS

SHANGHAI LIANGYOU GROUP CO.,LTD
张明　AUTHORIZED SIGNATURE

■ 实战演练 5-2　装箱单的缮制

请根据上海世贸进出口有限公司出口木制玩具的信用证、合同和相应资料，结合发票缮制装箱单。

ISSUER				装箱单 PACKING LIST		
TO						
TRANSPORT DETAILS				INVOICE NO.		DATE
MARKS AND NUMBERS				S/C NO.		L/C NO.
C/NOS	NUMBER AND KIND OF PACKAGES	DESCRIPTION OF GOODS	QTY	G.W. (KGS)	N.W. (KGS)	MEAS. (CBM)
TOTAL:						
TOTAL IN WORDS:						
						SIGNED _____

思考题

一、单项选择题

1. 一 L/C 在商品描述中显示：25000pcs Men's Shirts，L/C amount and quantity 5% more or less is acceptable .15000pcs. to be delivered before July, 31, 10000pcs to delivered before Aug. 20. 下面做法中不正确的是（   ）。

A. 7 月底之前出运 15 000 件，8 月 20 日前出运 10 000 件

B. 7月底之前出运 15 000 件，8 月 20 日前出运 10 000 件

C. 7月底之前出运 15 500 件，8 月 20 日前出运 11 500 件

D. 7月底之前出运 14 500 件，8 月 20 日前出运 9 500 件

2. 包装单据一般不应显示货物的（　　），因为进口商把商品转售时只要交付包装单据和货物，不愿泄漏其购买成本。

　　A. 品名、总金额　　B. 单价、总金额　　C. 包装件数、品名　　D. 品名、单价

3. 信用证注明：1000pcs Shirts CIFC4 Oslo at EUR 5.00/Pce .Total amount EUR4 800.00，出口商在一次全部出运后，提交的发票最终金额应该写（　　）。

　　A. EUR5 000.00　　B. EUR4 800.00　　C. USD5 000.00　　D. USD4 800.00

4. 渣打银行东京分行开立一 L/C，开证人是 ABC LTD. CO., TOKYO, JAPAN, L/C 规定 Invoice must out to XYZ LTD. CO., TOKYO JAPAN，出口商发票的抬头人应该做成（　　）。

　　A. ABC LTD. CO., TOKYO, JAPAN

　　B. XYZ LTD. CO., TOKYO JAPAN

　　C. ABC LTD. CO., TOKYO, JAPAN AND XYZ LTD. CO., TOKYO JAPAN

　　D. 渣打银行东京分行

5. 包装单据是详细反映货物数量、包装和装箱等情况的单据，它是（　　）的补充单据，因此往往不需要再显示货物的价格等内容。

　　A. 品质证书　　B. 提单　　C. 产地证　　D. 商业发票

6. 在下面单证中，（　　）可以不签署。

　　A. 运输单据　　B. 包装单据　　C. 汇票　　D. 保险单

7. 出口单证中最重要的单据，能让有关当事人了解一笔交易的全貌，其他单据都是以其为依据的单据是（　　）。

　　A. 装箱单　　B. 产地证书　　C. 发票　　D. 提单

8. 信用证规定不迟于 10 月底装运大约一万双皮鞋，单价为 6 美元，总金额 6 万美元，出口商最多可装运（　　）双皮鞋。

　　A. 11 000　　B. 10 000　　C. 10 500　　D. 10 300

9. 发票的货物涉及不止一个合约的，发票上显示合约号必须包括全部合约。在信用证方式下（　　）。

　　A. 信用证号码可以标明，也可以省略

　　B. 必须标明该笔交易中的信用证号码

　　C. 必须标明该笔信用证的性质

　　D. 必须标明该笔信用证对所有单据的要求

10. 凡"约""大概"或类似的词语，用于信用证数量时，应理解为（　　）。

　　A. 有关数量不超过 10% 的增减幅度　　B. 有关数量不超过 15% 的增减幅度

　　C. 有关数量的增减幅度可双方协议　　D. 有关数量的增减幅度可按单方要求来定

11. 以下（　　）不属于发票类。
   A. 花色搭配单　　B. 海关发票　　C. 领事发票　　D. 形式发票
12. 信用证要求提供厂商发票的目的是（　　）。
   A. 查验货物是否已经加工生产　　B. 核对货物数量是否与商业发票相符
   C. 检查是否有反倾销行为　　D. 确认货物数量是否符合要求
13. 一般情况下，商业发票的金额应与（　　）一致。
   A. 合同金额　　B. 信用证金额　　C. 保险金额　　D. 实际发货金额
14. 海关发票是由（　　）制定的一种特殊发票格式。
   A. 出口方　　B. 进口方　　C. 进口国海关　　D. 出口国海关
15. 下列（　　）不是商业发票的作用。
   A. 是进出口报关完税必不可少的单据　　B. 是全套单据的核心
   C. 是结算货款的依据　　D. 是物权凭证
16. 在信用证方式下，缮制发票时（　　）。
   A. 信用证号码可以标明，也可以省略　　B. 必须标明该笔交易的信用证号码
   C. 必须标明该笔信用证的性质　　D. 必须标明该笔信用证对所有单据的要求
17. 包装单据一般不应显示货物的（　　）。
   A. 品名、数量　　B. 单价、总金额　　C. 包装件数、品名　　D. 品名、包装方式

二、多项选择题

1. 商业发票（commercial invoice），在实际工作中简称为发票（invoice）。商业发票是（　　）。
   A. 出口方向进口方开列的发货价目清单
   B. 买卖双方记账的依据，也是进出口报关交税的总说明
   C. 它是商务单证中最重要的单据，能让有关当事人了解一笔交易的全貌
   D. 其他单据都是以发票为依据的

2. 商业发票由出口企业自行拟制，无统一格式，但基本栏目大致相同，包括以下几个部分（　　）。
   A. 信用证的介绍部分
   B. 首文部分包括发票名称、号码、出票日期地点、抬头人、合同号、运输线路等
   C. 本文部分包括货物描述、单价、总金额、唛头等
   D. 结文部分包括有关货物产地、包括材料等各种证明、发票制作人签章等

3. 在显示发票付款人（抬头人）时，必须注意的事项有（　　）。
   A. 抬头人可以是空白的
   B. 信用证有指定抬头人的，按来证规定制单
   C. 如信用证已被转让，则银行可接受由第二受益人提交的以第一受益人为抬头的发票
   D. 必须做成信用证的申请人名称、地址

4. 发票中的价格术语十分重要,以下说法正确的是( )。
   A. 因为它涉及买卖双方责任的承担、费用的负担和风险的划分问题,也是进口地海关核定关税的依据
   B. 来证价格术语如与合同中规定的有出入,应及时修改信用证,如事先没有修改还是应该照信用证规定制单,否则会造成单证不符
   C. 是进口地海关核定关税的依据
   D. 价格可以根据具体情况酌情修改
5. 如果信用证没有规定货物数量有增减幅度,只要同时符合下述( )条件,对货物数量的容差允许有5%的增减幅度。
   A. 信用证未规定数量不得增减
   B. 信用证已有条款规定数量增减幅度
   C. 支取金额不得超过信用证金额
   D. 货物数量不是按包装单位或个数计数的,如长度(米、码)、体积(立方米)、容量(升、加仑)、重量(吨、磅)多个
6. ( ),发票必须签字。
   A. 在信用证规定发票需要签字时   B. 采用信用证结算方式时
   C. 发票包括含有证明文句时   D. 用于向海关报关时
7. 以下单据中,对发票起补充作用的有( )。
   A. 装箱单   B. 运输单据   C. 重量单   D. 保险单
8. 下面关于海关发票描述中,正确的是( )。
   A. 由出口商填写
   B. 由进口商填写
   C. 出口人向出口地海关报关时提供的单据
   D. 是进口地海关进行估价定税,征收差别关税或反倾销税的依据
9. 当信用证要求同时出具( ),但未列具体内容时,出口商可以将这几种单据合并缮制,分别冠以相应的单据名称,并满足信用证对各类单据的份数要求。
   A. 发票   B. 装箱单   C. 重量单   D. 尺码单
10. 中性包装单据上,不能出现( )。
    A. 出口方名称   B. 进口方名称   C. 出口货物的产地   D. 出口商地址
11. 唛头是货物的识别标志,运输企业在装卸、搬运时,根据唛头来识别货物,作为交货清单的发票,必须正确显示这一装运标志。唛头一般包括( )。
    A. 收货人简称   B. 合同号、目的港、件号等
    C. 重量、单价等   D. 体积和总价等
12. 在显示发票抬头人时,必须注意的事项有( )。
    A. 抬头可以是空白的
    B. 如果信用证指定了其他抬头人,按来证规定制单

C. 如果该信用证已转让，则银行也可接受由第二受益人提交的以第一受益人为抬头的发票

D. 必须做成信用证的开证申请人的名称、地址

三、判断题

1. 在出口发票上必须明确显示数量、单价、总值和贸易术语（价格条款）等。（　　）
2. 如果信用证没有规定不允许，那么出口发票的出票日期可早于信用证的开证日。（　　）
3. 信用证只规定了货物的总称，发票可写详细的货名，不出现总称。（　　）
4. 如信用证规定，发票要证实 the contents of invoice are true and correct，制作发票时必须把这句话显示出来，并做签署。（　　）
5. 信用证品名是 MEN'S TROUSERS，发票打 MEN'S TROUSERS AND SOCKS（FREE OF CHARGE），单到开证行，开证行认为是不符点，这是不正确的。（　　）
6. 信用证总金额按含佣金价计算的，商业发票显示总金额时应扣除佣金。（　　）
7. 信用证规定 CFR DUBAL Liner Term，出口发票打 CFR DUBAL，B/L 加注 Liner Term，开证行不能以此拒付。（　　）
8. 信用证中注明 Invoice in three copies，受益人向银行交单时，提供了三张副本发票。此做法违反了信用证的规定。（　　）
9. 出口商出口一批布匹，信用证规定 10 000 码，金额为 4 万美元，现出运了 10 500 码，发票金额为 USD42000，导致了超装，给收汇带来了风险。（　　）
10. 货物从外包装上的运输标志须在有关的托运单、商业发票、装箱单、提单上显示，但指示性标志、警告标志和危险性标志无须在上述文件上显示。（　　）
11. 若合同和信用证中均未规定具体唛头，则填写发票时"唛头"一栏可空白不填。（　　）
12. 商业发票的日期应早于提单的日期。（　　）
13. 商业发票上的货物描述应详细，而装箱单的货物描述只需用商品品名。（　　）
14. 除非信用证另有规定，否则商业发票必须由信用证的受益人开立。（　　）
15. 出口发票的日期可以迟于装运日，有些商品，如矿砂、煤等散装货物，必须装完后才能根据装货实际重量制作商业发票，如信用证有规定，则不能早于信用证开证日。（　　）
16. 出口货物的重量，在单据中是一项可以忽视的内容，除了重量单、装箱单应注明毛重、净重外，商业发票可不必标明总的毛重、净重。（　　）

四、操作和实训题

1. 根据下列资料缮制发票一份。唛头号码由受益人决定。

FROM:BRITISH BANK OF THE MIDDLE EAST, JEBEL HUSSEIN, AMMAN, JORDAN.

TO: THE HONG KONG AND SHANGHAI BANKING CORPORATION LIMITED.
SHANGHAI OFFICE: 6/F FU TAIANSION 104 HUQIU ROAD. SHANGHAI，CHINA

BENEFICIARY: GOOD FRIEND ARTS AND CRAFTS IMP. & EXP. CO.
301 SAN TIAO XIANG, CHAOZHOU, GUANGDONG, CHINA
APPLICANT: INTERNATIONAL TRADING AND RE-EXPORT CO. (ZERKA FREE ZONE).
P. O.BOX 1147.AMMAN-JORDAN., FAX:623267, TEL:630353.
DC NO.: DCFJOM970603
FORM OF DC: IRREVOCABLE
DATE OF ISSUE: 20 MAY, 2004
EXPIRY DATE AND PLACE: 30 JULY, 2004 CHINA
DC AMOUNT: USD26160.00, CFR AQABA, JORDAN,
MAX CR AMT: NOT EXCEEDING….
AVAILABLE WITH/BY: ANY BANK BY NEGOTIATION
DRAFTS AT: AT SIGHT FOR FULL INVOICE VALUE, MENTIONING THIS DC NO.
DRAWEE: ISSUING BANK
LATEST DATE OF SHIPMENT: 15 JULY 2004
GOODS: 24000 PAIRS "EVA" SLIPPER MODEL DO27 SIZE 36-40
　　　　24000 PAIRS "EVA" SLIPPER MODEL DO02 SIZE 30-35
　　　　ALL IN 4 ASSORTED COLORS, LIGHT BLUE, RED, PINK AND VIOLET
　　　　AS PER S/C 97 ACX417 DATED 17.4,2004
DOUMENTS REQUIRED:
SIGNED INVOICES IN SIX COPIES SHOWING THAT THE GOODS EXPORTED ARE OF CHINESE ORIGIN, THE ORIGINAL INVOICE IS TO BE DULY CERTIFIED BY THE CHINA COUNCIL FOR THE PROMOTION OF INTERNATIONAL TRADE.

ADDITIONAL CONDITIONS:
1）"MADE IN CHINA" MUST BE STICKED ON EACH PAIR AND THE RELATIVE INVOICES MUST CERTIFY TO THIS EFFECT.
2）INVOICES MUST CERTIFY THAT THE CARTON SIZE ASSORTMENT IS AS FOLLOWS:
　　FOR SIZE 36-40:36/6,37/12,38/15,39/15,40/12,EQUAL 60 PAIRS.
　　FOR SIZE 30-35:30/8,31/8,32/10,33/10,34/12,35/12,EQUAL 60PAIRS.
3）ALL DOCUMENTS REQUIRED UNDER THIS DOCUMENTARY CREDIT SHOULD BE ISSUED IN ARABIC AND/OR ENGLISH.
4）ALL DOCUMENTS REQUIRED UNDER THIS DOCUMENTARY CREDIT MUST MENTION THIS DC NUMBER AND THE ISSUING BANK NAME.

　　　　　　　　　　　　　　　好友工艺品进出口公司
　　　　　　　　　　　GOOD FRIEND ARTS AND CRAFTS IMP. & EXP. CO.
　　　　　　　　　　　301 SAN TIAO XIANG, CHAOZHOU, GUANGDONG, CHINA

2. 根据上题提供的信用证（NO.: DCFJOM970603）的有关内容，缮制装箱单一份，装箱单上需表明总箱数（数字、文字两种表示方法）、总毛重、总净重、总数量及总体积，并且要有唛头，还须表明每箱毛重、净重、体积，设每箱毛重、净重、体积的资料如下：

ART NO.	SIZE	QTY. (PAIR)	CTNS.	GW. (KG)	NW. (KG)	MEAS. (CM)
DO27	36～40	24 000	400	25/10 000	23/9 200	60×55×40
DO02	30～35	24 000	400	22/8 800	20/8 000	60×50×40

好友工艺品进出口公司
GOOD FRIEND ARTS AND CRAFTS IMP. & EXP. CO.
301 SAN TIAO XIANG, CHAOZHOU, GUANGDONG, CHINA

3. 根据下列资料，填制加拿大海关发票一份。商品的有关资料如下：

ALL THE GOODS ARE PACKAGED IN 728 CTNS, AND NET WEIGHT IS 17760KGS, GROSS WEIGHT IS 18890KGS, PAYMENT BY L/C 45DAYS SIGHT,
PURCHASER'S ORDER NO.: TIANTANG2381, L/C NO.: NKB210C8, THE GOODS ARE SHIPPED ON 04.5.2.

该批商品的发票如下：

CHINA TIANTANG INTERNATIONAL TECHNICAL I/E CORP.
14 TIANTANG VILLAGE, NANJING, CHINA

INVOICE

MESSERS
NO.: A123
 ABC TOOLS TRADE CO. LTD.   DATE: MAY 9, 2004
 3/17 SUN BUILDING, SHEARSON CAMBRIDGE
 TORONTO, CANADA

FROM SHANG TO TORONTO BY SEA

MARKS	DESCRIPTION OF GOODS	QUANTITY	UNIT PRICE	AMOUNT
ABC	6V CORDLESS DRILL-TT1	798PCS	USD10.50	USD8,379.00
34KL-B	6V CORDLESS DRILL-TT2	1070PCS	USD28.00	USD29,960.00
1-728				
CIF TORONTO				
TOTAL:		1,868PCS		USD38,339.00

CHINA TIANTANG INTERNATIONAL
CHNICAL I/E CORP.
张三

	Revenue Canada　　CANADA CUSTOMS INVOIE			
1.Vendor (Name and Address)	2.Date of Direct Shipment to Canada			
	3.Other References (Include Purchaser's Order No.)			
4.consignee (Name and Address)	5.Purchaser's Name and Address (If other than Consignee)			
	6.Country of Transshipment			
	7.Country of Origin of Goods	IF SHIPMENT INCLUDES GOODS OF DIFFERENT ORIGINSENTER ORIGINS AGAINST ITEMS IN 12		
8.Transportation:Give Mode and Place of Direct Shipment to Canada	9.Conditions of Sale and Terms of Payment			
	10.Currency of Settlement			
11.No. of Pkgs	12.Specification of Commodities (Kind of Packages, Marks and Numbers, General Description and Characteristics, i. e. Grade, Quality)	13.Quantity (State Unit)	Selling Price	
			14.Unit Price	15.Total
18.If any fields 1 to 17 are included on an attached commercial invoice, check this box Commercial Invoice No. _____	16.Total weight		17.Invoice Total	
	Net	Gross		
19.Exporter's Name and Address (If other than Vendor)	20.Originator (Name and Address)			
21.Departmental Ruling (if applicable)	22.If fields 23 to 25 are not applicable, check this box			
23.If included in field 17 indicate amount: (i) Transportation charges, expenses and insurance from the place of direct shipment to Canada $ _____ (ii) Costs for construction, erection and assembly incurred after importation into Canada $ _____ (iii) Export packing $ _____	24.If not included in field 17 indicate amount: (i)Transportation charges, expenses and insurance to the place of direct shipment to Canada $ _____ (ii) Amount for commissions other than buying commissions $ _____ (iii) Export packing $ _____	25.Check (if applicable): (i)Royalty payments or subsequent proceeds are paid or payable by the purchaser (ii) The purchaser has supplied goods or services for use in the production of these goods		

Chapter6
第 6 章

出口货运单据

情景导入

本批出口货物系采用集装箱班轮运输,故在落实信用证及备货后,张明即向上海各家货运代理公司询问集装箱班轮运输价格,得到答复后,张明对报价进行了比较。在此基础上,上海良友(集团)有限公司及时向国际货运代理公司办理了出口货物托运手续,并在货物装运完毕后,及时通知了买方。

> 【知识窗口6-1】 运输单据
>
> 运输单据是外贸单证工作中最重要的单据之一,是出口商按规定要求装运货物后,承运人或其代理人签发的一种书面凭证。
>
> 根据运输方式的不同,承运人出具不同的运输单据,主要有海运提单、不可转让海运单、租船提单、邮包收据、航空运单、承运货物收据等。由于在对外贸易中海运所占比重最大,所以海洋运输单据尤其是海运提单也使用得较多,空运单的使用虽然也有其普遍性,但除了收货人必须要求做成记名式收货人之外,其他与海运提单基本相似。

6.1 出口货物托运单

在国际贸易中,如采用 CIF 或 CFR 术语成交,则根据 INCOTERM® 2010 的有关规定:出口方必须自付费用同承运人订立运输合同,同时负责租用适航的船舶或向班轮公司订妥必要的舱位。采用租船还是向班轮公司订舱是根据货物的具体情况而定的,一般而言,除了部分初级产品,诸如原油、矿石、粮食及部分特殊规格或者特殊要求的商品如大型机械、化学品,需要采用整船租赁外,越来越多的货物采用了班轮结合集装箱运输的方式。由于集装箱运输具有装卸效率高,船舶周转快,装卸费用低,货损、货差小等优点,而且集装箱运输跟国际多式联运(international combined transportation)的飞速增长相适应，与整个世界生产、流通、消费社会化、国际化的大趋势紧密相连，因此集装箱运输已日趋成为国际贸易运输的主要方式。我国进出口货物的90%以上都是通过海运来完成的，其中有相当大的部分，采用的就是集装箱班轮运输。同时，集装箱班轮运输相对于传统的件杂货班轮运输具有快速、方便的特点，使得国际贸易中的运输这个环节更加通畅，也从另一方面促进了国际贸易尤其是国际货物贸易的发展。

6.1.1 出口托运流程

如果货物采用集装箱班轮运输，那么在备货及落实信用证的同时，出口商就应该开始着手订舱，以便及时履行合同及信用证项下的交货和交单义务。向班轮公司租订舱位（箱位），首先要了解各个班轮公司的船舶、船期、挂靠港及船舶箱位数等具体情况。目前，经营中国国际集装箱海运班轮业务的著名航运公司主要有：中远（COSCO）、中外运（SINOTRAN）、海陆（SEALAND）、日本邮船（NYK）、东方海外（OOCL）、马士基（MAERSK）、韩进海运（HANJIN）、铁行渣华（P&O NEDLLOYD）等。这些班轮公司利用各种媒体和渠道定期发布本公司船舶、船期及运价信息，提供定船期、定船舶、定航线、定挂靠港的集装箱班轮运输服务。同时，一些航运中介机构，如上海航运交易所等也定期发布各种航运信息，以供托运人在订舱时进行参考。托运人查询船期表以选择合适的船舶、航次，然后向具体的船公司洽订舱位。

1. 订舱流程图文字说明

图6-1为订舱流程图，对其文字说明如下所示。

（1）出口企业，即货主，在货、证齐备后，填制订舱委托书，随付企业发票、装箱单等其他必要单据，委托货代代为订舱。有时还委托其代理报关，及货物储运等事宜。

（2）货代接受订舱委托后，缮制集装箱货物托运单，随同商业发票、装箱单及其他必要的单证一同向船公司办理订舱。

（3）船公司根据具体情况，如接受订舱则在托运单的几联单据上编上与提单号码一致的编号，填上船名、航次，并签署，即表示已确认托运人的订舱，同时把配舱回单、装货单（shipping order，S/O）等与托运人有关的单据退还给托运人。

（4）托运人持船公司签署的S/O，填制出口货物报关单、商业发票、装箱单等连同其他有关的出口单证向海关办理货物出口报关手续。

（5）海关根据有关规定对出口货物进行查验，如同意出口，则S/O上盖放行章，并将S/O退还给托运人。

（6）托运人持海关盖章的由船公司签署的S/O要求船长装货。

（7）装货后，由船长的大副签署大副收据（mate's receipt，M/R），交给托运人。

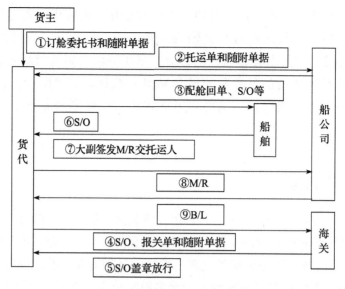

图 6-1 托运订舱流程图

（8）托运人持 M/R，向船公司换取正本已装船提单。

（9）船公司凭 M/R，签发正本提单并交给托运人凭以结汇。

2. 订舱注意要点

（1）货主与货代建立委托代理关系，即以统一的托运人身份出现，但此"托运人"概念与运输单据中的托运人项不一样，后者是指出口方，即信用证的收益人。

（2）除上述程序外，在货物装船后，托运人应及时向国外收货人发出装船通知（shipping advice），以便对方准备付款、赎单、办理进口报关和接货手续。如 CFR、FOB 合同由买方自办保险，则及时发出装运通知尤为重要。

（3）装船通知的内容一般有：订单或合同号、信用证号、货物明细、装运港、装运期限、船名、航次、预计开航日期或预计到达日期等。出口公司往往用商业发票改制成装船通知。

6.1.2 集装箱班轮货运单证

在集装箱班轮运输中，需要编制各种有关的货运单证多达几十种，其中与托运人，即出口公司有关的主要有以下几种。

1. 订舱、托运委托书

出口企业委托对外贸易运输公司或其他有权受理对外货运业务的货运代理公司（以下简称"货代"）向承运人或其他代理办理出口货物运输业务时需向其提供订舱委托书（shipping note），委托其代为订舱。订舱委托书是出口企业和货代之间委托代理关系的证明文件，内容包括信用证对提单的要求，即委托人名称、收货人名称、货物明细、起运港、目的港、信用证规定的装运期限、信用证有效期、关于分批和转运的规定、对运输的要求达到等。除此之外，在托运时出口公司还必须向货代提供与本批货物有关的各项单证，如提货单（出仓单）、商业发票、装箱单、出口货物报关单、外汇核销单等。有些特定货物还需提供出口许可证、商检证书等，以供查验。

出口货物托运委托书是出口企业在报关前向船方申请租船订舱的依据，是日后制作提单的主要背景材料。尽管它不直接影响收汇，但是如缮制错漏、延误等，就会影响结汇单据的正确缮制和快速流转，从而影响卖方安全收汇。外贸业务人员应根据信用证规定的最迟装运期及货源和船源情况及时缮制托运委托书，安排委托出运。一般应在货物装运前5天缮制，以便留出机动时间应付意外情况发生。

2. 托运单

货代接受出口企业的托运委托后即缮制集装箱托运单（booking note），这是托运人向船公司订舱配载的依据。托运单一般 8～12 联，分别是第 1 联：货主留底；第 2 联：船代留底；第 3 联：运费通知（1）；第 4 联：运费通知（2）；第 5 联：装货单；第 6 联：收货单；第 7 联：场站收据；第 8 联：货代留底；第 9、10 联：配舱回单；第 11、12 联：货主机动联。以下几联是其中比较重要的。

（1）装货单。装货单又称关单、下货纸，是船公司或其代理签发给货物托运人的一种通知船方装货的凭证，船公司收到托运单后根据船舶配载原则，结合货物和具体航线、港口的情况，安排船只和舱位，然后签发 S/O 表示船公司承诺接受运送这批货物。S/O 一经签发，货、运双方的权利义务关系即宣告成立，托运人和承运人都受其约束。同时，在托运人凭船公司签章的装货单要求船长将货物装船之前，还需先到海关办理货物装船出口的报关手续，经海关查验后，在 S/O 上加盖海关放行章，表示该票货物已允许装船出口，才能要求船长装货，这就是装货单习称关单的由来。

（2）场站收据副本。场站收据副本即传统的收货单，它是船方收到货物的凭证，在货物装船后由大副签署后退还给托运人，故又称大副收据。托运人凭此向船公司换取已装船提单正本。如装船时，船方发现货物包装不良或有其他残损等缺陷，即在 M/R 内做各种不良批注，这些批注将来会全部转移到提单上，相应的提单就成为不清洁提单。托运人不能凭有不良批注的收货单换取清洁提单，除非向船公司出具保函。

6.1.3 托运委托书的缮制

1. 托运委托书的空白样单

托运委托书的空白样单如图 6-2 所示。

2. 托运委托书内容解读和缮制

（1）发货人（shipper）：在信用证支付的条件下，通常是信用证受益人，托收项下则为合同卖方。如信用证无具体规定，可以以第三方为托运人。本栏应包括托运人的全称和地址，如信用证无规定，地址可省略。

货运委托书					
经营单位（托运人）			编号		
提单 B/L 项目要求	发货人： Shipper:					
	收货人： Consignee:				
	通知人： Notify Party:				
海洋运费（√） Sea freight	预付（　）或（　）到付 Prepaid or Collect		提单份数		提单寄送地址
起运港		目的港		可否转船	可否分批
集装箱预配数	20× 40×		装运期		有效期限
标记唛码	件数及包装式样	中英文货号 Description of goods	毛重（公斤）	尺码（立方米）	成交条件（总价）
			特种货物 □ 冷藏货 □ 危险品	重件：每件重量 大件 (长×宽×高)	
内装箱（CFS）地址					
门对门装箱地址			特种集装箱：（　）		
外币结算账号			资物备妥日期		
			资物进栈（√）自送（　）或（　）派送		
声明事项			人民币结算单位账号		
			托运人签章		
			电话		
			传真		
			联系人		
			地址		
			制单日期：		

图 6-2　托运委托书的空白样单

（2）收货人（consignee）：在信用证支付的条件下，对收货人的规定常用以下两种表示方法。

1）记名收货人。记名收货人是直接将收货人的名称、地址完整地表示出来的方法。这一方法简单明了，收货人就是合同的买方。但这一方法给单据的买卖流通设下障碍，填有记名收货人的单据不能直接转让。因此，记名收货人的表示方法不常使用。

2）指示收货人。指示收货人是将收货人以广义的形式表示出来。常有空白指示和记名指示两种表达方法。指示收货人掩饰了具体的收货人的名称和地址，使单据可以转让。在空白指示（不记名指示、空白抬头）的情况下，单据的持有人可自由转让单据。在记名指示情况下，记名人有权控制和转让单据。

指示收货人的方法弥补了记名收货人方法的缺陷，但也给船方通知货方提货带来了麻烦。指示收货人的填制方法根据不同情况有所区别，在托收项下，此栏一般填"To order"或"To order of shipper"。在信用证方式下，应按信用证规定填写。如信用证规定：

A. "Full set of B/L consigned to A.B.C.Co."，此栏填"Consigned to A.B.C.Co.";
B. "Full set of B/L made out to order."，此栏填"To order";
C. "Full set of B/L made out to our order"，此栏填"To order of … Bank";
D. "Full set of B/L made out to order of shipper"，此栏填"To order of shipper";
E. "B/L issued to order of Applicant"，此栏填"To order of A.B.C.Co."（A.B.C.Co.为开证申请人名称）。

（3）被通知人（notify party）：这一栏中应填写接受船方发出货到通知的人的名称与地址。被通知人的选择由合同的买方或买方代理人决定。有时买方确定本人为被通知人，有时将自己的代理人或其他与买方联系较密切的人确定为被通知人。被通知人的职责是及时接收船方发出的到货通知并将该通知转告真实的收货人。被通知人无权提货。

在托收支付的条件下，一般合同不规定收货人和被通知人。这时可以有两种填写方法。

1）空白收货人栏目，被通知人栏填买方的名称与地址。
2）收货人栏中空白抬头，被通知人栏目填买方的名称与地址。

在信用证方式下，应按信用证要求填制，通常为开证申请人的名称和地址。如信用证规定：

A. Notify Party…，将……打在通知栏即可；
B. Notify Party Applicant，此栏开证申请人全称和地址；
C. Notify Party Applicant and Us，需打开证申请人和开证行全称。

在极少数的交易中，可能出现要求空白收货人栏目和被通知人栏目，这是因为提出要求的一方准备出售在途货物。制作单据时要在副本单据的被通知人栏中填写买方或开证申请人的名称与地址，而承运该批货的船方将承担货物实际卖出前的风险。

（4）海洋运费（sea freight）：根据信用证，对预付还是到付打钩。在常用贸易术语中，CIF或CFR是运费预付，FOB是运费到付。

（5）提单份数：信用证中一般都会用各种方式表示对提单正本份数的要求。例如，来证要求："3 original Bills of Lading"，指3份正本提单；来证要求："original Bill of Ladings in 3"，指要求3份正本提单；来证要求："Full set of Bill of lading"，指全套提单，按照惯例解释指3份正本提单。

（6）装运港：这一栏内容由出口企业按信用证规定的装运港填写。

（7）目的地：这一栏内容由出口企业按信用证规定的目的港填写。填写时注意世界上重名港口现象，往往要求将目的港所在的国家名称填写在这一栏中。如果目的地是一内陆城市，应该在这一栏内填写货物卸下最后一艘海轮时的港口名称。在船方或其代理人计算运费时，是根据托运单的本项内容计算航程的。

（8）装运期限（time of shipment）：在信用证支付条件下，装运期是最重要的期限之一，要求严格遵守。

装运期的表示可以全部使用阿拉伯数字，也可以使用英文与阿拉伯数字一起表示。例如，1989年5月6日可表示为：1989/5/6，最好用MAY 6，1989，但不要写成5/6/1989，以免引起混乱。

装运期还可以表示为一段时间。例如，1989年9～10月；有时表示为：不早于×月×日，不迟于×月×日（NOT EARLIER…AND NOT LATER THAN…）。装运期不迟于……（SHIPMENT NOT LATER THAN…），最迟装运期为×××年×月×日（LATEST SHIPMENT…）。

（9）期满日（expiry date）：期满日指信用证的期满日或信用证有效期。在信用证支付条件下，有效期和装运期有着较密切的关系，因此这两个项目往往先后出现在同一张单据中，以引起各环节经办人员的高度重视和严格执行。

这一栏目的填写一般按信用证规定，但如果装运期空白不填的话，这一栏也可相应空白。空白的原因主要是托运时间距离装运期、信用证期满日很长。如果填写了，船方可能认为可以不立即安排装运，从而使托运人原订及早装运的目的落空。

（10）集装箱预配数：根据合同和信用证资料填写，若一个40英尺集装箱，填40'×1；若两个20英尺集装箱，填20'×2。

（11）分批（partial shipment）：这一内容应严格按照合同或信用证条款填写，填写的内容限在"允许""不允许"两者中取一。如果合同或信用证规定分若干批，或对分批有进一步说明，不要将这些说明填入本栏目，而应将这些说明填入"特别条款类"的栏目中。

（12）转船（transhipment）：本栏目的填写要求与"分批"栏目一致，只能"允许"和"不允许"中取一。如果合同和信用证中对这一内容有其他说明，则应在特别条款栏目中做出补充说明。

（13）运输标志（shipping marks）：一般买卖合同或是信用证均规定了唛头，填写这一栏目时，要求填写内容和形式与所规定的完全一致，举例如下：

规定唛头	不能写成
A B C	ABC
NEW YORK	NEWYORK
NO.1——UP	NO.1——UP

但如果规定：ABC/NEW YORK/NO.1—UP，则可以填上述两种格式中的任何一种。

有时买卖合同和信用证中没有规定唛头，这时，卖方可以不制作唛头，也可自行选择一个合适的唛头。在选择唛头时，要充分考虑买方提货方便、买方所在国的特别要求，包括商业习惯、港口规定、文化传统以及政府的有关政策。

（14）件数（packages）：托运单中的数量指最大包装的件数。例如，出口10万码花布，分别用粗坯布捆成100捆。填写这个栏目应填写100捆而不是10万码。如果出口货物有着若干种，包装方式和材料完全不同，则应先填写每种货物的最大包装件数。例如，20个托盘、10个集装袋、25个捆包布匹。然后合计总件数：55件。

（15）货物说明（description of goods）：对这一栏内容的填写允许只写统称，例如出口各种用途的化工颜料，无须逐一列出颜料的成分、用途，而只写"化工颜料"。例如，出口尺寸不一、用途各异的竹制品，只需填写"竹制品"，而无须列出该批货的明细尺码与品名。

但是，如果同时出口化工颜料和竹制品，则应分别填写"化工颜料""竹制品"，而不允许只填写其中一种数量较多或金额较大的商品。

（16）毛重（gross weight）：毛重指包括包装材料在内的货物重量。如果一次装运的货物中有几种不同的包装材料或完全不同的货物，那么在填写这一栏目时，应先分别计算并填写每一种包装材料或每一种货物毛重，然后合计全部的毛重。在计算重量时，要求使用统一的计量单位，常用的计量单位是公吨或公斤。

（17）尺码（measurement）：在这个栏目中填写一批货的尺码总数，一般使用立方米。总尺码不仅包括各件货物尺码之和，还应包括件与件之间堆放时的合理空隙所占的体积，因此总尺码都略大于货物的尺码数。

在货物说明类中，毛重、净重和尺码三个栏目将作为填写装箱单重量单（weight note）的重要依据，因此不能疏忽大意。

（18）签字：在托运单的右下角由经办人签字，由出口企业盖章，以表明出票人的身份。

3. 托运单上可能会出现的项目解读

不同公司的托运单内容不尽相同，有些托运单会出现以下一些内容，单证员在制单时要注意正确填写。

（1）提单副本份数。提单副本究竟应提供多少份，在一部分信用证中会明确规定，但在另一部分来证中则不做出明确规定。在后一种情况下，提单副本份数根据下列公式计算：

提单副本份数 = 出口企业留底份数 + 寄单所需份数 + 信用证对正本提单要求的份数

其中，出口企业留底份数指业务部门留存份数；寄单需要份数在信用证中，一般都做出明确规定。

（2）存货地点。这一栏内容用中文填写。填写将出口的货物出口前最后一个存放仓库的名称与地点。

（3）托运单号码。填写托运单一般要填写与发票号码一致的内容。一是为了使发票填写的内容与实际装货的情况完全一致；二是为了便于查寻、核对。

在信用证支付条件下，有时来证规定了号码，对此，在填写托运单时，就应把来证规定的发票号码填入这一栏。

（4）托运单日期。与托运单号码处理方法一样，托运单日期填写与发票日期一样的内容，即开立发票的日期，但也可以早于发票日期，按实际开立托运单的日期填写。

（5）船名。这一栏内容由船方或其代理人填写承运货物的船舶名称。当船方或其代理人将填有船名的托运单退还出口企业时，证明配船工作完成。

（6）提单号码。这一栏内容仍然留给船方或其代理人填写。提单是由承运人签发的正式确定托运人权利和义务的法定文件。当提单号码和船名被填写在托运单上后，承运人、托运人之间的法律关系即被确定，同时更进一步证明船方或其代理经办的配船工作完成。

一旦出现原定配载船舶无法适航、适货，需要更换配载船舶，船方或其代理应及时通知托运人。托运人将根据通知修改托运单中的有关栏目，包括船名和提单号码。但有时更换配出船舶后，船方或其代理人只通知托运人修改船名。

正是由于托运单上反映了提单号码，载明了承运人和托运人工作往来的原始记录，出口企业不仅应认真填写，而且还应保存好托运单，直至货款安全收回、货物如数到达、法定索赔期限结束。当托运人与承运人之间发生纠纷，双方诉诸法律时，托运单是解决此纠纷的最重要凭证之一。

（7）买方提出的特别条款。买方提出的特别条款来源于信用证有关装运的内容。例如，允许分三批装运（Partial Shipments allowed in 3 lots）；允许分三批、等量（Partial shipments allowed in 3 equal quantity）；装分5次由广州黄埔经香港转至伦敦（shipment from HuangPu GuangZhou To London Via Hong Kong）；转运必须装APL船（Transhipment must be made by APL Vessels）；货物不允许置于甲板上（Cargo on deck not allowed）。

像这类的由买方提出的特别条款应该一字不漏地填写在托运单的这个栏目中。其目的是要求承运人严格履行。

（8）由卖方提出的特别条款。卖方提出的特别条款针对船方或其代理人的装运行为，旨在保护受载货物。因此，这些特别条款无须征得买方同意或确认。

这类特别条款的内容包括：要求用集装箱装运，要求不与其他货物混杂，要求不被其他重物挤压，要求货物的装卸和放过不倒置等。

在目前对外出口业务中，卖方提出的特别条款大都用中文填写。这样不仅可以引人注意，也可以避免语言障碍造成的延误和损失。

■ 实例展示6-1　货物托运委托书的缮制

在缮制好商业发票和装箱单以后，上海良友（集团）有限公司的张明立即缮制货运委托书，连同发票、装箱单、空白的报关单和收汇核销单交东方海运（货代）办理托运手续，张明缮制的委托书如下：

<table>
<tr><td colspan="6" align="center">货运委托书</td></tr>
<tr><td>经营单位
（托运人）</td><td colspan="2">上海良友（集团）有限公司</td><td>编号</td><td colspan="2"></td></tr>
<tr><td rowspan="3">提单 B/L
项目要求</td><td colspan="5">发货人：
Shipper：上海良友（集团）有限公司</td></tr>
<tr><td colspan="5">收货人：
Consignee：TO THE ORDER OF KASIKORN BANK PUBLIC CO., LTD.</td></tr>
<tr><td colspan="5">通知人：FUMING FEED CO., LTD.
Notify Party：THAILAND 653, MOO 4, SOI E 6 PATANA 1 RD., SAMUT PRAKAN 10280
TEL：66-2-324-0770 FAX：66-2-324-0350-1</td></tr>
<tr><td>海洋运费（√）
Sea freight</td><td colspan="2">预付（√）或到付（　）
Prepaid or Collect</td><td>提单份数</td><td>3</td><td>提单寄送地址</td><td colspan="2">上海市张杨路 88 号</td></tr>
<tr><td>起运港</td><td>SHANGHAI</td><td>目的港</td><td>BANGKOK</td><td colspan="2">可否转船</td><td>允许</td><td>可否分批</td><td>允许</td></tr>
<tr><td colspan="2">集装箱预配数</td><td colspan="3">20×10　　40×</td><td>装运期限</td><td>2018.07.15</td><td>有效期限</td><td>2018.07.30</td></tr>
<tr><td>标记唛码</td><td colspan="2">件数及包装式样</td><td colspan="2">中英文货号
Description of goods</td><td>毛重（公斤）</td><td>尺码（立方米）</td><td colspan="2">成交条件（总价）</td></tr>
<tr><td rowspan="2">FUMING,
THAILAND</td><td colspan="2" rowspan="2">12 800 包</td><td colspan="2" rowspan="2">小麦或混合麦的细粉
WHEAT FLOUR (FEED GRADE)</td><td>322 000</td><td>300</td><td colspan="2">USD128000.00</td></tr>
<tr><td>特种货物
□ 冷藏货
□ 危险品</td><td colspan="3">重件：每件重量
大件（长×宽×高）</td></tr>
<tr><td>内装箱（CFS）
地址</td><td colspan="4">上海市张杨路 88 号</td><td colspan="4">特种集装箱：（　　　）</td></tr>
<tr><td colspan="5">门对门装箱地址</td><td>资物备妥日期</td><td colspan="3"></td></tr>
<tr><td colspan="5" rowspan="5"></td><td>托运人签章</td><td colspan="3">上海良友（集团）有限公司</td></tr>
<tr><td>电话</td><td colspan="3"></td></tr>
<tr><td>传真</td><td colspan="3"></td></tr>
<tr><td>联系人</td><td colspan="3">×××</td></tr>
<tr><td>地址</td><td colspan="3">上海市张杨路 88 号</td></tr>
<tr><td colspan="5"></td><td colspan="4">制单日期：2018.6.30</td></tr>
</table>

■ 实战演练 6-1　货运委托书的缮制

请根据上海世贸进出口有限公司出口木制玩具的信用证、合同和相应资料缮制货运委托书。

货运委托书						
经营单位（托运人）					编号	
提单 B/L 项目要求	发货人： Shipper：						
	收货人： Consignee：					
	通知人： Notify Party：					
海洋运费（√） Sea freight	预付（　）或（　）到付 Prepaid or Collect		提单份数		提单寄送地址	
起运港	目的港			可否转船	可否分批	
集装箱预配数	20 ×　　40 ×			装运期限	有效期限	
标记唛码	件数及包装式样	中英文货号 Description of goods	毛重（公斤）	尺码（立方米）	成交条件（总价）	
			特种货物 □ 冷藏货 □ 危险品	重件：每件重量		
内装箱（CFS）地址				大件（长×宽×高）		
门对门装箱地址			特种集装箱：（　）			
			资物备妥日期			
外币结算账号			资物进栈（√）自送（　）或（　）派送			
声明事项			人民币结算单位账号			
			托运人签章			
			电话			
			传真			
			联系人			
			地址			
			制单日期：			

6.2 海运提单

情景导入

上海良友（集团）有限公司出口的货物经海关放行后，获取盖有放行章的报关单，作为港口装船的依据。装船后，由船长或大副向船运公司签发收货单，船公司或国际货运代理公司凭收货单缮制海运提单，并向出口商签发。

【知识窗口 6-2】海运提单

Bill of loading is a transport document which is signed by the carrier or his agent acknowledged that the commodity have been received by the carrier and is ready for shipment to a particular destination required by the shipper. The carrier will only release the goods upon the original bill of loading.

海运提单（ocean bill of loading，B/L），简称提单，是指用以证明海上货物运输合同和货物已经由承运人接收或装船，以及承运人保证据以交付货物的单证。

6.2.1 海运提单的性质及作用

（1）在启运港，提单是承运人或其代理人签发的货物收据（receipt for the goods），表明承运人已按提单所列内容收到货物。

（2）在运输过程中，提单是货物所有权的物权凭证，是货物的象征，提单是一种有价证券。船货抵达目的港后，提单的合法持有人可以凭提单要求承运人交付货物，而承运人也必须按照提单所载内容向提单的合法持有人交付货物。因此，提单具有物权凭证性质。提单的持有人还可通过背书将提单转让从而转移货物的所有权。

（3）在目的港，提单是向承运人或其代理人提取货物的契约证明。提单条款明确规定了承运人与托运人或提单所有人等各方之间的权利与义务、责任与豁免，是处理他们之间有关海洋运输方面争议的依据。在一般情况下，托运人根据船公司事先公布的船期、费用、运输条件等，向班轮公司或其代理人洽订舱位，舱位订妥之后，双方之间的运输合约即告成立。也就是说，运输合约在签发提单之前即已成立，而提单是在执行运输合约过程中签发的，因此提单是已经存在的运输合约的证明。

6.2.2 海运提单的种类

（1）根据货物是否已装船，可分为已装船提单（shipped on board B/L）和备运提单（received for shipment B/L）。

已装船提单是指货物已装上船后签发的提单，必须以文字表明货物已装上或已装运于某具名船只，提单签发日期即为装船日期。

备运提单又称收讫待运提单，指承运人已接管货物并准备装运时所签发的提单。在签发备运提单的情况下，发货人可在货物装船后凭以调换已装船提单，也可经承运人或其代理人在备运提单上批注货物已装上某具名船舶及装船日期，并签署后使之成为已装船提单。在贸易合同中，买方一般要求卖方提供已装船提单，因为已装船提单上有船名和装船日期，对收货人按时收货有保障。

（2）根据货物外表状况有无不良批注，提单可分为清洁提单（clean B/L）和不清洁提单（unclean or foul B/L）。

清洁提单是指货物在装船时表面状况良好，一般未经加添明显表示货物及/或包装有缺陷批注的提单。在对外贸易中，银行为安全起见，在议付货款时均要求提供清洁提单。

不清洁提单是指承运人在提单上已加注货物及／或包装状况不良或存在缺陷等批注的提单。例如，提单上有"被雨淋湿""四箱破坏"等类似批注。

按照国际贸易惯例，除非另有约定，卖方有义务提交清洁提单，清洁提单也是提单转让时必须具备的基本条件之一。

（3）根据不同运输方式，提单可分为直达提单（direct B/L）、转船提单（transhipment B/L）、联运提单（through B//L）和联合运输提单（combined transport B/L）等。

直达提单是承运人签发的由起运港从船舶直接运达目的港的提单。

如起运港的载货船舶不直接驶往目的港，须在转船港换装另一船舶运达目的港时所签发的提单，称为转船提单。

如果货物需要经两段或两段以上运输运达目的港，而其中有一段是海运时，如海陆、海空联运或海海联运所签发的提单称为联运提单。所以转船提单实际上也是联运提单的一种。

联合运输提单则必须是两种或两种以上不同的运输方式的连贯运输时，承运人所签发的货物提单。因此，联合运输提单也叫多式联运提单。

目前在实际业务中，不少船公司把联运提单与联合运输提单使用同一格式，只是在作为联合运输提单使用时，除必须在提单上列明起运港和目的港外，还要列明收货地、交货地及前段运输工具名称等。

（4）根据提单抬头不同，提单可分为记名提单（straight B/L）、不记名提单（bearer B/L）和指示提单（order B/L）。

记名提单在收货人一栏内列明收货人名称，所以又称为收货人抬头提单，这种提单不能用背书方式转让，而货物只能交与列明的收货人；不记名提单是在提单上不列明收货人名称的提单，谁持有提单，谁就可凭提单向承运人提取货物，承运人交货凭单不凭人。

指示提单上不列明收货人，可凭背书进行转让，有利于资金的周转，在国际贸易中应用较普遍。

提单背书（endorsement）有空白背书和记名背书两种。空白背书是由背书人（提单转让人）在提单背面签上背书人的单位名称及负责人签章，但不注明被背书人的名称，也无须取得原提单签发人的认可。指示提单一经背书即可转让，意味着背书人确认该提单的所有权转让。记名背书除背书人签章外，还要注明被背书人的名称。如被背书人再进行转让，必须再加背书。指示提单有凭托运人的指示，凭收货人指示和凭进口方银行指示等，则分别需托运人、收货人或进口方银行背书后方可转让或提货。

（5）根据船舶运营方式的不同，可分为班轮提单和租船提单。

班轮提单（liner B/L）是指由班轮公司承运货物后签发给托运人的提单。

租船提单（charter party B/L）是指承运人根据租船合同而签发的提单。在这种提单上注明"一切条款、条件和免责事项按某年某月某日的租船合同"或批注"根据×××租船合同开立"字样。这种合同受租船合同条款的约束，银行或买方在接受这种提单时，通常要求卖方提供租船合同的副本。

（6）根据提单内容的简繁，可分为全式提单和略式提单。

全式提单（long form B/L）又称繁式提单，是指不仅具有提单正面内容，而且在提单背面列有承运人和托运人权利和义务详细条款的提单。

略式提单（short form B/L）又称简式提单，是指提单背面无条款，而只列出提单正面的必须记载事项的提单。这种提单内一般都印有"本提单货物的接受、保管、运输和运费等事项，均按本公司全式提单上的条款办理"的字样。

（7）根据提单使用效力，可分为正本提单和副本提单。

正本提单（original B/L）是指提单上有承运人、船长或其代理人签名盖章并注明签发日期的提单，这种提单在法律上是有效的单据。正本提单上必须要注明"正本"字样，一般签发一式两份或三份，凭其中任何一份提货后，其余的即作废。为防止他人冒领货物，买方与银行通常要求卖方提供船公司签发的全部正本提单，即所谓"全套"（full set）提单。

副本提单是指提单上没有承运人、船长或其代理人的签字盖章，而仅供参考之用的提单。副本提单一般都标明"副本"（copy）或"不可转让"（non-negotiable）字样，副本提单不得标明"正本"字样。

（8）其他提单。

倒签提单（anti-dated B/L）是指承运人或其代理人，在货物装船后签发提单时，应托运人的要求，将提单记载的装运日期提前，以符合信用证规定的装运日期的提单，这种提单因签发日期早于装船日期而得名。

顺签提单（post-dated B/L）是指承运人或其代理人，在货物装船后签发提单时，应托运人的要求，将提单记载的装运日期延后，以符合信用证规定的装运日期的提单。

预借提单（advanced B/L）是指在货物尚未全部装船前，或货物虽已由承运人接管，但尚未开始装船的情况下签发的已装船提单。此种提单通常是已经超过信用证规定的装运日期和交单日期时，或托运人希望提前得到已装船提单向银行议付货款时，应托运人的要求而签发的。

甲板提单（on deck bill of lading）又称舱面提单，是指承运人签发的、表明货物已装具名船只甲板（舱面）的提单。在一般情况下，由于货装甲板（舱面）时风险较大，银行将拒绝接受货装甲板（舱面）提单。如果运输单据内有货物可能装于甲板（舱面）的规定，但未特别注明货物已装或将装甲板（舱面），除非信用证另有规定，否则银行将对此种单据予以接受。

表 6-1 列出了海运提单的种类。

表 6-1 海运提单的种类

分类标志	单据名称		特点
	中文	英文	
按提单收货人的抬头划分	记名提单	straight B/L	收货人栏内具体填写收货人名称
	指示提单	order B/L	收货人栏内填上"凭指示"或"凭某人指示"字样
	不记名提单	bearer B/L	收货人栏内注明"提单持有人"字样或为空栏
按货物是否装船划分	已装船提单	on board B/L	货物装船后签发给托运人的提单，银行只接受已装船提单
	收货代运提单	received for shipment B/L	承运人在收到货物但没装船时，签发给托运人的提单

(续)

分类标志	单据名称		特点
	中文	英文	
按提单上有无不良批注划分	清洁提单	clean B/L	装船时货物外表状况良好的提单，银行只接受清洁提单
	不清洁提单	unclean/claused B/L	注明货物包装不牢、残破、渗漏、玷污、标志不清等不良批注的提单
按运输方式的不同划分	直达提单	direct B/L	货物从装运港装船后，中途不经转船直接运至目的港卸货的提单
	转船提单	transshipment B/L	需要在中途港口换装其他船舶转运至目的港卸货的提单
	联运提单	through B/L	货物需经两种或两种以上的运输方式，其中一段为海运来完成的提单
	联合运输提单	combined transport B/L	两种或两种以上不同的运输方式的连贯运输时，承运人所签发的货物提单
按提单内容的简繁划分	全式提单	long form B/L	正面和反面均印有条款的提单
	略式提单	short form B/L	没有背面条款的提单

6.2.3 信用证提单条款示例

（1）FULL SET OF CLEAN ON BOARD OCEAN BILLS OF LADING MADE OUT TO ORDER, BLANK ENDORSED, MARKED "FREIGHT PREPAID" AND NOTIFY APPLICANT.

全套正本已装船的清洁提单，凭托运人的指示，空白抬头，运费预付，通知开证申请人（进口方）。

（2）3/3 CLEAN ON BOARD OCEAN BILLS OF LADING MADE OUT TO THE ORDER OF ABC BANK, BLANK ENDORSED, MARKED "FREIGHT COLLECT" AND NOTIFY APPLICANT.

全套正本已装船的清洁提单，凭ABC银行的指示，空白抬头，运费已付，通知开证申请人（进口方）。

（3）1/3 CLEAN ON BOARD OCEAN BILLS OF LADING MADE OUT TO ORDER OF ABC COMPANY, BLANK ENDORSED, MARKED "FREIGHT PREPAID" AND NOTIFY APPLICANT.

一本正本结汇，已装船的清洁提单，凭ABC公司的指示，空白抬头，运费预付，通知开证申请人（进口方）。

6.2.4 海运提单的内容与缮制

1. 海运提单的空白样单

海运提单的空白样单如图6-3所示。

2. 海运提单内容解读和缮制

海运提单的格式由各船公司自行确定，在形式上均各有特色，但都包括了以下的主要内容。

SHIPPER:	B/L NO.:	
CONSIGNEE:	COSCO	
NOTIFY PARTY:	OCEAN BILL OF LADING	
PRE CARRIAGE BY	PORT OF LOADING	PORT OF RECEIPT
OCEAN VESSEL / VOYAGE NO.	PORT OF DISCHARGE	PLACE OF DELIVERY
MARKS & NOS. CONTAINER NO. SEAL NUMBER	NOS AND KIND OF PKGS	DESCRIPTION OF GOODS	GROSS WEIGHT	MEASURE-MENT

TOTAL NO. OF CONTAINERS OR PACKAGES (IN WORDS):		
OVERSEA OFFICE OR DESTINATION PORT AGENT	NO. OF ORIGINAL B/Ls	FREIGHT PAYBALE AT
	ON BOARD DATE	PLACE & DATE OF ISSUE
	SIGNED BY: AS AGENT FOR THE CARRIER	

图 6-3　海运提单的空白样单

（1）托运人（shipper）。

1）以信用证的受益人或被转让人即第二受益人为提单托运人。除非信用证另有规定，在通常情况下，托运人应为信用证的受益人，包括托运人的全称和地址，如信用证无规定，地址可省略。但在信用证注明可转让时，托运人可以不是信用证的受益人，我国通常在由进出口专业总公司签订合同，由几个口岸分公司执行交货任务的情况下，要信用证允许转让，尽管受益人都为总公司，但执行合同的分公司仍可以以自己的名义作为托运人。

2）以第三者或中性名义为托运人（shipper 或 consignor）。第三者提单（third party bill of lading），即提单上的托运人填写与买卖合同或信用证受益人无关的第三者。

（2）提单编号（B/L NO.）：提单编码由承运人或其代理人提供，提单必须注明承运人或其代理人规定的提单编码，以便核查，否则该提单无效。

（3）收货人（consignee)：托收项下填"TO ORDER"或"TO ORDER OF SHIPPER"。信用证方式下应按信用证规定填写。信用证的规定通常有三种：记名提单直接填收货人；不记名提单填"TO BEARER"；指示提单填"TO ORDER"或"TO THE ORDER OF

×××"。凡指示提单都须进行背书才能有效转让。

1）记名式收货人：在收货人栏内填写某人或某企业的具体名称，如信用证规定"Full set of B/L consigned to A.B.C.Co."，此栏填"Consigned to A.B.C.Co."。

2）不记名式收货人：填 To Bearer。

3）指示式收货人。

A. To order：凭指示或称空白抬头，如信用证规定"Full set of B/L made out to order."，此栏填"To order"。

B. To order of…：凭×××指示，如信用证规定"Full set of B/L made out to our order"，此栏填"To order of …Bank"；"Full set of B/L made out to order of shipper"，此栏填"To order of shipper"；"B/L issued to order of Applicant"，此栏填"To order of A.B.C.Co."（A.B.C.Co. 为开证人名称）。

（4）被通知人（notify party）：托收项下的提单可填合同的买方，信用证方式下，应按信用证要求填制。如信用证规定：

1）Notify Party…，将……打在通知栏即可；

2）Notify Party Applicant，此栏打开证人全称；

3）Notify Party Applicant and Us，需要打开证人和开证行全称。

如信用证未做规定，为确保单证一致，此栏可留空，但提交给船公司的副本必须详细记载被通知人全称、地址和电话等。

（5）船名、港口的填写要求，如表 6-2 所示。

表 6-2 船名、港口的填写要求

提单项目	转船	直达
PRE CARRIAGE BY	第一程船船名	空白
PORT OF RECEIPT	船方收货的港口	空白
OCEAN VESSEL VOYAGE NO.	第二程船船名	船名、航次
PORT OF LOADING	转运港	装运港
PORT OF DISCHARGE (DESTINATION)	卸货港	卸货港
PLACE OF DELIVERY	最终目的地	与卸货港相同则空白

（6）唛头（marks）和集装箱号码（container NO.）：若信用证规定了唛头，则按其规定，若未规定则按双方约定或由卖方自定。无唛头则填"N/M"。集装箱货物要注明集装箱号码。

（7）包装与件数（NO.& kind of packages）：单位件数与包装都要与实际货物相符，并在大写合计数内填写英文大写文字数目，若有两种以上不同包装单位，应分别注明件数和包装单位，并计其总数。如为散装货，则用"In bulk"表示。如为裸装货，则应加件数（例 100 头牛，填 100 heads）。

（8）商品名称（description of goods）：按信用证规定，并与发票等单据一致，若货物品名较多，可用总称。

（9）毛重和体积（gw & mear）：若信用证无特别规定，则只填总毛重和总体积。若为集装箱货，毛重包括货物的毛重和集装箱的皮重，体积则按集装箱计，一般一个 20

尺的集装箱体积为 33.2CBM。

（10）运费支付（freight & charges）：一般有两种，PREPAID 或 COLLECT。

（11）签发地点与日期（place and date of issue）：地点一般在装运港所在地，日期按信用证要求，一般要早于或与装运期为同一天，要避免倒签提单和预借提单。

（12）承运人签章：提单必须由承运人或其代理人签字才有效。若信用证要求手签，也须照办。

（13）提单签发份数（NO.S of original B/L）：信用证方式下按信用证规定，一般都是三份。

（14）提单号码（B/L NO.）：在提单右上角，主要是为了便于联系工作和核查。

（15）其他：提单上还应注明 ON BOARD 字样，正本要注明 ORIGINAL，有时还要注明货物的交接方式，如 CY-CY，CFS-CY 等。

■ 实例展示 6-2　提单的缮制

根据上海良友（集团）有限公司的货运委托，东方海运（货代）结合托运委托书，缮制并签发提单如下：

BILL OF LADING

SHIPPER SHANGHAI LIANGYOU GROUP CO., LTD. NO.88 ZHANGYANG ROAD, SHANGHAI CHINA 200122		B/L NO: SISHLKGA97297	
CONSIGNEE; TO ORDER OF KASIKORN BANK PUBLIC CO., LTD. BANGKOK		SITC CONTAINER LINE CO., LTD BILL OF LADING	
NOTIFY RARTY INTEQC FEED CO., LTD. 77/12 MOO 2, RAMA II RD NAKHOK MUANG SAMUTSAKHORN 74000, THAILAND			
PRE CARRIAGE BY	VESSEL HALCYON	VOYAGE V.1106S	PORT OF LOADING SHANGHAI, CHINA
PORT OF DISCHARGE BANGKOK, THAILAND		PLACE OF DELIVERY	
NO OF PKGS　　　DESCRIPTION OF GOODS		G.W.	MEAS(M³)
FUMING, THAILAND　WHEAT FLOUR 　　　　　　　　　　(FEED GRADE)		322000 KGS　　　300 CBM	
TOTAL NO OF CONTAINERS OR PACKAGES（IN WORDS）SAY TWELVE THOUSAND AND EIGHT HUNDRED BAGS ONLY			
REGARDING TRANSHIPMENT INFORMATIONPLEASE CONTACT		FREIGHT AND CHARGES FREIGHT PREPAID	
^		PLACE AND DATE OF ISSUE SHANGHAI JUL.15, 2018	
EX.RATE	PREPAID AT	FREIGHT PAYABLE AT SHANGHAI	SIGNED FOR OR ON BEHALF OF THE MASTER SITC CONTAINER LINE CO., LTD AS AGENTS
	TOTAL PREPAID	NUMBER OF ORIGINAL BS/L THREE	

■ 实战演练 6-2 提单的缮制

请根据上海世贸进出口有限公司出口木制玩具的信用证、合同和相应资料缮制海运提单。

BILL OF LADING			
SHIPPER		B/L NO：COSCO SHIPPING	
CONSIGNEE;			
NOTIFY RARTY			
PRE CARRIAGE BY	VESSEL	VOYAGE NO.	PORT OF LOADING
PORT OF DISCHARGE		PLACE OF DELIVERY	
NO OF PKGS DESCRIPTION OF GOODS		G.W. MEAS(M³)	
TOTAL NO OF CONTAINERS OR PACKAGES（IN WORDS）			
REGARDING TRANSHIPMENT INFORMATIONPLEASE CONTACT		FREIGHT AND CHARGES	
EX.RATE	PREPAID AT	FREIGHT PAYABLE AT	PLACE AND DATE OF ISSUE
	TOTAL PREPAID	NUMBER OF ORIGINAL BS/L	SIGNED FOR OR ON BEHALF OF THE MASTER

6.3 航空运单

航空运输（air transport）是一种现代化的运输方式，它与海洋运输、铁路运输相比，具有运输速度快、货运质量高，且不受地面条件限制等优点。因此，它最适宜运送急需物资、鲜活商品、精密仪器和贵重物品。

6.3.1 国际空运货物的运输方式

一般而言，航空运输有班机运输、包机运输、集中托运和航空快递四种。

（1）班机运输。班机是指在固定时间、固定航线、固定始发站和目的站运输的飞机。一般航空公司都是用客货混合型飞机，一些大的航空公司也开辟定期全货机航班。班机定时、定航线、定站的特点，适用于运送急需的货物、鲜活商品及季节性强的商品等。

（2）包机运输。它是指包租整架飞机或由几个发货人（或航空货运代理公司）联合包租一架飞机来运送货物。因此包机又分为整包机和部分包机两种形式，前者适用于运送数量较大的商品；后者适用于多个发货人，但货物到达站后又是同一地点的货物运输。

（3）集中托运。它是指航空货运代理公司把若干批单独发运的货物组成一批货物，用一份总运单（附分运单）整批发运到预定目的地，由航空公司在那里的代理人收货、报关、分拨后交给实际收货人。集中托运的运价比国际空运协会公布的班机运价低7%～10%，因此发货人愿意将货物交给航空货运公司安排集中托运。

（4）航空快递。这是目前国际航空运输中最快捷的运输方式。它不同于航空邮寄和航空货运，而是由一个专门经营此项业务的机构与航空公司密切合作，设专人用最快的速度在货主、机场、收件人之间传送急件，特别适用于急需的药品、医疗器械、贵重物品、图纸资料货样及单证等的传送，被称为"桌到桌运输"。

6.3.2 航空运输的承运人

（1）航空运输公司。它是航空货物运输中的实际承运人，负责办理从启运机场至到达机场的运输，并对全程运输负责。

（2）航空货运代理公司。它是货主的代理，负责办理航空货物运输的订舱，在启运机场和目的机场的交接货与进出口报关等事项。航空货运代理公司也可以是航空公司的代理，办理接货并以航空承运人的身份签发航空运单，对运输过程负责。

1. 航空运价

航空运价是指从启运机场至目的机场的运价，不包括其他额外费用（如提货、仓储费等)。运价一般是按重量(千克)或体积重量(6 000 立方厘米折合 1 千克)计算,以两者中高者为准。空运货物按一般货物、特种货物和货物的等级规定运价标准。航空运费有计算公式:

$$航空运费 = 运价 \times 计费重量$$

(1)计费重量的确定。货物实际毛重(千克)或者货物体积重量择高者。

$$货物体积重量(千克) = 货物体积(m^3) \div 0.006 \, (m^3/kg)$$

■ **实例展示 6-3　航空运费的计算**

出口货物 100 箱,体积为 16.7m³,总毛重为 2 300 千克,空运,运价为 13.58 元/千克,求运价。

解:(1)求体积重量

$$16.7 \div 0.006 = 2\,783.33\,(千克)$$

(2)比较体积重量与实际毛重,择高者

$$计费重量 = 2\,783.33\,(千克)$$

(3)运价 = 2 783.33×13.58 = 37 797.62(元)

(2)运价类别。空运的运价类别如表 6-3 所示。

表 6-3　空运的运价类别

代码	英文名称	中文名称
M	Minimum	最低运费
N	Normal rate	45 千克以下普通货物运价
Q	Quantity rate	45 千克以上普通货物运价
C	Special community rate	指定商品运价
R	Class rate reduction	等级货物附减运价
S	Class rate surcharge	等级货物附加运价
U	Unit load device basic charge or rate	集装化设备基本运费或运价
E	Unit load device additional rate	集装化设备附加运价
X	Unit load device additional information	集装化设备附加说明
Y	Unit load device discount	集装化设备折扣

当实际计费重量的运费超过较高重量分界点的运费时,航空公司可同意按较高重量分界点的较低运价收取运费。

例如,有 40 千克的货物运往日本,按 N 级运价计算每千克 CNY26.11,其运费为 CNY1044.40,而按"Q45"级别计算 45 千克重的货物按每千克 CNY19.61 计算,其运费只有 CNY882.45,显然按"Q45"级别申报运费合理。

2. 航空运单

航空运单(air waybill)是航空运输货物的主要单据,是航空承运人与托运人之间缔结的运输合同的书面凭证，也是承运人或其代理人签发的接受货物的收据。航空运单不仅应有承运人或其代理人的签字，还必须有托运人的签字。航空运单与铁路运单一样，不是物权凭证，不能凭以提取货物，必须做成记名抬头，不能背书转让。收货人凭航空公司的到货通知单和有关证明提货。航空运单正本一式三份，分别交托运人航空公司和随机带交收货人，副本若干份由航空公司按规定分发。

航空运单可以分为主运单（master air waybill）和分运单（house air waybill）。

航空主运单是由航空运输公司签发的，它是航空运输公司据以办理货物运输和交付的依据，是航空公司和托运人订立的运输合同，每一批航空运输的货物都有自己相对应的航空主运单。

集中托运人在办理集中托运业务时签发的航空运单被称作航空分运单。在集中托运的情况下，除了航空运输公司签发主运单外，集中托运人还要签发航空分运单。

思考题

一、单项选择题

1. 在纸质托运单一式十联单，其中（　　）是托运单的核心。此联在海关放行后被海关盖上"放行章"，据此联，船公司才可以将货物装上船。
   A. 第二联船代留底　　　　　　　　B. 第五联装货单
   C. 第七联场站收据　　　　　　　　D. 运输合同中的装运日

2. 根据 UCP600 的规定，海运提单的签单日期应理解为（　　）。
   A. 货物开始装船的日期　　　　　　B. 货物装船完毕的日期
   C. 货物装运过程中的任何一天　　　D. 运输合同中的装运日

3. 根据 UCP600 的解释，若信用证条款未明确规定是否"允许分期发运""允许转运"，则应理解为（　　）。
   A. 允许分期发运，但不允许转运　　B. 允许分期发运，允许转运
   C. 允许转运，但不允许分期发运　　D. 不允许分期发运，不允许转运

4. 海运提单的抬头是指提单的（　　）。
   A. Shipper　　　B. Consignee　　　C. Notify Party　　　D. Title

5. 以下运输单据中，能同时具有货物收据、运输合同证明和物权凭证作用的是（　　）。
   A. 铁路运单　　　B. 航空运单　　　C. 海运提单　　　D. 海运单

6. 根据 UCP600 的规定，正本运输单据受益人或其他代表在不迟于发运日之后的 21 个日历日内交单，并不得迟于信用证的截止日。若发生正本提单交银行超过提单签发日期 21 天，这时，该正本提单为（　　）。
   A. 过期提单　　　B. 倒签提单　　　C. 不清洁提单　　　D. 无效提单

7. 以下海运提单收货人不同，收货人显示为（　　）时需要托运人背书。
   A. To Order　　　　　　　　　　　B. ABC Company

C. To order of Issuing Bank   D. To order of applicant

8. 根据 UCP600 的规定，如果信用证使用诸如 induplicate, in two fold, in two copies 等用语要求提交多份单据，则提交至少（　　）份正本，其余使用副本即可满足。
   A. 3   B. 2   C. 10   D. 1

9. 按照以下价格术语（　　）的解释，提单上应显示费用支付方式 Freight Prepaid。
   A. FCA   B. FOB   C. CIF   D. EXW

10. 按提单收货人分类，有记名提单、不记名提单、空白抬头提单和指示提单。经过背书才能转让的提单是（　　）。
    A. 空白抬头提单   B. 指示提单   C. 记名提单   D. 不记名提单

11. 采用集装箱班轮运输方式，其海运费应包括（　　）。
    A. 装卸费、燃油附加费、货币贬值附加费
    B. 装卸费，但不包括燃油附加费
    C. 装卸费，但不包括货币贬值附加费
    D. 以上 A、B、C 都不是

12. 《国际货物托运委托书》英文名称是（　　）。
    A. Shipper's letter of Instruction   B. Letter of Credit
    C. Proof of Delivery   D. Cargo Charges Correction Advice

13. 我国对外贸易货物运输最常采用的运输方式是（　　）。
    A. 国际多式联运   B. 江海运输   C. 航空运输   D. 公路运输

14. 根据 UCP600 的规定，以下标注在提单上的内容可以被银行接受（　　）。
    A. Shipper on deck   B. Five cartons are broken
    C. The goods may be carried on deck   D. Five bags are wet

15. 下列（　　）表示提单已装船日期。
    A. 货于 5 月 24 日送交船公司   B. 货于 6 月 4 日全部装完
    C. 货于 6 月 4 日开始装船   D. 货于 6 月 4 日到达目的港

16. 海运提单的抬头是指提单中的（　　）。
    A. 发货人   B. 收货人   C. 通知人   D. 标题

17. 在各种运输单据中，能同时具有货物收据、运输合同和物权凭证作用的是（　　）。
    A. 铁路运单   B. 航空运单   C. 海运提单   D. 海运单

18. 根据 UCP600 的规定，受益人提交提单到银行议付应在规定期限内。超过提单签发 21 天交到银行的提单称为（　　）。
    A. 过期提单   B. 倒签提单   C. 不清洁提单   D. 转船提单

19. 航空货运单一般有三联正本，分别为正本 1 交（　　），正本 2 交（　　），正本 3 交（　　）。
    A. 托运人、收货人、开单人   B. 托运人、开单人、收货人
    C. 开单人、托运人、收货人   D. 开单人、收货人、托运人

20. 根据 UCP600 的规定，除非信用证另有规定，否则银行不接受的提单是（　　）
   A. 转运提单　　　　　　　　　　B. 第三方托运人提单
   C. 多式联运提单　　　　　　　　D. 注明货装舱面的提单

21. 根据 UCP600 的规定，以下所注内容可以被接受的提单是（　　）。
   A. 提单显示 SHIPPED ON DECK
   B. 提单显示 THE GOODS MAY BE CARRIED ON DECK
   C. 提单显示 FOUR CARTONS ARE BROKEN
   D. 提单显示 PACKAGES IS NOT SUFFICIENT FOR THE SEA JOURNEY

22. 以下不属于货运单据的是（　　）。
   A. 托运委托书　　B. 海运装货单　　C. 集装箱场站收据　　D. 装运通知

23. 空运单的收货人一般填为（　　）。
   A. to order of 开证行　　　　　　B. to order of shipper
   C. consigned to applicant　　　　D. consigned to 开证行

24. 下列单据中，只有（　　）才用于结汇。
   A. 大副收据　　B. 公路运单　　C. 场站收据　　D. 公路运单副本

二、多项选择题

1. 根据 UCP600 的规定，在出口业务中，卖方可以凭以结汇的装运单据有（　　）。
   A. 提单　　　　　　　　　　　　B. 不可转让的海运单
   C. 租船合同提单　　　　　　　　D. 装货单
   E. 空运单据　　　　　　　　　　F. 报关单

2. 根据 UCP600 的规定，海运提单中货物的描述（　　）。
   A. 只要不与信用证的描述相抵触，可使用货物的统称
   B. 必须使用货物的全称
   C. 必须与商业发票的货物描述完全一致
   D. 符合信用证或合同的，与实际货物的名称、规格、型号、成分、品牌等相一致

3. 对托运人而言，选择海上货物承运人时，主要考虑的因素包括（　　）。
   A. 运输服务的定期性　　　　　　B. 运输时间
   C. 运输费用　　　　　　　　　　D. 运输的可能性
   E. 承运人的经营状况和责任

4. 班轮运输最基本的特点有（　　）。
   A. 固定的班轮运输　　　　　　　B. 固定的挂靠港口
   C. 固定使用的提单　　　　　　　D. 固定的船舶班期
   E. 相对固定的运价

5. 电子托运单订舱是实现未来我国"无纸化贸易运输"项目的发展方向，电子订舱的优点主要在于（　　）。

A. 订舱速度快 B. 形式简单
C. 电子托运单可与纸质托运单共存 D. 差错率降低

6. 根据 INCOTERMS2000 的规定，下列贸易术语中，适用于各种运输方式的有（　　）。
   A. EXW　　　B. FOB　　　C. CRF　　　D. CPT

7. 信用证中对装运期规定的表示方法有多种，以下举例中符合 UCP600 规定的有（　　）。
   A. immediately（立即装运） B. on or about（在或大概在）
   C. between（在……之间） D. beginning of a month（月初）

8. 按不同的运输方法，提单可分为（　　）。
   A. 直达提单　　B. 电放提单　　C. 转船提单　　D. 多式联运提单

9. 以下指示提单中，需要由托运人背书才可以转让的提单有（　　）。
   A. to order B. to order of shipper
   C. to order of applicant D. to order of issuing Bank

10. 根据 UCP600 的规定，如果信用证（　　）。
    A. 未规定是否转让，即为不可转让信用证
    B. 未规定是否清洁提单，可以是清洁提单，也可以是不清洁提单
    C. 未规定是否可转运，即为可以转运，只要全程运输由同一运输单据涵盖
    D. 未规定是否允许部分发运，即为不允许部分发运

11. 信用证对提供运输单据要求："full sets of original clean on board ocean bill of lading made out to order of Royal Bank Canada and marked Freight Prepaid notify applicant."这表示出口方提供的提单必须是（　　）。
    A. 三份正本提单 B. 清洁提单
    C. 收货人显示"to order of Royal Bank Canada" D. 船公司提单

12. 由承运人签发的提单可以俗称为（　　）。
    A. 分提单　　B. 小提单　　C. 海洋提单　　D. 船公司提单

13. 海运单的作用是（　　）。
    A. 收货人凭以提货的物权凭证
    B. 承运人收到托运人货物的收据
    C. 承运人与托运人之间运输合同契约的证明
    D. 经过背书，海运单是可以转让的

14. 承运人或其具名代理人签发以下（　　）提单是具有欺诈性的违法行为。
    A. 倒签提单　　B. 电放提单　　C. 顺签提单　　D. 预借提单

15. 海运提单做成指示抬头，Consignee 一栏可以填写（　　）。
    A. TO ORDER B. CONSIGNED TO
    C. TO ORDER OF SHIPPER D. TO ORDER OF×××BANK

16. 提单中的托运人一栏，填写托运人的全称、街名、城市、国家、联系电话和传真号，托运人可以是（　　）。

A. 货主 B. 货主的贸易代理人
C. 货主的货运代理人 D. 信用证的受益人

17. 关于提单份数的叙述，正确的是（　　）。
    A. 发货人按信用证规定的提单份数提交正本提单给银行
    B. 每份提单具有同等效力
    C. 收货人持凭其中的任一份提单提取货物后，其他份提单即刻自动失效
    D. 发货人持凭其中的任一份提单做电放，其他份正本提单给银行

18. 根据UCP600的规定，通过以下（　　）方式表明货物已在信用证规定的装运港装上船。
    A. 预先印就"已装船"文字 B. 已装船批注注明货物的装运日期
    C. 提单上加盖"已装船"章 D. 已装船批注注明货物的装运日期和船名

三、判断题

1. 集装箱运输就是班轮运输。（　　）
2. 根据《中华人民共和国国际货物运输代理业务管理规定》的规定，国际货物代理人作为独立经营人，在揽货、订舱、装箱和签单时，可以向货主收取运费、杂费和佣金。（　　）
3. 海运托运单和海运提单都是托运人和承运人运输合同的契约，尽管形式不同，但作用是相同的。（　　）
4. 在采用价格术语FOB、CIF、CFR时，我方出口商可以指定货代，安排运输，订立从装运港到目的地的运输合同，并通知买方。（　　）
5. 托运人是办理出口货物托运手续，向承运人递交托运书和随附文件，自行安排报检报关，协助承运人安排装运并取得装运文件的法人，因此托运人只能是进出口企业。（　　）
6. 货物装船后，托运人凭装货单（S/O）向承运人或其代理人换取提单（B/L）。（　　）
7. 空白抬头提单是指提单收货人处空白，空白背书是指提单背面没有人背书。（　　）
8. 海运提单的签发日期是指货物被全部装船完毕的日期。（　　）
9. 海运提单与海运单的区别之一是，提单是物权凭证，经过背书是可以转让的；海运单不是物权凭证，不可以转让。（　　）
10. 托运人完成交货后，向承运人或其代理人换取提单是Mate's Receipt。（　　）
11. 大副收据是货物装上船后，由承运人签署给托运人的作为证明船方已经收到该票货物并已装上船的重要凭证，托运人可以凭此大副收据向银行办理结汇。（　　）
12. 承运人或船长的任何签字或证实，必须表明"承运人"或"船长"的身份。（　　）
13. 如买卖合同规定的装运条款为"Shipment during June/July in two equal lots"，那么这表明我方出口公司必须在6月、7月两个月内每月各装一批，每一批数量相等。（　　）

14. 信用证规定在指定的时间内分期发运，若有任意一期未按信用证规定期限发运，信用证对该期以及以后各期均告失败。（   ）
15. 在规定装运条文时，如使用"prompt""immediately""as soon as possible"等词语，按UCP600的规定，银行将不予理会。（   ）
16. 当提单收货人栏目显示"to order"时，提单需发货人背书和收货人背书。（   ）
17. 记名提单，不能转让；不记名提单无须背书即可转让；指示提单经过指示人背书后可以转让，并且经过指示背书的指示提单还可以继续进行背书，只要背书是连续的。（   ）
18. 海运提单的签发日期应早于保险单的日期。（   ）
19. 若提单有三份正本，信用证规定2/3提单交银行，这时，托运人可以凭其中一份正本提单向签单人办理电放手续，其余两份正本提单交银行以结汇。（   ）

Chapter 7

第 7 章

保险单据

情景导入

上海良友（集团）有限公司与泰国 FUMING 公司通过磋商，确定达成交易，销货合同中保险条款为：Insurance: To be effected by the seller for 110% of the CIF invoice value covering ALL RISKS AND WAR RISK as per China Insurance Clauses。公司业务员张明对此缮制了投保单，向中保财产保险有限公司上海市分公司办理了保险手续。

7.1 保险相关约定

在国际货物买卖过程中，由哪一方负责办理投保国际贸易运输保险，应根据买卖双方商订的价格条件来确定。

办理国际贸易运输保险的一般程序包括确定投保国际运输保险的金额，填写国际运输保险投保单，支付保险费，取得保险单和提出索赔程序。

7.1.1 保险投保人的约定

每笔交易的货运保险，究竟由买方还是卖方投保，完全取决于买卖双方约定的交货条件和所使用的贸易术语。由于每笔交易的交货条件和所使用的贸易术语不同，故对投保人的规定也相应有别。例如，在按 FOB 或 CFR 条件成交时，在买卖合同的保险条款中，一般只订明"保险由买方自理"。如买方要求卖方代办保险，则应在合同保险条款中订明："由买方委托卖方按发票金额×××%代为投保××险，保险费由买方负担"。在按 DES 或 DEQ 条件成交时，在合同保险条款中，也可订明"保险由卖方自理"。凡按 CIF 或 CIP 条件成交，由于货价中包括保险费，故在合同保险条款中，需要详细约定卖方负责办理货运保险的有关事项，如约定投保的险别、支付保险费和向买方提供有效的保险凭证等。

7.1.2 保险公司和保险条款的约定

在按 CIF 或 CIP 条件成交时，保险公司的资信情况，与卖方关系不大，但与买方却有重大的利害关系。因此，买方一般要求在合同中限定保险公司和所采用的保险条款，以利于日后保险索赔工作的顺利进行。例如，在我国按 CIF 或 CIP 条件出口时，买卖双方在合同中，通常都订明："由卖方向中国人民保险公司投保，并按该公司的保险条款办理。"

1. 保险险别的约定

由于保险人对不同的险别承保不同的责任范围，因此投保人在投保时必须选择适当的险别进行投保。一般应考虑下列因素：货物的性质和特点、运输方式和路线及港口情况、国际形势的变化等。

在按 CIF 或 CIP 条件成交时，运输途中的风险本应由买方承担，但一般保险费则约定由卖方负担，因货价中包括保险费，买卖双方约定的险别通常为平安险、水渍险、一切险三种基本险别中的一种。但有时也可根据货物特性和实际情况加保一种或若干种附加险。如约定采用英国伦敦保险协会货物保险条款，那么也应根据货物特性和实际需要约定该条款的具体险别。在双方未约定险别的情况下，按惯例，卖方可按最低的险别予以投保。

在 CIF 或 CIP 货价中，一般不包括加保战争险等特殊附加险的费用，因此如买方要求加保战争险等特殊附加险，那么其费用应由买方负担。如买卖双方约定，由卖方投保战争险并由其负担保险费，卖方为了避免承担战争险的费率上涨的风险，可规定"货物出运时，如保险公司增加战争险费率，则其增加的部分保险费，应由买方负担"。

2. 保险金额的约定

保险金额（insured amount）是被保险人对保险标的的实际投保金额，也是保险人依据保险合同所应承担的最高赔偿金额，还是计收保险费的基础。如果买卖双方在买卖合同中对保险金额未做出明确规定，按照有关的国际贸易惯例办理。根据国际保险市场的习惯，保险金额的计算公式为：

保险金额 = CIF（或 CIP）价 × （1+ 投保加成率）

在仅有 CFR（或 CPT）价格的情况下，CIF（或 CIP）价格应使用下列公式计算：

CIF（或 CIP）价 = CFR（或 CPT）价 ÷ （1 − 投保加成）× 保险费率

在按 CIF 或 CIP 条件成交时，按国际贸易惯例，预期利润一般按 CIF 价的 10% 估算，因此，如果买卖合同中未规定保险金额，习惯上是按 CIF 价或 CIP 价的 110% 投保。中国人民保险公司承保出口货物的保险金额，一般也是按国际保险市场上通常的加成率，即按 CIF 或 CIP 发票金额的 110% 计算。由于不同货物、不同地区、不同时期的预期利润不一，因此在洽商交易时，如果买方要求保险加成超过 10%，卖方也可酌情接受。如果买方要求保险加成率过高，则卖方应同有关保险公司商妥后方可接受。

7.1.3 保险业务的一般手续

出口商备妥货，并确定了装运日期和运输工具后（收到经船公司签署的配舱回单/装货单后），即填制投保单向保险公司投保。保险公司接受投保后即签发保险单。

出口货物明细单、加注了运输方式和承保险别等的出口发票也可作为投保单使用。

7.2 投保单

7.2.1 投保单简介

在我国出口货物运输保险业务中，投保人向保险公司办理保险时，先填制投保单（application for insurance），并随附发票、提单、信用证和合同向保险公司申请投保，保险公司在审核无误后出具保险单或其他保险单据。

投保单是保险公司接受投保、出具保单的依据。经保险公司签署后的保险单即成为向银行进行议付的重要单据。

7.2.2 投保单的内容与缮制

1. 投保单的空白样单

投保单的空白样单如图 7-1 所示。

2. 投保单内容解读和缮制

投保单的内容与保险单基本相似，不同的保险公司都有自己固有的保险单格式，其基本内容及缮制要点如下：

（1）被保险人：若信用证有规定，应按规定。在按 CIF 条件对外成交时，一般为出口商，此时出口商应对保单进行背书转让。

（2）发票号码：按实际号码填写。

（3）标记（marks & NO.S）：按信用证规定，应与发票、提单相一致。

（4）包装及数量：填单件运输包装的件数及商品数量，若为散装，则应先注明"IN BULK"，再填重量。

（5）保险物资项目（description）：填商品的名称，可与提单一致。

（6）保险金额（小写）：应为发票金额加上投保加成后的金额，并注明币制，币制应与信用证规定相符，或与发票相符。

（7）总保险金额（大写）：小写保险金额的英文翻译。

（8）装载运输工具（per conveyance S.S）：要与运输单据一致。可填船名航次、航班号或车次，海运方式下也可填 AS PER B/L，铁路和空运填班次与航班名称。联运应注明联运方式，如陆空联运。

中国平安保险股份有限公司 PING AN INSURANCE COMPANY OF CHINA, LTD. 进出口货物运输险投保单 APPLICATION FOR IMP/EXP TRANPORTATION INSURANCE	
被保险人 Insured:	
本投保单由投保人如实填写并签章后作为向本公司投保货物运输保险的依据，本投保单为该货物运输保险单的组成部分。 The Applicant is required to fill in the following items in good faith and as detailed as possible, and affix signature to this application, which shall be treated as proof of application to the Company for cargo transportation insurance and constitute an integral part of the insurance policy.	
兹拟向中国平安财产保险股份有限公司投保下列货物运输保险： Herein apply to the Company for Transportation Insurance of following cargo: 请将保险货物项目、标记、数量及包装注明此上。 Please state items, marks, quantity and packing of cargo insured here above.	请将投保的险别及条件注明如下： Please state risks insured against and conditions: ( ) PICC (C.I.C.) Clause ( ) S.R.C.C. ( ) ICC Clause ( ) W/W ( ) All Risks ( ) TPND ( ) W.A. ( ) FREC ( ) F.P.A. ( ) IOP ( ) ICC Clause A ( ) RFWD ( ) ICC Clause B ( ) Risk of Breakage ( )ICC Clause C ( ) Risks during ( ) Air TPT All Risks transshipment ( ) Air TPT Risks ( ) O/L TPT All Risks ( ) O/L TPT Risks ( ) War Risks
装载运输工具（船名/车号）： 船龄： 集装箱运输： 是□ 否□ 整船运输： 是□ 否□ per conveyance S.S. Age of Vessel Container Load Yes No Full Vessel Charter Yes No	
发票或提单号 开航日期： 年 月 日 Invoice No. or B/L No. Slg. On or abt. Year Month Day	
自： 国 港/地 经： 港/地 至： 国 港/地 From: Country Port Via: Port To: Country Port	
发票金额 保险金额 Invoice Value: Amount Insured:	
费率 保险费 Rate: Premium:	
备注 Remarks:	
投保人兹声明上述所填内容属实，同意以本投保单作为订立保险合同的依据；对贵公司就货物运输保险条款及附加险条款（包括责任免除和投保人及被保险人义务部分）的内容及说明已经了解。 I declare that above is true to the best of my knowledge and belief, and hereby agree that the application be incorporated into the policy. I have read and understand the Company's cargo transportation insurance and extensions (including the Exclusions and the applicant's or insured's Obligations).	
投保人签章： 联系地址： Name/Seal of Proposer Address of Proposer	
送单地址： 同上□ 或 电话： 日期： 年 月 日 Delivery Address: Ditto or Tel: Date: year month day	

图 7-1 投保单的空白样单

（9）开行日期及起讫地点：可填提单签发日，或填"AS PER B/L"。

（10）承保险别：按合同或信用证的规定，如 COVERING ALL RISKS AS PER OCEAN MARINE CARGO CLAUSES (1981.1.1)OF THE PICC。

（11）赔款偿付地点：一般为目的地，并注明使用货币的币种。

（12）保险勘查代理人：由保险公司自定，但要提供其地址，以便发生损失时收货人通知其进行勘查和理赔。

（13）签发地点和日期：签发日期须早于运输单据，才能证明是在装运前办理的投保。

（14）保险公司签章：经签章后保险单才能生效。

3. 投保单内容缮制的注意要点

（1）关于保险金额，应为 CIF 发票总额再加 10% 计算的金额，如发票为 FOB 或 CFR 金额，则先换为 CIF 价后，再加一成（按惯例投保加一成）。

（2）关于运输工具，如中途转船应在一程船名后加填二程，如 BY S.S DONG FEN/CHANG JIANG V.112。

（3）关于赔付币制，如有特殊要求可事先说明，一般币制应与信用证的货币相同。

■ 实例展示 7-1 货物运输投保单的缮制

张明根据信用证的相关规定缮制了投保单，向中保财产保险有限公司上海市分公司办理了保险手续，张明缮制的进出口货物运输投保单如下：

THE PEOPLE'S INSURANCE COMPANY OF CHINA，LTD. SHANGHAI BRANCH APPLICATION FORM FOR I/E MARINE CARGO INSURANCE			
进出口货物运输保险投保单			
（1）被保险人 SHANGHAI LIANGYOU GROUP CO., LTD.			
（2）发票号码（出口用）或合同号码（进口用）	（3）件数	（4）保险货物项目	（5）保险货物金额
LY11SI-003-5	12800 BAGS	WHEAT FLOUR (FEED GRADE)	140 800.00
（6）运输工具及转载工具	HALCYON V.1106S	（7）约于 2018 年 7 月 15 日启运	（8）赔款偿付地点 BANGKOK
（9）运输路程	自 SHANGHAI 经 到 BANGKOK	转载地点	
（10）投保险别： FOR 110% OF THE TOTAL INVOICE VALUE AS PER THE RELEVANT OCEAN MARINE CARGO OF P.I.C.C. DATED 1/1/1981		（11）投保单位签章 SHANGHAI LIANGYOU GROUP CO., LTD 2018 年 7 月 13 日	

■ 实战演练 7-1　投保单的缮制

请根据上海世贸进出口有限公司出口木制玩具的信用证、合同和相应资料缮制投保单。

THE PEOPLE'S INSURANCE COMPANY OF CHINA, LTD. SHANGHAI BRANCH APPLICATION FORM FOR I/E MARINE CARGO INSURANCE 进出口货物运输保险投保单			
被保险人			
发票号码（出口用）或合同号码（进口用）	件数	保险货物项目	保险货物金额
运输工具及转载工具		约于　年　月　日启运	赔款偿付地点
运输路程	自　　经　　到	转载地点	
投保险别：			（投保单位签章） 年　月　日

7.3　保险单

情景导入

上海良友（集团）有限公司需要根据合同与信用证保险条款的规定办理出口货物运输保险，并向中保财产保险有限公司上海市分公司办理保险手续。随后，保险公司签发的货物运输保险单。保险单一般由保险公司审单员根据投保人提供的投保单等材料进行缮制。

7.3.1　保险单的概念和种类

保险单（insurance policy/certificate）是保险人（承保人）与被保险人（投保人或要保人）之间订立的保险合同的凭证，是当事人之间索赔和理赔的依据。在 CIF/CIP 合同中，出口商提交符合合同规定的保险单据是必须履行的义务。

投保人根据合同或 L/C 的规定向保险机构提出投保要求（以传真等形式发送投保单/发票/货物明细单等），保险机构或其代理同意后签发正式单据，一般为三正两副。除

L/C 另有规定外，保险单据一般应做成可转让的形式，以受益人为投保人并由其背书。保险单（大保单）、保险凭证（小保单）、联合凭证、预约保险单（开口保单）、保险批单（endorsement）和暂保单 / 承保条（cover note/slip）是较常见的种类。

1. 保险单

保险单（insurance policy）又称大保单，用于承保一个指定航程内某一批货物的运输保险。它是一种正式的保险契约的书面凭证，是使用最广的保险单据。保险单具有法律上的效力，对双方当事人均具有约束力。

2. 保险凭证

保险凭证（insurance certificate）又称小保单，是一种简化的保险单。这种凭证除背面不载明保险人与投保人之间的权利和义务关系条款外，其正面内容与保险单相同。保险凭证与保险单具有同等法律效力。

3. 联合凭证

联合凭证（combined certificate）是一种将发票和保险单相结合的，比保险凭证更为简化的保险单据。保险公司将承保的险别、保险金额及保险编号加注在投保人的商业发票上。

4. 预约保险单

预约保险单（open policy）又称预约保险合同、开口保单，是经常有相同类型货物需要陆续分批装运时所采用的一种保险单。它是保险公司对投保人将要装运的属于约定范围内的一切货物自动承保的总合同。被保险人在获悉每批货物起运时，必须及时将装运通知书送交保险公司，在发生保险合同约定的灾害事故时，通常保险人和被保险人需要根据预约保单的规定和保险金额，另外再签署保险单办理索赔和理赔手续。

5. 保险批单

保险单签发以后，投保人如果需要对保险单的内容进行变更或修改，可以根据保险公司的规定，以书面形式向保险公司提出申请。经保险公司同意后即另出一种凭证，注明更改或补充的内容，这种凭证称为保险批单（endorsement）。保险单一经批改，保险公司即按批改后的内容承担责任。批单原则上须粘贴在保险单上，并加盖骑缝章，作为保险单不可分割的一部分。

7.3.2 保险单的内容及缮制

1. 保险单的空白样单

保险单的空白样单如图 7-2 所示。

中国人民保险公司
THE PEOPLE'S INSURANCE COMPANY OF CHINA
总公司设于北京　一九四九年创立
Head Office：BEIJING　Established in1949
货物运输　保险单
CARGO TRANSPORTATION INSURANCE POLICY

发票号码：　　　　　　　　　　　　　　　　保险单号
NO._____　　　　　　　　　　　　　　　NO._____

中国人民保险公司（以下简称本公司）
THIS POLICY OF INSURANCE WITNESSES THAT PEOPLE'S INSURANCE COMPANY OF CHINA (HEREINAFTER CALLED."THE COMPAY") AT THE REOUEST OF
根据_____
（以下简称被保险人）的要求，由被保险人向公司缴付约定的保险费，按照本保险单承保险别和背面所载条款与下列特款承保下述货物运输保险，特立本保险单。
(HEREINAFTER CALLED "THE INSURED") AND IN CPMSIDERATION OF "THE AGREED PREMIUM PAID TO THE COMPANY BY THE INSURED UNDERTAKES TO INSURE THE UNDERMENTIONED GOODS IN TRANSPORTATION SURIECT TO THE CONDITIONS OF THIS POLICY PER THE CLAUSES PRINTED OVERLEAF AND OTHER SPECIAL CLAUSES ATTCHED HEREON.

标记 MARKS & NOS	包装及数量 QUANTITY	保险货物项目 DESCRIPTION OF GOODS	保险金额 AMOUNT INSURED

总保险金额
TOTAL AMOUNT INSURDE _____
保费　　　　　　　　　　　　　装载运输工具
PREMIUM _____　　　　　PER CONVEYANCE SS
开航日期　　　　　　　　　　　自　　　　经　　　　至
SLG.ON OR ABT _____　FROM _____ VIA _____ TO _____
承保险别　　RISKSINSURED：_____

所保货物，如遇出险，本公司凭本保险单及其他有关证件给付赔偿所保货物，如果发生本保险单项下负责赔偿的损失或事故应立即通知本公司下述代理人查勘。
CLAIMS IF ANY PAYBLE ON SURRENDER OF THIS POLICY TOGTEHER WITH OTHER RELEVANT DOCUMENTS IN THE EVENT OF ACCIDENT WHEREBY LOSS OR DAMAGE MAY RESULT IN A CLAIM UNDER THIS POLICY IMMEDIATE NOTICE APPLYING FOR SURVEY MUST BE GIVEN TO THE COMPANY'S AGENT AS MENTIONED HSREUNDER.

中国人民保险公司
THE PEOPLES INSURANCE COMPANG OF CHINA
赔款偿付地点　CLAIM PAYABLE AT/IN _____
日期　　　　　DATE _____
地址　中国上海中山东路 23 号 TEL 323405 3217466-44 TELEX:33128 PICCS CN
ADDRESS 23 ZHONGSHAN DONG YI LU SHANGHAI, CHINA CABLE 42001 SHANGHAI
GENERAL MANAGER 保险公司签章

图 7-2　保险单的空白样单

2. 保险单内容的解读与缮制

（1）被保险人（insured）：保险单的抬头，正常情况下应是 L/C 的受益人，但如 L/C 规定保单为 To order of ×× bank 或 In favor of ×× bank，应填写"受益人名称 + held to order of ×× bank 或 in favor of ×× bank"；如 L/C 要求所有单据以 ×× 为抬头人，保单中应照录；如 L/C 要求中性抬头（third party 或 in neutral form），填写"To whom it may concern"；如要求保单"made out to order and endorsed in blank，填写"受益人名称 + to order"；L/C 对保单无特殊规定或只要求"endorsed in blank"或"in assignable/ negotiable form"，填受益人名称。

（2）唛头（marks & Nos.）：保险单上的标记应与发票、提单上的标记一致。若来证无特殊规定，一般可简单填成"as per Invoice No. ×××"。

（3）包装及数量（quantity）：如果货物有运输包装，需要填写最大运输包装件数。散装或裸装货物填"IN BULK"，裸装货物要注明本身件数；散装货物，如煤炭、石油等注明净重；如果货物价格以重量计价，除表示件数外，还应注明毛重或净重。

（4）货物名称（description of goods）：与提单此栏目的填写一致，允许用统称，但不同类别的多种货物应注明不同类别的各自总称。

（5）保险金额（amount insured）：所保险的货物发生损失时保险公司给予的最高赔偿限额，一般按 CIF/CIP 发票金额的 110% 投保，加成如超出 10%，超过部分的保险费可以由买方承担办理，L/C 项下的保单必须符合 L/C 规定，如发票金额须扣除佣金，应按原金额加成投保；如发票金额须扣除折扣，应按扣除的金额加成投保。保险金额小数点后的尾数应进位取整，如 USD2,304.1 应进位取整为 USD2,305。

（6）保费（premium）和费率（rate）：通常事先印就"As Arranged"（按约定）字样，除非 L/C 另有规定，两者在保单上可以不具体显示。保险费通常占货价的比例为 1% ～ 3%，险别不同，费率不一（水渍险的费率约相当于一切险的 1/2，平安险约相当于 1/3；保一切险，欧美等发达国家的费率可能是 0.5%，亚洲国家是 1.5%，非洲国家则会高达 3%）。

（7）装载运输工具（per conveyance S.S）：在海运方式下分别填写船名和航次，如整个运输由两次完成时，应分别填写一程船名及二程船名，中间用"/"隔开。例如，提单中一程船名为"Joyce"，二程船为"Peace"，则填"Joyce/Peace"。如果是铁路运输加填运输方式为"By railway"，最好再加车号；航空运输为"By air"，邮包运输为" By parcel post"。

（8）开航日期（Slg on or abt.）：开航日期（date of commencement）通常填提单上的装运日，也可填"As Per B/L"或"As per Transportation Documents"。

（9）装运港和目的港（from……to……）：起运地、目的地的填写与提单上的操作相同。须转运时应在目的港（地）后加注 W/T at …（转运港 / 地名称），并与提单或其他运输单据相一致。如海运至目的港，保险承保到内陆城市，应在目的港后注明。例如，"From … To Liverpool and thence to Birmingham"。

（10）承保险别（conditions）：保险单的核心内容，填写时应与 L/C 规定的条款、险别等要求严格一致；在 L/C 无规定或只规定"Marine/Fire/Loss Risk""Usual Risk"或"Transport Risk"等，可根据所买卖货物、交易双方、运输路线等情况投保 All Risks、

WA 或 WPA、FPA 三种基本险中的任何一种；如 L/C 中规定使用中国保险条款（CIC）、伦敦协会货物条款（ICC）或美国协会货物条款（AICC），应按 L/C 规定投保、填制。所投保的险别除明确险别名称外，还应注明险别适用的文本及日期；目前许多合同或 L/C 都要求在基本险的基础上加保 War Risks 和 SRCC（罢工、暴动、民变险）等附加险；集装箱或甲板货的保单上可能会显示 JWOB（抛弃、浪击落海）险；货物运往偷盗现象严重的地区/港口的保单上频现 TPND（偷窃、提货不着险）。

（11）赔款偿付地点（claim payable at）：此栏按合同或 L/C 要求填制。如 L/C 中并未明确，一般将目的港/地作为赔付地点。

（12）日期（date）：保单的签发日期。由于保险公司提供仓至仓（W/W）服务，所以出口方应在货物离开本国仓库前办结手续，保单的出单时间应是货物离开出口方仓库前的日期或船舶开航前或运输工具开行前。除另有规定，保单的签发日期必须在运输单据的签发日期之前。

（13）签章（authorized signature）：由保险公司签字或盖章以示保险单正式生效。单据的签发人必须是保险公司/承保人或他们的代理人，在保险经纪人的信笺上出具的保险单据，只要该保险单据是由保险公司或其代理人，或由承保人或其代理人签署的就可以接受；UCP 规定除非 L/C 有特别授权，否则银行不接受由保险经纪人签发的暂保单。

中外保险公司都可以以自己名义签发保单并成为保险人，其代理人是保险经纪人；赔付代理人指单据上载明的在目的地可以受理索赔的指定机构，应详细注明其地址和联系办法。

3. 缮制保单注意事项

（1）保单和保险凭证的关系。两者同效，前者有背面条款，较常见，如要求前者，不可以提供后者，如要求后者，提供前者不会有问题。

（2）预约保险单多见于常有货物运输的公司或进口业务中，这样做的最大好处是：防止漏保，方便客户和不必逐笔洽谈保险条件。

（3）以 FOB、CFR 方式成交的贸易合同，如买方委托卖方代理保险，在买方支付保险费的情况下，卖方可以接受，并按 L/C 或合同规定予以代办。

（4）应避免所有业务中一律投保一切险的做法，针对不同商品，可以按不同条款选择投保合适的险别。

（5）投保单可以中英文混合填写，但保单必须以英文制作。

（6）保单可以转让背书。保单的背书分为空白背书（只注明被保险人名称）、记名背书（业务中使用较少）和记名指示背书（在保单背面打上"To Order Of ×××"和被保险人的名称）三种。保单做成空白背书意味着被保险人或任何保单持有人在被保货物出险后享有向保险公司或其代理人索赔的权利并得到合理的补偿；做成记名背书则意味着保单的受让人在被保货物出险后享有向保险公司或其代理人索赔的权利。在货物出险时，只有同时掌握提单和保单才能真正地掌握货权。

（7）保单的份数。当 L/C 没有特别说明保单份数时，出口公司一般提交一套完整的保险单，如有具体份数要求，应按规定提交，注意对提交单据的正本（original）、副本（copy）的不同要求。

（8）保单的其他规定。号码（policy number）由保险公司编制，投保及索赔币种以 L/C 规定为准，投保地点一般为装运港／地的名称，如 L/C 或合同对保单有特殊要求也应在单据的适当位置加以明确。

7.3.3　具体保险条款解读

（1）INSURANCE POLICIES/CERTIFICATE IN TWO FOLD PAYABLE TO THE ORDER OF COMMERCIAL BANK OF LONDON LTD COVERING MARINE INSTITUTE CARGO CLAUSES A, INSTITUTE STRIKE CLAUSES CARGO, INSTITUTE WAR CLAUSES CARGO FOR INVOICE VALUE PLUS 10% INCLUDING WAREHOUSE TO WAREHOUSE UP TO THE FINAL DESTINATION AT SWEDEN, MARKED PREMIUM PAID, SHOWING CLAIMS IF ANY, PAYABLE IN GERMANY, NAMING SETTLING AGENT IN GERMANY.

根据上述规定，制作保单时应做到：两份正本、被保险人填写为"受益人＋HELD TO THE ORDER OF COMMERCIAL BANK OF LONDON LTD"，险别为协会货物 A 险、罢工险和战争险，保险金额为发票金额加成10%，含到目的地瑞士的仓至仓条款，标明保费已付，索赔地点在德国，列明设在德国的赔付代理人。

（2）INSURANCE PLOICIES/CERTIFICATE IN TRIPLICATE ENDORSED IN BLANK FOR 110% OF INVOICE VALUE COVERING ALL RISKS AND WAR RISKS AS PER CIC WITH CLAIMS PAYABLE AT SINGAPORE IN THE CURRENCY OF DRAFT (IRRESPECTIVE OF PERCENTAGE), INCLUDING 60 DAYS AFTER DISCHARGES OF THE GOODS AT PORT OF DESTINATION (OF AT STATION OF DESTINATION) SUBJECT TO CIC.

其意思是：保单或保险凭证三份，做成空白背书，按发票金额的110%投保中国保险条款的一切险和战争险，按汇票所使用的货币在新加坡赔付（无免赔率），并以中国保险条款为准确定承保期限在目的港卸船（或在目的地车站卸车）后60天为止。

（3）INSURANCE COVERED BY THE APPLICANT. ALL SHIPMENT UNDER THIS CREDIT MUST BE ADVISED BY THE BENEFICIARY AFTER SHIPMENT DIRECTLY TO PRAGATI INSURANCE LTD JUBILEE ROAD BRANCH, CHITTAGONG, BANGLADESH AND APPLICANT ALSO TO US QUOTING OUR CREDIT NO. AND MARINE COVER NOTE NO. PIL/JBL/0102005 DATED AUG 01 2005 GIVING FULL DETAILS OF SHIPMENT AND COPY OF SUCH ADVICE MUST ACCOMPANY SHIPPING DOCUMENTS.

该 L/C 对保险单的要求是：申请人买保险。货装船后，受益人应发装船通知给 PRAGATI 保险公司（地址是孟加拉国吉大港 Jubilee 支路）、申请人和开证行。通知上标明信用证号码、2005 年 8 月 1 日签发的暂保单的号码 PIL/JBL/0102005 和详细的装船信息，装船通知副本要随整套单据一并交银行。

实例展示 7-2 保险单的缮制

根据上海良友（集团）有限公司的投保单，保险公司出具保单如下：

中国人民保险公司
THE PEOPLE'S INSURANCE COMPANY OF CHINA
总公司设于北京　一九四九年创立
HEAD OFFICE: BEIJING　ESTABLISHED IN 1949
货物运输　保险单
CARGO TRANSPORTATION INSURANCE POLICY

发票号码：　　　　　　　　　　　　　　　　　　保险单号：
NO. LY11SI-003-5　　　　　　　　　　　　　　　NO. 23546890

中国人民保险公司（以下简称本公司）THIS POLICY OF INSURANCE WITNESSES THAT PEOPLE'S INSURANCE COMPANY OF CHINA (HEREINAFTER CALLED. "TH AT THE REOUEST OF PAY") AT THE REOUEST OF

根据　SHANGHAI LIANGYOU GROUP CO., LTD（以下简称被保险人）的要求，由被保险人向公司缴付约定的保险费，按照本保险单承保险别和背面所载条款与下列特款承保下述货物运输保险，特立本保险单（HEREINAFTER CALLED "THE INSURED") AND IN CPMSIDERATION OF "THE AGREED PREMIUM PAID TO THE COMPANY BY THE INSURED UNDERTAKES TO INSURE THE UNDERMENTIONED GOODS IN TRANSPORTATION SURIECT TO THE CONDITIONS OF THIS POLICYPER THE CLAUSES PRINTED OVERLEAF AND OTHER SPECIAL CLAUSES ATTCHED HEREON

标记 MARKS & NOS	包装及数量 QUANTITY	保险货物项目 DESCRIPTION OF GOODS	保险金额 AMOUNT INSURED
FUMING, THAILAND	12800BAGS	WHEAT FLOUR (FEED GRADE)	140 800.00

总保险金额：
TOTAL AMOUNT INSURDE SAY US DOLLARS ONE HUNDRED AND FORTY THOUSAND EIGHT HUNDRED ONLY

保费　　　　　　　　　　　　　　装载运输工具
PREMIUM AS　ARRAN G ED PER CONVEYANCE SS HALCYON V.1106S

开航日期　　　　　　　　　　　　自　　　　　　　　　　　　　至
SLG.ON OR ABT AS PER B/L　　　　FROM SHANGHAI　　　　　　　TO BANGKOK

承保险别 CONDITIONS
COVER INSURANCE AGAINST WPA AND INSURANCE BREAKAGE & WAR RISKS
FOR 110% OF THE TOTAL INVOICE VALUE AS PER THE RELEVANT OCEAN MARINE CARGO OF P.I.C.C. DATED 1/1/1981.

所保货物，如遇出险，本公司凭本保险单及其他有关证件给付赔偿所保货物，如果发生本保险单项下负责赔偿的损失或事故应立即通知本公司下述代理人查勘。
CLAIMS IF ANY PAYBLE ON SURRENDER OF THIS POLICY TOGTEHER WITH OTHER RELEVANT DOCUMENTS IN THE EVENT OF ACCIDENT WHEREBY LOSS OR DAMAGE MAY RESULT IN A CLAIM UNDER THIS POLICY IMMEDIATE NOTICE APPLYING FOR SURVEY MUST BE GIVEN TO THE COMPANY'S AGENT AS MENTIONED HSREUNDER

赔款偿付地点　CLAIM PAYABLE AT/IN BANGKOK　　　　　中国人民保险公司
日期　DATE JUL.14, 2018　　　　　THE PEOPLES INSURANCE COMPANG OF CHINA
地址：中国上海中山东路23号 TEL 323405 3217466-44 TELEX:33128 PICCS CN
ADDRESS 23 ZHONGSHAN DONG YI LU SHANGHAI, CHINA CABLE 42001 SHANGHAI
GENERAL MANAGER 保险公司签章

实战演练 7-2　保险单的缮制

根据上海世贸进出口有限公司出口木制玩具的信用证和资料缮制保险单。

中国人民保险公司
THE PEOPLE'S INSURANCE COMPANY OF CHINA
总公司设于北京　一九四九年创立
HEAD OFFICE：BEIJING　ESTABLISHED IN1949
货物运输　保险单
CARGO TRANSPORTATION INSURANCE POLICY

发票号码：　　　　　　　　　　　　　　保险单号：
NO. _____　　　　　　　　　　　　NO. _____

中国人民保险公司（以下简称本公司）THIS POLICY OF INSURANCE WITNESSES THAT PEOPLE'S INSURANCE COMPANY OF CHINA (HEREINAFTER CALLED. "TH AT THE REOUEST OF PAY") AT THE REOUEST OF

　　根据 _____（以下简称被保险人）的要求，由被保险人向公司缴付约定的保险费，按照本保险单承保险别和背面所载条款与下列特款承保下述货物运输保险，特立本保险单（HEREINAFTER CALLED "THE INSURED") AND IN CPMSIDERATION OF "THE AGREED PREMIUM PAID TO THE COMPANY BY THE INSURED UNDERTAKES TO INSURE THE UNDERMENTIONED GOODS IN TRANSPORTATION SURIECT TO THE CONDITIONS OF THIS POLICYPER THE CLAUSES PRINTED OVERLEAF AND OTHER SPECIAL CLAUSES ATTCHED HEREON

标记 MARKS & NOS	包装及数量 QU157ANTITY	保险货物项目 DESCRIPTION OF GOODS	保险金额 AMOUNT INSURED

总保险金额：
TOTAL AMOUNT INSURDE _____
保费　　　　　　　　　　　　装载运输工具
PREMIUM _____　　PER CONVEYANCE SS _____
开航日期　　　　　　自　　　　　　　　　至
SLG.ON OR ABT _____　FROM _____　TO _____
承保险别　CONDITIONS

所保货物，如遇出险，本公司凭本保险单及其他有关证件给付赔偿所保货物，如果发生本保险单项下负责赔偿的损失或事故应立即通知本公司下述代理人查勘。
CLAIMS IF ANY PAYBLE ON SURRENDER OF THIS POLICY TOGTEHER WITH OTHER RELEVANT DOCUMENTS IN THE EVENT OF ACCIDENT WHEREBY LOSS OR DAMAGE MAY RESULT IN A CLAIM UNDER THIS POLICY IMMEDIATE NOTICE APPLYING FOR SURVEY MUST BE GIVEN TO THE COMPANY'S AGENT AS MENTIONED HSREUNDER

赔款偿付地点 CLAIM PAYABLE AT/IN _____
日期　　　　DATE _____

中国人民保险公司
THE PEOPLES INSURANCE COMPANG OF CHINA

思考题

一、单项选择题

1. CIF 合同的货物在装船后因火灾被焚，应由（　　）。
   A. 卖方负担损失　　　　　　　　B. 卖方负责请求保险公司赔偿
   C. 买方负责请求保险公司赔偿　　D. 买方负担损失

2. 某公司出口货物在运输途中遭遇风暴，运输船舶与货物均沉入海底。该公司损失的货物应属于（　　）。
   A. 部分损失　　B. 全部损失　　C. 共同损失　　D. 共同海损

3. 出口到美国的木材，如在运输中发生风险，下列哪种情况导致实际全损（　　）。
   A. 船只失踪 3 个月　　　　　　B. 船只遇难沉没，货物沉入海底
   C. 船只被海盗劫去　　　　　　D. 船只在避难港避难

4. 在按 CFR 条件成交时，货物装船后，卖方应及时向买方发装船通知，这涉及（　　）。
   A. 卖方的服务态度问题　　　　B. 发生损失时的法律责任问题
   C. 今后业务的发展问题　　　　D. 货物交给谁保管的问题

5. 按我国海运货物保险条款的规定，投保一切险后还可以加保（　　）。
   A. 偷窃、提货不着险　　　　　B. 卖方利益险
   C. 战争、罢工险　　　　　　　D. 淡水雨淋险

6. "仓至仓"条款是（　　）。
   A. 承运人负责运输责任起讫的条款　　B. 保险人负责保险责任起讫的条款
   C. 出口人负责交货责任起讫的条款　　D. 进口人向保险公司索赔的起讫的条款

7. 按照国际保险市场的惯例，投保时的保险加成率一般为（　　）。
   A. 2%　　B. 5%　　C. 10%　　D. 没有惯例

8. 凡按 CFR 贸易术语成交的商品应由（　　）。
   A. 买方负责租船订舱并办理保险
   B. 卖方负责租船订舱并办理保险
   C. 卖方负责租船订舱，买方负责办理保险
   D. 卖方负责办理保险，买方负责租船订舱

9. 在 FOB/CIF 术语下，办理保险者应为（　　）。
   A. 买方/买方　　B. 卖方/买方　　C. 买方/卖方　　D. 卖方/卖方

10. 下列不在一切险承保范围内的险别是（　　）。
    A. 偷窃、提货不着险　　　　B. 渗漏险
    C. 交货不着险　　　　　　　D. 碰损险

11. （　　）是不包括在一切险的承保范围内的。
    A. 串味险　　B. 偷窃险　　C. 短量险　　D. 战争险

12. 以 CIF 术语达成的交易，如信用证没有特别规定，保险单的被保险人一栏应填写（　　）。
    A. 开证申请人名称　　　　　　　　　B. 受益人名称
    C. TO ORDER　　　　　　　　　　　D. TO WHOM IT MAY CONCERN

13. 如信用证没有特别规定，按国际保险市场惯例，保险金额一般在发票金额的基础上（　　）填写。
    A. 加一成　　　B. 加两成　　　C. 不用加成　　　D. 加三成

14. 根据伦敦保险协会制定的《协会货物条款》，以下险别不能单独投保的是（　　）。
    A. 战争险　　　B. 恶意损害险　　　C. ICC（A）　　　D. 罢工险

15. 保险的赔付地点一般须写（　　）。
    A. 起运港　　　B. 投保人所在地　　　C. 目的港　　　D. 保险公司所在地

二、多项选择题

1. 我国海运货物保险条款将海运货物保险险别分为（　　）两类。
   A. 平安险　　　B. 水渍险　　　C. 基本险　　　D. 附加险

2. 在海洋运输货物保险业务中，海上损失按程度可分为（　　）。
   A. 实际损失　　　B. 共同损失　　　C. 全部损失　　　D. 部分损失

3. ICC（A）险的除外责任是（　　）。
   A. 一般除外责任　　　　　　　　　B. 不适航、不适货除外责任
   C. 战争除外责任　　　　　　　　　D. 罢工除外责任

4. 国际货物买卖合同中的保险条款内容是（　　）。
   A. 保险金额　　　　　　　　　　　B. 投保险别
   C. 保险费　　　　　　　　　　　　D. 保险单证和保险适用条款

5. 我国对外贸易货运保险分为（　　）。
   A. 海上运输保险　　B. 陆上运输保险　　C. 航空运输保险　　D. 邮包运输保险

6. 构成实际全损的情况有（　　）。
   A. 保险标的物全部灭失
   B. 保险标的物已全部丧失无法复得
   C. 保险标的物已丧失商业价值或原有用途
   D. 船舶失踪达到一定时期

7. 构成推定全损的情况有（　　）。
   A. 保险货物受损后其修理费已超过货物修复后的价值
   B. 保险货物受损后整理和继续运到目的地的费用超过货物到达目的地的价值
   C. 保险标的实际损失已无法避免，或为了避免需要花的施救费用将超过获救后的标的价值
   D. 保险标的遭受保险责任范围内的事故使被保险人失去标的所有权

8. 属于海上风险的有（　　）。
   A. 雨淋　　　　　B. 地震　　　　　C. 失火　　　　　D. 锈损
9. 构成共同海损的条件是（　　）。
   A. 共同海损的危险必须是实际存在的，而不是主观臆测的
   B. 消除船、货共同危险而采取的措施必须是合理的
   C. 必须是属于非正常性质的牺牲
   D. 采取措施后，船方和货方都做出了一定的牺牲
10. 根据我国《海洋货物运输保险条款》的规定，能独立投保的险别是（　　）。
    A. 平安险　　　B. 水渍险　　　C. 一切险　　　D. 战争险
11. 根据英国的《协会货物条款》的规定，可以单独投保的险别是（　　）。
    A. I.C.C.(A)　　B. I.C.C.(B)　　C. I.C.C.(C)　　D. 战争险
12. 保险单生效日期原则上不得迟于货物单据上的日期，这些日期是（　　）。
    A. 装货日期　　　　　　　　　　B. 发货（或在联合货运场）日期
    C. 承运日期　　　　　　　　　　D. 检验日期

三、判断题

1. 海上保险业务的意外事故，仅局限于发生在海上的意外事故。（　　）
2. 载货船舶途中搁浅，船长有意识合理地将部分货物抛入海中，使船只能继续航行至目的港，上述搁浅和抛货损失均属于共同海损。（　　）
3. 海上损失一般是指海运保险货物在海洋运输中由于海上风险而遭受的损失和灭失。（　　）
4. 计收保险费的公式为保险费＝保险金额×保险费率。（　　）
5. 海上风险也叫海难，它包括海上的一切危险。（　　）
6. 我某公司在按FOB贸易术语进口时，在国内投保了一切险，保险公司的保险责任起讫应为"仓至仓"。（　　）
7. 在托运出口玻璃制品时，被保险人在投保一切险后，还应加保破碎险。（　　）
8. 一切险的责任范围涵盖所有险别，包括偷窃、提货不着险及战争险。（　　）
9. 在国际贸易中，向保险公司投保一切险后，在运输途中由于任何外来原因造成的一切货损，均可向保险公司索赔。（　　）
10. 保险单的签发日期可以晚于提单日期。（　　）
11. 保险单俗称大保单，保险凭证俗称小保单，由于保险凭证背面没有列入保险条款，因而它们不具有同等的法律效力。（　　）
12. 保险单出具后，如需要补充或变更保险内容，保险公司可根据投保人的请求出具修改保险内容的凭证，该项凭证称为批单。（　　）

四、操作和实训题

根据上海旺盛进出口公司出口货物明细表填制投保单和保险单。

<table>
<tr><td colspan="5" align="center">出口货物明细表
2004 年 6 月 12 日</td></tr>
<tr><td>开证行</td><td colspan="2">DEVELOPMENT BANK OF SINGAPORE LTD.</td><td>信用证号码</td><td>0488269CN</td></tr>
<tr><td rowspan="2">经营单位 / 委托人</td><td colspan="2" rowspan="2">上海旺盛进出口公司（SHANGHAI WANGSHENG IMP & EXP CORP.）</td><td>开证日期</td><td>MAY 3TH, 2004</td></tr>
<tr><td>合同号码</td><td>MN8968</td></tr>
<tr><td rowspan="2">买方 / 开证申请人 APPLICANT</td><td colspan="2" rowspan="2"></td><td>成交条件</td><td>CIF SINGAPORE</td></tr>
<tr><td>发票号码</td><td>LM86549</td></tr>
<tr><td colspan="3" rowspan="2">OVERSEAS COMPANY
#01-02 SULTAN PLAZA
SINGAPORE</td><td>成交金额</td><td>USD72, 900</td></tr>
<tr><td>贸易国别</td><td>新加坡</td></tr>
<tr><td rowspan="8">提单或承运收据</td><td>抬头人 ORDER</td><td>TO ORDER</td><td>汇票付款人</td><td>DEVELOPMENT BANK OF SINGAPORE LTD.</td></tr>
<tr><td></td><td></td><td>汇票期限</td><td>AT SIGHT</td></tr>
<tr><td rowspan="3">通知人 NOTIFY</td><td rowspan="3">OVERSEAS COMPANY
#01-02 SULTAN PLAZA
SINGAPORE</td><td>进口口岸</td><td>SHANGHAI</td></tr>
<tr><td>目的港</td><td>SINGAPORE</td></tr>
<tr><td>分批　NO</td><td>转运　NO</td></tr>
<tr><td rowspan="3">运费</td><td rowspan="3">FREIGHT PREPAID</td><td>装运期限</td><td>JUNE 28TH, 2004</td></tr>
<tr><td>有效期限</td><td>JULY 13TH, 2004</td></tr>
</table>

<table>
<tr><td>标记唛码</td><td>货物名称、规格、货号</td><td>包装及件数</td><td>数量</td><td>毛重（公斤）</td><td>净重（公斤）</td><td>单价</td><td>总价</td></tr>
<tr><td>OVERSEAS SINGAPORE NO.1-486</td><td>"SVA" BRAND COLOUR TELEVISION SET SC3758</td><td>486CTNS</td><td>486 SETS</td><td>1215kg</td><td>1005kg</td><td>USD150</td><td>USD72, 900</td></tr>
</table>

<table>
<tr><td rowspan="2">信用证
保险条款</td><td colspan="3">COVERING FOR TOTAL INVOICEWALUE PLUS
10% AGAINST INSTITUTE CARGO CLAUSES（A）INCLUDING W/W CLAUSES</td><td>总尺码</td><td>8.45 立方米</td></tr>
<tr><td colspan="5"></td></tr>
<tr><td rowspan="5">注意事项</td><td colspan="3" rowspan="5"></td><td>船名：</td><td>TUO MEN</td></tr>
<tr><td>航次：</td><td>V. 165</td></tr>
<tr><td>提单号：</td><td>HM982</td></tr>
<tr><td>开航约期：</td><td>JULY5TH, 2004</td></tr>
<tr><td>联系人 / 联系电话</td><td>刘玉 /55896587</td></tr>
</table>

中国平安保险股份有限公司
PING AN INSURANCE COMPANY OF CHINA, LTD.
进出口货物运输险投保单
APPLICATION FOR IMP/EXP TRANPORTATION INSURANCE

被保险人 Insured:	
本投保单由投保人如实填写并签章后作为向本公司投保货物运输保险的依据，本投保单为该货物运输保险单的组成部分。 　　The Applicant is required to fill in the following items in good faith and as detailed as possible, and affix signature to this application, which shall be treated as proof of application to the Company for cargo transportation insurance and constitute an integral part of the insurance policy.	
兹拟向中国平安财产保险股份有限公司投保下列货物运输保险： Herein apply to the Company for Transportation Insurance of following cargo: 请将保险货物项目、标记、数量及包装注明此上。 Please state items, marks, quantity and packing of cargo insured here above.	请将投保的险别及条件注明如下： Please state risks insured against and conditions: ( ) PICC (C.I.C.) Clause　　( ) S.R.C.C. ( ) ICC Clause　　　　　　( ) W/W ( ) All Risks　　　　　　　( ) TPND ( ) W.A.　　　　　　　　　( ) FREC ( ) F.P.A.　　　　　　　　( ) IOP ( ) ICC Clause A　　　　　( ) RFWD ( ) ICC Clause B　　　　　( ) Risk of Breakage ( ) ICC Clause C　　　　　( ) Risks during ( ) Air TPT All Risks transshipment ( ) Air TPT Risks ( ) O/L TPT All Risks ( ) O/L TPT Risks ( ) War Risks

装载运输工具（船名/车号）： per conveyance S.S.	船龄： Age of Vessel	集装箱运输： Container Load	是□ 否□ Yes　No	整船运输： Full Vessel Charter	是□ 否□ Yes　No
发票或提单号 Invoice No. or B/L No.	开航日期： Slg. On or abt.		年 Year	月 Month	日 Day

自： From:	国 Country	港/地 Port	经： Via:	港/地 Port	至： To:	国 Country	港/地 Port

发票金额 Invoice Value:	保险金额 Amount Insured:
费率 Rate:	保险费 Premium:
备注 Remarks:	

投保人兹声明上述所填内容属实，同意以本投保单作为订立保险合同的依据；对贵公司就货物运输保险条款及附加险条款（包括责任免除和投保人及被保险人义务部分）的内容及说明已经了解。
　　I declare that above is true to the best of my knowledge and belief, and hereby agree that the application be incorporated into the policy. I have read and understand the Company's cargo transportation insurance and extensions (including the Exclusions and the applicant's or insured's Obligations).

投保人签章： Name/Seal of Proposer	联系地址： Address of Proposer				
送单地址： Delivery Address:	同上□ Ditto	或 or	电话： Tel:	日期： Date:	年　　月　　日 year　month　day

中国人民保险公司
THE PEOPLE'S INSURANCE COMPANY OF CHINA
总公司设于北京　一九四九年创立
HEAD OFFICE：BEIJING　ESTABLISHED IN1949
货物运输　保险单
CARGO TRANSPORTATION INSURANCE POLICY

发票号码：　　　　　　　　　　　　保险单号：
NO._____　　　　　　　　　　　　NO._____

中国人民保险公司（以下简称本公司）THIS POLICY OF INSURANCE WITNESSES THAT PEOPLE'S INSURANCE COMPANY OF CHINA (HEREINAFTER CALLED. "TH AT THE REOUEST OF PAY") AT THE REOUEST OF

根据_____（以下简称被保险人）的要求，由被保险人向公司缴付约定的保险费，按照本保险单承保险别和背面所载条款与下列特款承保下述货物运输保险，特立本保险单（HEREINAFTER CALLED "THE INSURED"）AND IN CPMSIDERATION OF "THE AGREED PREMIUM PAID TO THE COMPANY BY THE INSURED UNDERTAKES TO INSURE THE UNDERMENTIONED GOODS IN TRANSPORTATION SURIECT TO THE CONDITIONS OF THIS POLICYPER THE CLAUSES PRINTED OVERLEAF AND OTHER SPECIAL CLAUSES ATTCHED HEREON

标记 MARKS & NOS	包装及数量 QUANTITY	保险货物项目 DESCRIPTION OF GOODS	保险金额 AMOUNT INSURED

总保险金额：
TOTAL AMOUNT INSURDE _____
保费　　　　　　　　　　　　　装载运输工具
PREMIUM _____　　　PER CONVEYANCE SS _____
开航日期　　　　　　　　　自　　　　　　　至
SLG.ON OR ABT _____　FROM _____　TO _____
承保险别　CONDITIONS

所保货物，如遇出险，本公司凭本保险单及其他有关证件给付赔偿所保货物，如果发生本保险单项下负责赔偿的损失或事故应立即通知本公司下述代理人查勘。CLAIMS IF ANY PAYBLE ON SURRENDER OF THIS POLICY TOGTEHER WITH OTHER RELEVANT DOCUMENTS IN THE EVENT OF ACCIDENT WHEREBY LOSS OR DAMAGE MAY RESULT IN A CLAIM UNDER THIS POLICY IMMEDIATE NOTICE APPLYING FOR SURVEY MUST BE GIVEN TO THE COMPANY'S AGENT AS MENTIONED HSREUNDER

赔款偿付地点 CLAIM PAYABLE AT/IN _____
日期　　DATE _____

中国人民保险公司
THE PEOPLES INSURANCE COMPANG OF CHINA
地址：中国上海中山东路23号 TEL 323405 3217466-44 TELEX:33128 PICCS CN
ADDRESS 23 ZHONGSHAN DONG YI LU SHANGHAI, CHINA CABLE 42001 SHANGHAI
GENERAL MANAGER 保险公司签章

Chapter 8
第 8 章

官方单据

情景导入

上海良友（集团）有限公司与泰国 FUMING 公司签订的销货合同商定，上海良友（集团）有限公司需要提交符合合同规定的单据，其中包括品质合格证明、数量合格证明、原产地证明等。为此，张明向上海出入境检验检疫局办理了出口货物检验手续，申请签发上述证明。在申请办理检验手续时，张明必须根据检验机构的有关规定填写出境货物报检单。

8.1 检验单据

8.1.1 出入境检验检疫基本概念

出入境检验检疫是指国家质量监督检验检疫总局作为政府的一个执行部门，以保护国家整体利益和社会利益为衡量标准，以法律、行政法规、国际惯例或进口国的法规要求为准则，对出入境货物、交通运输工具、人员及事项进行检验检疫、管理及认证，并提供官方检验检疫证明、居间公证和鉴定证明的全部活动。

8.1.2 我国的检验检疫机构及其基本任务

为了适应建立和完善社会主义市场经济体制的要求，加强质量监督和检验检疫执法，国务院于 2001 年 4 月决定将原国家质量技术监督局和国家出入境检验检疫局合并，成立中华人民共和国国家质量监督检验检疫总局（General Administration of Quality Supervision, Inspection and Quarantine of the People's Republic of China，AQSIQ），简称国家质检总局。国家质检总局是主管全国出入境卫生检验、动植物检疫、商品检验、鉴定、认证和监督管理的行政执法机构。

根据我国《商检法（修正）》，国家质检总局主管全国进出口商品检验工作，国家质检总局设在各地的出入境检验检疫局（以下简称商检机构）负责管理其所辖地区内的进出口商品检验工作。

《商检法（修正）》规定，在进出口商品检验方面商检机构的基本任务有三项：对进出口商品实施法定检验；办理进出口商品检验鉴定业务；对进出口商品的质量和检验工作实施监督管理。

1. 实施法定检验

法定检验是指商检机构根据国家法律法规，对规定的进出口商品或有关的检验检疫项目实施强制性的检验或检疫。我国对进出口商品实施法定检验的主要目的是保护人类健康和安全、保护动物或者植物的生命和健康、保护环境、防止欺诈行为、维护国家安全。属于法定检验的出口商品，未经检验合格的，不准出口；属于法定检验的进口商品，未经检验的，不准销售，不准使用。

实施法定检验的范围是指列入《必须实施检验的进出口商品目录》（以下简称《目录》）中的进出口商品的检验以及法律、行政法规规定实施检验的进出口商品或者检验项目。《目录》由国家质检总局制定和调整，并公布实施。

法定检验的内容是指确定列入《目录》的进出口商品是否符合国家技术规范的强制性要求的合格评定活动。合格评定程序包括：抽样、检验和检查，评估、验证和合格保证，注册、认可和批准以及各项的组合。在关检合一政策下，实施法定检验跟海关验货同时进行。

2. 办理检验鉴定业务

经国家质检总局许可的检验机构可以接受对外贸易关系人或者外国检验机构的委托，办理进出口商品检验鉴定业务，签发检验鉴定证书。

进出口商品检验鉴定业务内容广泛，包括进出口商品的质量、数量、包装检验鉴定和货载衡量；进出口商品的监视装载和监视卸载；进出口商品的积载鉴定、残损鉴定和海损鉴定；装载进出口商品的船舶、车辆、飞机、集装箱等运载工具的适载鉴定；装载进出口商品的船舶封舱、舱口检视、空距测量；集装箱及集装箱货物鉴定；与进出口商品有关的外商投资的价值、品种、质量、数量和损失鉴定；抽取并签封各类样品；签发价值证书及其鉴定证书和其他进出口商品检验鉴定业务。

与法定检验不同，进出口商品检验鉴定业务的范围广及内容多，且不是强制性的。对外贸易关系人，如买卖合同的当事人、运输合同或保险合同的关系人等，可以委托经许可的检验机构办理进出口商品的检验鉴定业务，并要求提供各种检验鉴定证明。当买卖合同的当事人委托检验机构办理进出口商品检验鉴定业务时，应当提供合同、信用证以及有关的单证。

3. 对进出口商品的质量和检验工作实施监督

国家质检总局、地方出入境检验检疫机构通过行政管理手段，对进出口商品的收货人、发货人及生产、经营、储运单位以及经国家质检总局许可的检验机构和认可的检验人员的检验工作实施监督管理,以推动和组织有关部门对进出口商品按规定要求进行检验。

根据《商检法(修正)》规定,国家质检总局以及地方出入境检验检疫机构对进出口商品检验工作实施监督管理的主要内容有:对法定检验以外的进出口商品根据国家规定实施抽查检验;对列入《目录》的出口商品进行出厂前的质量监督和检验;对经许可的检验机构的进出口商品检验鉴定业务活动进行监督,对其检验的商品抽查检验,根据国家统一的认证制度,对有关的进出口商品实施认证管理;对实施许可制度的进出口商品实行验证管理,查验单证,核对证货是否相符;对检验合格的进出口商品加施商检标志或者封识等。

对进出口商品的质量和检验工作实施监督管理是国家质检总局的各地出入境检验检疫机构对进出口商品执行检验把关的另一种重要手段。

8.1.3　商品检验的程序

办理进出口商品检验,是国际贸易中的一个重要环节。进出口商品的检验程序如下。

1. 检验申请

申请检验包括报验和商检机构受理报验两个部分。报验是指对外贸易关系人向商检机构报请检验。首先由报验人填写"进(或出)口检验申请书",填明申请检验、鉴定工作项目和要求,并提供有关的单证和资料,如外贸合同、信用证、厂检结果单正本、成交小样及其他必要的资料等。商检机构在审查上述单证符合要求后,受理该批商品的报验。如发现有不符合要求者,可要求申请人补充或修改有关条款。在实施法定检验时,无须单独申请检验,申请人在报关时同时申请检验。

2. 抽样

商检机构接受报验之后,由商检机构派员及时赴货物堆存地点进行现场检验鉴定。抽样时,采用随机取样方式,在货物的不同部位抽取一定数量的、能代表全批货物质量的样品(标本)供检验之用。报验人应提供存货地点情况,并配合商检人员做好抽样工作。

3. 检验

检验部门可以使用从感官到化学分析、仪器分析等各种技术手段,对进出口商品进行检验。检验的形式有商检自检、共同检验、驻厂检验和产地检验。

4. 签发证书

在出口方面,商检机构对检验合格的商品签发检验合格证书;在进口方面,进口商经检验后,分别签发"检验情况通知单"或"检验证书",供对外结算或赔偿用。凡由收、用货单位自行验收的进口商品，如发现问题，应及时向商检机构申请复验并出证，以便向外商提出索赔。对于验收合格的，收、用货单位应在索赔有效期内把检验结果报送商检机构。

8.1.4 出境检验检疫的报检范围

（1）法律与行政法规所规定的实施检验检疫的出境对象。
1）列入《出入境检验检疫机构实施检验检疫的进出境商品目录》内的货物。
2）对出口危险货物的包装容器的性能检验和使用鉴定。
3）出境集装箱。
4）出境动植物、动植物产品和其他检疫物。
5）装载动植物、动植物产品和其他检疫物的装载容器、包装物、铺垫材料。
6）装载出境动植物、动植物产品和其他检疫物的运输工具。
7）出境人员、交通工具、运输设备以及可能船舶检疫传染病的行李、货物和邮包物品。
8）其他法律、行政法规规定须经检验检疫机构实施检验检疫的其他出境对象。
（2）输入国家或地区所规定须凭检验检疫机构出具的证书方准入境的对象。
（3）凡我国作为成员的国际条约、公约和协定所规定的实施检验检疫的出境货物。
（4）贸易合同约定的须凭检验检疫机构签发的证书进行交接、结算的入境货物。

8.1.5 出境货物报检单

1. 出境货物报检单的空白样单

出境货物报检单的空白样单如图 8-1 所示。

2. 出境货物报检单内容解读和缮制

出境货物报检单所列各栏必须填写完整、准确、清晰，栏目内容确实无法填写的以"***"表示，不得留空。

（1）报检单位：向检验检疫机构申报检验、检疫、鉴定业务的单位。报检单应加盖报检单位公章。
（2）报检单位登记号：在检验检疫机构登记的号码。
（3）发货人：本批货物贸易合同中卖方名称或信用证中受益人名称。如需要出具英文证书，填写中英文。
（4）收货人：本批出境货物贸易合同中或信用证中的买方名称。如需要出具英文证书，填写中英文。
（5）货物名称：按贸易合同或发票所列的货物名称，根据需要可填写型号、规格或牌号。货物名称不得填写笼统的商品类，如"陶瓷""玩具"等。货物名称必须填写具体的类别名称，如"日用陶瓷""塑料玩具"。不够位置填写的，可用附页的形式填报。

| 中华人民共和国出入境检验检疫 |
| 出境货物报检单 |

报检单位（加盖公章）：				*编号	
报检单位登记号：	联系人：	电话：	报检日期：	年 月 日	

发货人	（中文）
	（外文）
收货人	（中文）
	（外文）

货物名称（中/外文）	H.S. 编码	产地	数/重量	货物总值	包装种类及件数

运输工具名称号码		贸易方式		货物存放地点	
合同号		信用证号		用途	
发货日期		输往国家（地区）		许可证/审批号	
启运地		到达口岸		生产单位注册号	
集装箱规格、数量及号码					

合同、信用证订立的检验检疫条款或特殊要求	标记及号码	随附单据（划"√"或补填）
		□合同　　　　□厂检单
		□信用证　　　□包装性能结果单
		□发票　　　　□许可/审批文件
		□换证凭单
		□装箱单

需要证单名称（划"√"或补填）		*检验检疫费
□品质证书　　正__副__	□动物卫生证书__正__副	总金额
□重量证书　　正__副__	□植物检疫证书__正__副	（人民币元）
□数量证书　　正__副__	□熏蒸/消毒证书__正__副	
□兽医卫生证书　正__副__		计费人
□健康证书　　正__副__		收费人
□卫生证书　　正__副__		

报检人郑重声明：	领取证单
1. 本人被授权报验。	
2. 上列填写内容正确属实，货物无伪造或冒用他人的厂名、标志、认证标志，并承担货物质量责任。	日期
	签名
签名：_____	

图 8-1　出境货物报检单的空白样单

（6）H.S. 编码：货物对应的海关商品代码，填写 8 位数或 10 位数。

（7）产地：货物生产/加工的省（自治区、直辖市）以及地区（市）名称。

（8）数/重量：填写报检货物的数/重量，重量一般填写净重。如填写毛重，或以毛重作净重则需要注明。

（9）货物总值：按本批货物合同或发票上所列的总值填写（以美元计）。如同一报检单报检多批货物，需要列明每批货物的总值。（注：如申报货物总值与国内、国际市场价格有较大差异，那么检验检疫机构保留核价权力）。

（10）包装种类及件数：本批货物运输包装的种类及件数。

（11）运输工具名称号码：填写货物实际装载的运输工具类别名称（如船、飞机、货柜车、火车等）及运输工具编号（船名、飞机航班号、车牌号码、火车车次）。报检时，未能确定运输工具编号的，可只填写运输工具类别。

（12）贸易方式：一般贸易、来料加工、进料加工、其他等。

（13）货物存放地点：本批货物存放的地点。

（14）合同号：本批货物贸易合同编号。

（15）信用证号：本批货物的信用证编号。

（16）用途：本批出境货物用途，如种用、食用、奶用、观赏或演艺、伴侣、实验、药用、饲用、加工等。

（17）发货日期：按本批货物信用证或合同上所列的出境日期填写。

（18）输往国家（地区）：贸易合同中买方（进口方）所在的国家或地区。

（19）许可证/审批号：对实施许可证制度或者审批制度管理的货物，报检时填写许可证编号或审批单编号。

（20）启运地：装运本批货物离境的交通工具的启运口岸/地区城市名称。

（21）到达口岸：装运本批货物的交通工具最终抵达目的地停靠的口岸名称。

（22）生产单位注册号：生产/加工本批货物的单位在检验检疫机构的注册登记编号。

（23）集装箱规格、数量及号码：填写装载本批货物的集装箱规格（如40英尺、20英尺等）以及分别对应的数量和集装箱号码。若集装箱太多，则可用附单形式填报。

（24）合同、信用证订立的检验检疫条款或特殊要求：贸易合同或信用证中贸易双方对本批货物特别约定而订立的质量、卫生等条款和报检单位对本批货物检验检疫的特别要求。

（25）标记及号码：按出境货物实际运输包装标记填写。如没有标记，填写N/M。标记栏不够位置填写时，可用附页填写。

（26）随附单据：按实际提供的单据，在对应的"□"打"√"。需要卫生证时，要有卫生注册证及厂检合格单；需要换证凭单（出口货物不在出运口岸而在发运地商检）时，要有预验结果单。

对报检单上未标出的，须自行填写提供的单据名称。

（27）需要证单名称：按需要检验检疫机构出具的证单，在对应的"□"打"√"，并对应注明所需证单的正副本的数量。对报检单上未标出的，须自行填写所需证单的名称和数量。

（28）报检人郑重声明：必须有报检人的亲笔签名。

注意：一批商品需要一份申请，不能涂改，特殊要求应预先申明，若要修改商检条款，应及时办理手续，若要撤销报验，则需要书面申请。

8.1.6 关检合一政策

国家出入境检验检疫局与海关总署自 2000 年 1 月 1 日起实施的检验检疫货物通关模式为"先报验，后报关"。该检验检疫制度对原卫检局、动植物局、商检局进行"三检合一"，全面推行"一次报检，一次取样，一次检验检疫，一次卫生除害处理，一次收费，一次发证放行"的工作规程和"一口对外"的国际通用的检验检疫模式。

2018 年 6 月海关总署相继发布了第 60 号公告及第 61 号公告，修订了《中华人民共和国海关进出口货物报关单填制规范》，修改了《进出口货物报关单和进出境货物备案清单格式》，并于 2018 年 8 月 1 日实施，进出口法定检验检疫和报关手续一次完成，进一步简化了通关手续。原先进出口货物先报检，取得通关单后再申请报关的程序，将融合为统一报关申报，这个模式称为关检融合统一申报。申报企业通过国际贸易"单一窗口"或海关"互联网+"完成货物（包含关务、检务）申报。

进出口通关流程也发生了较大改变，报关报检资质也做了重新规定：已注册企业，报检报关资质缺一，需补充资料申请方可办理通关业务；新注册企业，双资质必须同时拥有。进出口企业将没有报检编号，而只有一个报关单编号。对于入境申报企业而言，必须具备双资质才能进行一次申报。如在报关单中一直是消费使用单位或者生产加工单位，不是境内收发货人和申报单位的企业不受影响，境内收发货人和申报单位就必须要具备双资质。而出境申报企业暂不需要双资质，原来仅报检不报关的企业，可以通过出口申报前监管生成电子底账数据，再委托其他企业报关。

关检融合模式将进出口货物报关报检整合申报，自 2018 年 8 月 1 日起取消报检单，合并为一张报关单、一套随附单证、一套通关手续，减少了申报手续，使企业申报更加便捷。对一部分相关报关参数进行了修改，原报关、报检共 229 个申报项目合并精简至 105 个，统一了国别（地区）、港口、币制等 8 个原报关、报检共有项的代码，其中 7 个采用国家标准代码或与国家标准建立对应关系。同时，海关简化整合进口申报随附单证，将原报关、报检 74 项随附单据合并整合成 10 项，102 项监管证件合并简化成 64 项。整合申报改变了企业现有报关流程和作业模式，为广大进出口企业提供更便捷的通关服务。2018 年 7 月，关检融合申报模式在宁波海关试运行。7 月 26 日，宁波华捷报关代理有限公司通过国际贸易"单一窗口"货物申报系统申报进口一批铜版纸，感受到申报项目更精简，输单操作更快捷，输单量明显减少，一些重复项目也只要填写一次即可，企业办理缴税后货物快速放行。申报更快更简便，随着试运行不断推进，宁波数万家外贸相关企业将从中受益。

对于进出口商品的非法定检验制度，仍然按原来规定执行。

■ 实例展示 8-1 报检单的缮制

根据合同和信用证的规定，上海良友（集团）有限公司的张明缮制出境货物报检单并申请了检验，以取得合格单据进行交单。

<table>
<tr><td colspan="6" align="center">中华人民共和国出入境检验检疫
出境货物报检单</td></tr>
<tr><td colspan="2">报检单位（加盖公章）：</td><td colspan="2">（1）上海良友（集团）有限公司</td><td>编号：</td><td>（2）</td></tr>
<tr><td colspan="2">报检单位登记号：</td><td>（3）联系人：（4）徐红</td><td>电话：</td><td>（5）报检日期：</td><td>（6）2018年7月10日</td></tr>
<tr><td rowspan="2">（7）发货人</td><td>（中文）</td><td colspan="4">上海良友（集团）有限公司</td></tr>
<tr><td>（外文）</td><td colspan="4">SHANGHAI LIANGYOU GROUP CO., LTD.</td></tr>
<tr><td rowspan="2">（8）收货人</td><td>（中文）</td><td colspan="4">**********</td></tr>
<tr><td>（外文）</td><td colspan="4">FUMING FEED CO., LTD.</td></tr>
<tr><td>（9）货物名称（中/外文）</td><td>（10）H.S.编码</td><td>（11）产地</td><td>（12）数/重量</td><td>（13）货物总值</td><td>（14）包装种类及数量</td></tr>
<tr><td>小麦粉（无品牌）
WHEAT FLOUR
（FEED GRADE）</td><td>1101000001</td><td>上海</td><td>毛重322 000公斤</td><td>128 000美元</td><td>12 800包</td></tr>
<tr><td>（15）运输工具名称号码</td><td>HALCYON V.1106S</td><td>（16）贸易方式</td><td>一般贸易</td><td>（17）货物存放地点</td><td>上海浦东</td></tr>
<tr><td>（18）合同号</td><td>LY11SC-003-S</td><td>（19）信用证号</td><td colspan="2">ML 11000632</td><td>（20）用途</td></tr>
<tr><td>（21）发货日期</td><td>2011.7.15</td><td>（22）输往国家（地区）</td><td>泰国</td><td>（23）许可证/审批号</td><td></td></tr>
<tr><td>（24）启运地</td><td>上海</td><td>（25）到达口岸</td><td>泰国</td><td>（26）生产单位注册号</td><td></td></tr>
<tr><td colspan="6">（27）集装箱规格、数量及号码</td></tr>
<tr><td colspan="2">（28）合同、信用证订立的检验检疫条款或特殊要求</td><td colspan="2">（29）标记及号码

FUMING, THAILAND</td><td>（30）随附单据（划"√"或补填）
☑ 合同
☑ 信用证
☑ 发票
☑ 装箱单
☐ 厂检单</td><td>☐ 包装性能结果单
☐ 许可/审批文件</td></tr>
<tr><td colspan="4">（31）需要证单名称（划"√"或补填）</td><td colspan="2">（32）检验检疫费</td></tr>
<tr><td colspan="2">☑ 品质证书 1 正 ＿ 副
☑ 重量证书 1 正 ＿ 副
☐ 数量证书
☐ 兽医卫生证书
☐ 健康证书
☐ 卫生证书
☐ 动物卫生证书</td><td colspan="2">☐ 植物检疫证书
☐ 熏蒸/消毒证书
☐</td><td colspan="2">总金额
（人民币元）
计费人
收费人</td></tr>
<tr><td colspan="4">（33）报检人郑重声明：
1. 本人被授权报检。
2. 上列填写内容正确属实，货物无伪造或冒用他人的厂名、标志、认证标志，并承担货物质量责任。

　　　　　　　　　　　　　　签名：张明</td><td colspan="2">（34）领取证单
日期
签名</td></tr>
</table>

8.2 检验证书

检验检疫机构对进出口商品检验检疫或鉴定后，根据不同的检验结果或鉴定项目签发的各种检验证书、鉴定证书和其他证明书，统称为检验证书（inspection certificate）。

8.2.1 商品检验证书的作用

（1）作为买卖双方交接货物的依据。国际货物买卖中，卖方有义务保证所提供货物的质量、数（重）量、包装等与合同规定相符。因此，合同或信用证中往往规定卖方交货时须提交商检机构出具的检验证书，以证明所交货物与合同规定相符。

（2）作为索赔和理赔的依据。合同中规定在进口国检验，或规定买方有复验权，若经检验货物与合同规定不符，买方则可凭指定检验机构出具的检验证书，向卖方提出异议和索赔。

（3）作为买卖双方结算货款的依据。在信用证支付方式下，信用证规定卖方须提交的单据中，往往包括商检证书，并对检验证书名称、内容等做出了明确规定。当卖方向银行交单，要求付款、承兑或议付货款时，必须提交符合信用证要求的商检证书。

（4）检验证书还可作为海关验关放行的凭证。凡属于法定检验的商品，在办理进出口清关手续时，必须提交检验机构出具的合格检验证书，海关才准予办理通关手续。

8.2.2 检验证书的种类

目前，我国检验检疫机构签发的检验证书主要有：

（1）品质检验证书（inspection certificate of quality），是证明进出口商品的质量、规格、等级等实际情况的证明文件，具体证明进出口商品的质量、规格是否符合买卖合同或有关规定。

（2）重量或数量检验证书（inspection certificate of weight quantity），是证明进出口商品重量或数量的证件。其内容为货物经何种计重方法或计量单位得出的实际重量或数量，以证明有关商品的重量或数量是否符合买卖合同的规定。

（3）包装检验证书（inspection certificate of packing），是用于证明进出口商品包装及标志情况的证书。进出口商品包装检验，一般列入品质检验证书或重量（数量）检验证书中证明，但也可根据需要单独出具包装检验证书。

（4）兽医检验证书（veterinary inspection certificate），是证明出口动物产品经过检疫合格的证件，适用于冻畜肉、冻禽、禽畜肉罐头、冻兔、皮张、毛类、绒类、猪鬃、肠衣等出口商品。凡加上卫生检验内容的，称兽医卫生检验证书（veterinary sanitary inspection certificate）。

（5）卫生检验证书（sanitary inspection certificate），亦称健康检验证书（inspection certificate of health），是证明可供人类食用或使用的出口动物产品、食品等经过卫生检验或检疫合格的证件。适用于肠衣、罐头、冻鱼、冻虾、食品、蛋品、乳制品、蜂蜜等。

（6）消毒检验证书（inspection certificate of disinfection），是证明出口动物产品经过消毒处理，保证卫生安全的证件。适用于猪鬃、马尾、皮张、山羊毛、羽毛、人发等商品。其证明内容也可在品质检验证书中附带。

（7）熏蒸证书（inspection certificate of fumigation），是证明出口粮谷、油籽、豆类、皮张等商品，以及包装用木材与植物性填充物等，已经经过熏蒸灭虫的证件。主要证明使用的药物、熏蒸的时间等情况。如国外不需要单独出证，可将其内容列入品质检验证书中。

（8）温度检验证书（certificate of temperature），是证明出口冷冻商品温度的证书。如国外仅需要证明货物温度，不一定要单独的温度检验证书，可将测温结果列入品质检验证书。

（9）残损检验证书（inspection certificate on damaged cargo），简称验残证书，是证明进口商品残损情况的证书。主要内容为确定商品的受损情况和对使用、销售的影响，估定损失程度，判断致损原因，作为向发货人、承运人或保险人等有关责任方索赔的有效证件。

（10）船舱检验证书（inspection certificate on tank/hold），是证明承运出口商品的船舱清洁、牢固、冷藏效能及其他装运条件是否符合保护承载商品的质量和数量完整与安全的要求的证书。

（11）货载衡量检验证书（inspection certificate on cargo weight & measurement），亦称衡量检验证书，是证明进出口商品重量、体积吨位的证书。它是计算运费和制定配载计划的依据。

（12）价值证明书（certificate of value），主要用于证明发票所列商品的价格真实正确。

在实际业务中，买卖双方应根据成交货物的种类、性质、有关国家的法律和行政法规、政府的涉外经济贸易政策和贸易习惯等来确定卖方应提供何种检验证书，并在买卖合同中予以明确。

8.2.3 品质检验证书的缮制

品质检验证书系为了证明出口货物的质量、规格符合合同或其他有关规定，由国家质量监督检验检疫总局（通常简称为国家质检总局）及其设在全国各口岸的出入境检验检疫局出具的一种证明文件，作为卖方交货、买方接货的依据。品质检验证书的出具由各进出口公司提交出境货物报验单，商检局再根据报验单及检验结果出具证书。

1. 品质检验证书的空白样单

品质检验证书的空白样单如图 8-2 所示。

2. 品质检验证书内容解读和缮制

（1）编号（No.）：由检验检疫局根据不同申请单位及不同商品类别编制序号。

（2）证书名称（Name of Certificate）：检验检疫局所签发的商检证书的名称。在通常情况下，为确保发货人安全收汇及商检证书的完整性，应根据合同、信用证要求，签发符合合同、信用证要求的证书名称。如信用证规定："Quality Certificate""Certificate of Quality"，则本证书名称照打。

（3）发货人（Consignor）：实际货物的发货人名称，在正常情况下也就是信用证的受益人。在托收支付方式项下的证书的发货人，即合同的卖方名称。

（4）收货人（Consignee）：合同的买方或信用证的开证申请人。如果买方系中间商，或信用证规定要求本栏留空时，则填"********"符号。

中华人民共和国出入境检验检疫 ENTRY-EXIT INSPECTION AND QUARANTINE OF THE PEOPLE'S REPUBLIC OF CHINA	
	编号 No.: _____
品质证书 QUALITY INSPECTION CERTIFICATE	

发货人 Consignor	
收货人 Consignee　　H LAKE AVE SUITE 535 PASADENA CA 91101 USA.	
品名 Description of Goods _____	标记及号码 Mark & No.
报检数量 / 重量 Quantity/Weight Declared _____	
包装种类及数量 Number and Type of Packages _____	
运输工具 Means of Conveyance _____	
检验结果： RESULTS OF INSPECTION：	
印章　　　签证地点 Place of Issue _____　　签证日期 Date of Issue _____ Official Stamp	
授权签字人 Authorized Officer _____　签名 Signature _____	

图 8-2　品质检验证书的空白样单

（5）品名（Description of Goods）：按信用证规定的品名及商业发票的品名填制。

（6）标记及号码（Mark & No.）：货物实际的唛头。唛头要与其他单据一致。如无唛头，则填"N/M"。

（7）报验数量 / 重量（Quantity/Weight Declared）：按提单、发票上的数量、重量填列。如散装货物无件数，可填"In bulk"，然后再加重量。如货物以净重计价，本栏的重量则填净重。如以毛作净的商品，则填毛重。

（8）包装种类及数量（Number and Type of Packages）：按提单、发票上的包装种类及件数填列，如"100 cartons"。

（9）运输工具（Means of Conveyance）：填运输工具名称。例如，海运填船名及航次，如"S.S. EASTWIND V. 99A"。

（10）检验结果（Results of Inspection）：本栏是证书的核心内容，证明本批货物经检验后实际的品质结果。在一般情况下，为保证出口商安全结汇，检验结果要与信用证规定保持一致，而不再考虑使用规范化证书结论用语。例如，本栏内容可做如下描述：

This is to certify that we did at the request of consignor, attend at the warehouse of commodity on … The representative sample was drawn at random for inspection according to the stipulations of the L/C, the results were as follows:

Moisture: 14.0 PCT.
Admixture: 0.1PCT.
Imperfect grains, other colour beans and water stain beans: 4.8PCT.
Conclusion: The quality of the above commodity conforms with the stipulations of the L/C No…
结束时，打上结束符号"********"。

（11）签证地点（Place of Issue）：填写签发检验证书的检验检疫机构所在地，如：Dalian, China。

（12）签证日期（Date of Issue）：签证日期即签发本证书的日期，一般理解为检验日期或比检验日期稍晚，所以本栏日期不得晚于运输单据上的装运日期。

（13）印章（Official Stamp）：由检验检疫局盖章。

（14）授权签字人（Authorized Officer）：填检疫局授权签字人姓名。

（15）签名（Signature）：要求授权签字人在此签名。有些国家要求手签，如马耳他等国家就有这样规定，商检证书盖章无效，必须手签。

■ 实例展示 8-2　上海良友（集团）有限公司的品质合格证书

ENTRY-EXIT INSPECTION AND QUARANTINE	正本 ORIGINAL
	编号No.: 1010000477
QUALITY INSPECTION CERTIFICATE	

发货人 Consignor　AIGE IMPORT & EXPORT COMPANY
收货人 Consignee　RIQING EXPORT AND IMPORT COMPANY

品名 Description of Goods　CANNED LITCHIS
报检数量/重量 Quantity/Weight Declared　-1000-CARTONS/-20400-KGS(N.W.)
包装种类及数量 Number and Type of Packages　-1000-/CARTONS
运输工具 Means of Conveyance　TBA

标记及号码 Mark & No.
CANNED LITCHIS
JAPAN
C/NO.1-1000
MADE IN CHINA

检验结果：
RESULTS OF INSPECTION:

　　IN ACCORDANCE WITH THE RELEVANT STANDARD, THE REPRESENTATIVE SAMPLE WERE DRAWN AT RONDOM AND INSPECTED WITH RESULTS AS FOLLOWS:
　　　　OF NORMAL QUALITY
　　THE QUALITY OF THE GOODS IS IN CONFORMITY WITH THE RELEVANT REQUIREMENTS.

印章 Official Stamp　　签证地点 Place of Issue　SHANGHAI,China　　签证日期 Date of Issue　Jun.24,2010
　　　　　　　　　　　授权签字人 Authorized Officer　GUODAYE　　签　名 Signature　郭达业

All inspections are carried out consciertiously to the best of our knowledge. This certificate does not in any respect absolve the seller and other related parties from his contractual and legal obligations especially when product quality is concerned.

8.2.4 数量/重量检验证书的缮制

数量/重量检验证书一般均由各地进出境检验检疫局出具。一般以重量计量和以重量计价的商品多数都要求出具重量检验证书,证明该批货物的重量包括毛、皮、净重和包装情况,作为买卖双方交接货物的依据,以重量计价者又作为计算货款的依据。买卖双方在交接货后由于货物的重量发生纠纷时,重量检验证书又作为争议和索赔处理的依据。所以检验证书在结算单证中是一项很重要的单据,应严格按照信用证或合同规定办理。

1. 数量/重量检验证书的空白样单

数量/重量检验证书的空白样单如图 8-3 所示。

图 8-3 数量/重量检验证书的空白样单

2. 数量/重量检验证书内容解读和缮制

(1)编号(No.):检验检疫局对各企业及不同商品类别按顺序编号填列。

(2)证书名称(Name of Certificate):检验检疫局所签发的商检证书的名称。在通常情况下，为确保发货人安全收汇及商检证书的完整性，应根据合同、信用证要求，签发符合合同、信用证要求的证书名称。如信用证规定："Weight Certificate""Certificate of Weight"，则本证书名称照打。

（3）发货人（Consignor）：货物实际发货人名称。信用证项下，一般即信用证的受益人。托收支付方式项下即合同卖方名称。

（4）收货人（Consignee）：目的地实际的收货人，信用证项下正常情况即信用证的开证申请人名称；托收支付方式即合同的买方名称。为了方便买方转口，目前许多做法都采取在本栏填"******"符号。具体填法取决于信用证的规定。

（5）品名（Description of Goods）：按信用证规定的品名及商业发票的品名填制。

（6）标记及号码（Mark & No.）：货物实际的唛头。唛头要与其他单据一致。如无唛头，则填"N/M"。

（7）报验数量/重量（Quantity/Weight Declared）：按提单、发票上的数量、重量填列。如散装货物无件数，可填"In bulk"，然后再加重量。如货物以净重计价，本栏的重量则填净重。如以毛作净的商品，则填毛重。本栏的数量和重量应与第 10 栏所表示数量和重量一致。

（8）包装种类及数量（Number and Type of Packages）：货物外包装的件数，按提单、发票上的包装种类及件数填列。例如，货物为麻袋包装，如 5 000 Gunny Bags。本栏的数量应与第 10 栏所表示数量一致。

（9）运输工具（Means of Conveyance）：填运输工具名称。例如，海运填船名及航次，如"S.S. EASTWIND V. 99A"。

（10）检验结果（Results of Inspection）：本栏是证书核心内容，证明本批货物经检验后实际的结果。为保证出口商安全结汇，检验结果要与信用证规定保持一致，本栏一般主要证明三项内容：

1）包装情况：本项内容主要证明包装单位、包装特点、内包装条件或规格、每件的重量等。

粮谷类商品以麻袋包装，一般都不是非常准确的定量包装，例如所谓每袋 50 公斤，都是大约 50 公斤，有可能是 49.8 公斤，或 50.1 公斤等。所以国外来证对粮谷类商品包装如要求每袋的重量无"大约"的规定，应要求修改信用证。

2）件数：证明该批货物的总数量，例如 2 150 麻袋。如属散装货物无件数，则表示为"In bulk"。

3）总重量：证明本批货物的总毛、皮、净重。如属以毛作净方式，没有净重、皮重，可只表示总毛重。

提单和其他一切所有单据的数量和重量必须以本栏的数量和重量为准，结束时，打上结束符号"********"。

（11）签证地点（Place of Issue）：填写签发检验证书的检验检疫机构所在地。

（12）签证日期（Date of Issue）：签证日期即出证日期。本栏日期应不晚于装运日期。

（13）印章（Official Stamp）：由检验检疫局盖章。

（14）授权签字人（Authorized Officer）：填检疫局授权签字人姓名。

（15）签名（Signature）：要求授权签字人在此签名。有些国家要求手签，如马耳他等国家就有这样规定，商检证书盖章无效，必须手签。

8.2.5 其他检验证书样单

1. 进口商品检验证书的空白样单

进口商品检验证书的空白样单如图 8-4 所示。

中华人民共和国上海进出口商品检验局
SHANGHAI IMPORT & EXPORT COMMODITY INSPECTION
BUREAU OF THE PEOPLE'S REPUBLIC OF CHINA

地址：上海市中山东一路 13 号
No.Address:13, Zhongshan Road
(E.1), Shanghai

检验证书
INSPECTION CERTIFICATE

日期
Date
电话：
Tel:8621-32155296

受货人：
Consignee:
发货人：
Consignor:
品名：
Commodity:
报验数量 / 重量：
Quantity/Weight
Declared:
运输：
Transportation:
进口日期：
Date of Arrival:
卸毕日期：
Date of Completion
of Discharge:
发票号：
Invoice No.:
合同号：
Contract No.:
标记及号码：
Mark & No.:

注意：本证书译文如有任何异点，概以中文为主。
(N.B. In case if divergence, the Chinese text shall be regarded as authentic)

图 8-4 进口商品检验证书的空白样单

2. 兽医检验证书的空白样单

兽医检验证书的空白样单如图 8-5 所示。

中华人民共和国上海进出口商品检验局
SHANGHAI IMPORT & EXPORT COMMODITY INSPECTION
BUREAU OF THE PEOPLE'S REPUBLIC OF CHINA

地址：上海市中山东一路 13 号
No.Address:13, Zhongshan Road
(E.1), Shanghai

检验证书
INSPECTION CERTIFICATE

日期
Date

电话：
Tel:8621-32155296

发货人：
Consignor
受货人：
Consignee:
品名：
Commodity
报验数量 / 重量：
Quantity/Weight
Declared
官方兽医证明如下：
1.the undersigned Official Veterinarian, certify that:—

标记及号码：
Mark & No.

主任兽医
Chief Veterinarian

图 8-5　兽医检验证书的空白样单

8.3　原产地证明书

情景导入

上海良友（集团）有限公司业务员张明根据信用证的规定，在货物装运前 3 天向上海国际贸易促进委员会申请签发一般原产地证。申请签发时，必须提交已缮制的商业发票一份、一般原产地证明书申请书一份和一般原产地证明书一套。

8.3.1　原产地证明介绍

1. 原产地证明书简介

原产地证明书（certificate of origin）是卖方应进口商的要求，自行签发或向特定的机构申请后由其签发的,证明出口商品的产地或制造地的一种证明文件。它是决定出口产品在进口国受何种关税待遇的重要证明文件,也是进口国对某些国家或某种商品采取控制进口额度和进口数量措施的依据。我国国家商品检验检疫局和贸促会分别代表官方和民间机构对外签发产地证。常见的原产地证明有一般原产地证明书和普惠制产地证表格 A。

若合同或信用证没有要求,那么出口方单位自己可缮制并签发出具。该类证书内容简单,办理的手续最简便,且便于更改和更换,也无须支付任何签证费用。

2. 原产地证明书的作用

(1)证明出口货物符合《中华人民共和国出口货物原产地规则》,确系中国制造。
(2)原产地证明书是被进口国海关所认可的一种正式书面文件。
(3)进口国海关以此作为差别关税、进口限制和不同进口配额及不同税率的依据文件。
(4)原产地证明书是出口通关、结汇和有关方面进行贸易统计的重要依据。

8.3.2 一般原产地证明

1. 一般原产地证明的含义

一般原产地证明,简称产地证,是指中华人民共和国出口货物原产地证明书,它是证明中国出口货物符合《中华人民共和国出口货物原产地规则》,确实是中华人民共和国原产地的证明文件。

中国国际贸易促进委员会(CCPIT)与国家商检局都可签发一般原产地证明,其格式统一,编号统一,并统一由国家指定机构印制发放,有长城水印防伪花纹;出口商需要时,向商检局或贸促会申请签发并支付费用。

2. 一般原产地证明的种类

(1)出入境检验检疫局签发的产地证。
(2)贸促会签发的产地证。
(3)厂商自己签发的产地证。
(4)出口商自己出具并签发的产地证。

3. 一般原产地证明的申领

在每批货物报关出运前三天,并按要求向上述机构申请签发。申请时,根据信用证、合同规定缮制并提交全套已制好的一般原产地证明书申请书一份,一般原产地证明书一套(一正三副),合同、商业发票和装箱单的副本各一份,必要时,提交发证机构所需的其他证明文件,如"加工工序清单"等。

贸促会或商检局接受出口企业的申请,审核无误后在证书(一正三副)正本上盖章,并留一份黄色副本备查。

持有一般原产地证明，可以享受最惠国关税待遇。

4. 一般原产地证明的缮制

（1）一般原产地证申请书的空白样单如图 8-6 所示

一般原产地证书申请书

申请单位注册号：　　　　　　　　　　　　证书号：

申请人郑重声明：
本人被正式授权代表本企业办理和签署本申请书。
本申请书及一般原产地证明书所列内容正确无误，如发现弄虚作假，冒充证书所列货物，擅改证书，自愿接受签发机构的处罚并承担法律责任，现将有关情况申报如下：

企业名称		发票号	
商品名称		H. S. 编码（六位数）	
商品 FOB 总值（以美元计）		最终目的地国家/地区	
拟出运日期		转口国（地区）	
贸易方式和企业性质（请在适用处画"√"）			
一般贸易		三来一补		其他贸易方式	
国有企业	三资企业	国有企业	三资企业	国有企业	三资企业
包装数量或毛重或其他数量			
证书种类（画"√"）	一般原产地证书		加工装配证明书

现提交中国出口货物商业发票副本一份，一般原产地证明书/加工装配证明书一正三副，以及其他附件　　　份，请予审核签证。

　　　　申请单位盖章　　　　　　　　　　　　申请人（签名）
　　　　　　　　　　　　　　　　　　　　　　电话：
　　　　　　　　　　　　　　　　　　　　　　日期：　　年　　月　　日

商检局联系记录

图 8-6　一般原产地证申请书的空白样单

（2）一般原产地证明书的空白样单如图 8-7 所示。

（3）一般原产地证明书内容解读和缮制。

一般原产地证明书的缮制要求如下：

1）Exporter: the name and detailed address of beneficiary of letter of credit.

第 1 栏（出口方）：写出口方的名称、详细地址及国家（地区），此栏不得留空。

2）Consignee: the name, nationality and detailed address of applicant of letter of credit.

第 2 栏（收货人的名称、地址、国家）：应填写最终收货方（一般为买方或提单通知人）的名称、详细地址及国家（地区）。但由于贸易的需要，有时信用证规定所有单证收货人一栏留空，在这种情况下，此栏应加注"TO WHOM IT MAY CONCERN"或"TO ORDER"，但不得留空。若需要填写转口商名称，可在收货人后面加填英文 VIA，然后再填写转口商名称、地址、国家。

1.Exporter	Certificate No.			
2.Consignee	CERTIFICATE OF ORIGIN OF THE PEOPLE'S REPUBLIC OF CHINA			
3.Means of transport and route	5.For certifying authority use only			
4.Country/region of destination				
6.Marks and numbers	7.Number and kind of packages; description of goods	8.H.S code	9.Quantity	10.Number and date of invoices
11.Declaration by the exporter The undersigned hereby declares that the above details and statements are correct; that all the goods were produced in china and that they comply with the rules of origin of the people's republic of china. .... Place and date, signature and stamp of certifying authority	12.Certification It is hereby certified that the declaration by the exporter is correct. .... Place and date, signature and stamp of certifying authority			

图 8-7 一般原产地证明书的空白样单

3）Means of transport and route: port of loading, port of delivery and means of transportation.

第3栏（运输方式和路线）：填三部分内容。

A. 预计自中国出口的日期，日期必须真实，不得捏造，如 On/after Oct.20, 2005。

B. 应填写从装货港到目的港的详细运输路线，如 shipped from Shanghai to Barcelona。如经转运，应注明转运地。

C. 运输方式，如 by sea/vessel。

4）Country/region of destination.

第4栏（目的国家/地区）：应填写货物最终运抵国，一般与最终收货人和最终目的港国别一致，不得填写中间商国别。

5）For certifying authority use only: it is used for reissuing or adding other statements.

第5栏（签证机构用栏）：此栏为签证机构在签发后发证书、重发证书或加注其他声明时使用，证书申领单位应将此栏留空。

6）Marks and numbers：consistent with the commercial invoice.

第6栏（标记唛码）：应照发票上所列唛头填写完整，若没有唛头，则填"N/M"，不得留空不填。

7）Number and kind of package; description of goods.

第7栏（商品名称、包装数量及种类）：一般应按商业发票填写，品名要具体，不得概括；包装种类和件数要按具体单位填写总的包装件数，并在阿拉伯数字后加注英文表述，商品名称等项列完后，应在下一行加上表示结束的符号"****"，以防止加填伪造内容。若货物为散装，则在品名后加注"IN BULK"。例如，"ONE HUNDRED（100）CARTONS OF COLOUR TV SETS"。

注意：①如果包件数量达到千以上，则千与百单位之间不能有"AND"连词，否则计算机退回。②数量、品名要求在一页内打完，如果内容过长，则可以合并包装箱数，品名合并。③包装数量及种类要按具体单位填写（如 POLYWOVEN BAG, DRUM, PALLET, WOODEN CASE 等），不能只填写"PACKAGE"。如果没有包装，应填写"NUDE CARGO"（裸装货）、"IN BULK"（散装货）、"HANGING GARMENTS"（挂装）等。④应填写具体商品名称（具体到能找到相对应的8位H.S.编码），例如"TENNIS RACKET"（网球拍）；不得用概括性表述，例如"SPORTING GOODS"（运动用品）、"FABRIC"（织物）等。⑤商品的商标、牌名（brand）及货号（article number）一般可以不填。⑥国外信用证有时要求填写合同、信用证号码等，可加填在此栏空白处。

8）H. S. Code: fill in the code of Commodity.

第8栏（商品编码）：此栏要求填写商品 H.S. 编码。若同一份证书包含几种商品，则应将相应的 H.S. 编码全部填写。此栏不得留空。

9）数量或重量（quantity or weight）：此栏应以商品的正常计量单位填，例如"只""件""双""台""打"等，若无则填重量，注意用规范的计量单位英文词或缩写，如 piece/pc, dozen/doz。例如，3200 DOZ. 或 6270 KGS。

若计量单位为重量，应标明毛重（G.W.）和净重（N.W），只有净重的，仅填净重亦可，但要标上 N.W.（net weight）。

10）发票号码及日期（number and date of invoices）：应按照申请出口货物的商业发票填写。该栏日期应早于或等于实际出口日期。此栏不得留空。例如，INVOICE NO.:FHTO21T INVOICE DATE:DEC 10, 2001。

11）Declaration by the exporter: generally, the declaration is latter than the date of invoice and earlier than shipping date.

第 11 栏（出口方声明）：该栏由申领单位已在签证机构注册的申领员签字并加盖单位中英文印章，填写申领地点和日期。该栏日期不得早于发票日期。

12）Certification: hand-signed and put on official mark by agent.

第 12 栏（签证机构证明）：由签证机构签字、盖章，并填写签证地点、日期。签发日期不得早于发票日期（第 10 栏）和申请日期（第 11 栏）。印章不得与签字重叠。

实例展示 8-3　上海良友（集团）有限公司一般原产地证书申请书

一般原产地证书申请书

申请单位注册号：上海良友（集团）有限公司　　　　　　证书号：

申请人郑重声明：

本人被正式授权代表本企业办理和签署本申请书。

本申请书及一般原产地证明书所列内容正确无误，如发现弄虚作假，冒充证书所列货物，擅改证书，自愿接受签发机构的处罚并承担法律责任，现将有关情况申报如下：

企业名称	上海良友（集团）有限公司	发票号	
商品名称	小麦或混合麦的细粉	H. S. 编码（六位数）	海关《商品名称及编码协调制度》中的商品编码，一般填写前六位数
商品 FOB 总值（以美元计）	97 712 美元	最终目的地国家 / 地区	泰国
拟出运日期	2011.7.15	转口国（地区）	

贸易方式和企业性质（请在适用处画 "√"）					
一般贸易		三来一补		其他贸易方式	
国有企业	三资企业	国有企业	三资企业	国有企业	三资企业
√					

包装数量或毛重或其他数量	12 800 包	
证书种类（画 "√"）	一般原产地证书	加工装配证明书

现提交中国出口货物商业发票副本一份，一般原产地证明书 / 加工装配证明书一正三副，以及其他附件　　　份，请予审核签证。

申请单位盖章　　　　　　　　　　　　申请人（签名）上海良友（集团）有限公司

　　　　　　　　　　　　　　　　　　　电话：
　　　　　　　　　　　　　　　　　　　日期：　　年　　月　　日

商检局联系记录

■ 实例展示 8-4　上海良友（集团）有限公司一般原产地证书

ORIGINAL	
1. Exporter (full name and address) SHANGHAI LIANGYOU GROUP CO.,LTD. NO.88 ZHANGYANG ROAD,SHANGHAI CHINA 200122	Certificate No.C113100220980012 CERTIFICATE OF ORIGIN OF THE PEOPLE'S REPUBLIC OF CHINA
2. Consignee (full name, address, country) INTEQC FEED CO.,LTD. 77/12 MOO 2，RAMA II RD., NAKHOK MUANG SAMUTSAKHORN 74000，THAILAND	
3. Means of transport and route FROM SHANGHAI,CHINA TO LAT KRABANG,THAILAND BY SEA	5. For certifying authority use only
4. Destination port THAILAND	

6. Marks and numbers of packages FUMING,THAILAND	7. Description of goods; number and kind of packages EIGHT THOUSAND FOUR HUNDRED (12800) BAGS OF WHEAT FLOUR (FEED GRADE) *************************	8.H.S Code 1.01	9.Quantity or weight G.W. 322000KGS	10.Number and date of invoice LY11SI-003-5 JAN.20, 2011

11.Declaration by the exporter The undersigned hereby declares that the above details and statements are correct ; that all the goods were produced in China and that they comply with the Rules of Origin of the People's Republic of China (印章：SHANGHAI LIANGYOU GROUP CO.,LTD. 上海良友（集团）有限公司) SHANGHAI, CHINA, JAN.18, 2011…xxx… Place and date. signature and stamp of authorized signatory	12. Certification It is hereby certified that the declaration by the exporter is correct. (印章：上海) ……SHANGHAI, CHINA, JAN 21, 2011 XXX Place and date. signature and stamp of certifying authority

■ 实战演练 8-1　一般原产地证书申请书和一般原产地证的缮制

根据上海世贸进出口有限公司出口木制玩具的信用证、合同和相应资料缮制原产地申请及证书。

一般原产地证书申请书

申请单位注册号：　　　　　　　　　　　　证书号：

申请人郑重声明：

本人被正式授权代表本企业办理和签署本申请书。

本申请书及一般原产地证明书所列内容正确无误，如发现弄虚作假，冒充证书所列货物，擅改证书，自愿接受签发机构的处罚并承担法律责任，现将有关情况申报如下：

企业名称		发票号	
商品名称		H.S.编码（六位数）	
商品FOB总值（以美元计）		最终目的地国家/地区	
拟出运日期		转口国（地区）	

贸易方式和企业性质（请在适用处画"√"）

一般贸易		三来一补		其他贸易方式	
国有企业	三资企业	国有企业	三资企业	国有企业	三资企业

包装数量或毛重或其他数量	
证书种类（画"√"）	一般原产地证书　　　　加工装配证明书

现提交中国出口货物商业发票副本一份，一般原产地证明书/加工装配证明书一正三副，以及其他

附件　　　份，请予审核签证。

申请单位盖章　　　　　　　　　　　　　　　　申请人（签名）

　　　　　　　　　　　　　　　　　　　　　　　电话：

　　　　　　　　　　　　　　　　　　　　　　　日期：　　年　　月　　日

商检局联系记录

ORIGINAL	
1.Exporter	Certificate No.
2.Consignee	
	CERTIFICATE OF ORIGIN OF THE PEOPLE'S REPUBLIC OF CHINA
3.Means of transport and route	5.For certifying authority use only
4.Country/region of destination	

6.Marks and numbers	7.Number and kind of packages; description of goods	8.H.S code	9.Quantity	10.Number and date of invoices

11.Declaration by the exporter	12.Certification
The undersigned hereby declares that the above details and statements are correct; that all the goods were produced in china and that they comply with the rules of origin of the people's republic of china.	It is hereby certified that the declaration by the exporter is correct.
.... Place and date, signature and stamp of certifying authority	.... Place and date, signature and stamp of certifying authority

8.3.3 普惠制产地证表格 A

1. 普惠制

普遍优惠制，简称普惠制（generalized system of preferences）是发达国家对来自发展中国家的商品，特别是工业制成品与半制成品普遍给予单方面的关税减免优惠制度，它的原则是普遍性、非歧视性、非互惠性。凡享受普惠制待遇的商品，出口方一般应向给惠国提供原产地证明书格式 A（澳大利亚可使用发票加注有关声明文句代替，新西兰使用表格 59A）。

实施普惠制必须符合三个要求：原产地标准、直运规则、证明文件（普惠制原产地证明书、直运证明文件）。

2. 普惠制原产地证书

普惠制原产地证书（generalized system of preferences certificate of origin）简称普惠制产地证（G.S.P.），是指受惠国有关机构就本国出口商向给惠国出口受惠商品而签发的用以证明原产地证明的文件。它是使受惠国的出口产品在给惠国享受减免进口关税优惠待遇的凭证。

普惠制产地证明书主要有普惠制原产地证明书格式 A、普惠制产地证明书格式 59A 和普惠制产地证书格式 APR 三种。其中，普惠制原产地证明书格式 A 使用范围较广，它由我国出入境检验检疫局统一签发。

3. 普惠制产地证的申请

出口单位最迟于每批货物报关出运前五天向签证机构申请，并按要求提交以下材料：

（1）《普惠制原产地证明书申请单》一份。

（2）已缮制好的《普惠制原产地证明书格式 A》一套（一正两副）。

（3）正式的出口商业发票正本一份，申请单位使用的发票需盖章或手签，发票不得手写，并应注明包装、数量、毛重或另附装箱单或重量单。

（4）必要时，申请单位还应提交信用证、合同、提单、"加工工序清单"等。

（5）含有进口成分的商品，必须提交《含进口成分受惠商品成本明细单》，一式二份。对以来料加工、进料加工方式生产的出口商品，还应提交有关的进料凭证。

商检机构接受申请后，审核无误后在证书正本上盖章（该证书纹面为绿色扭索型图案），即签发正本一份进行议付（副本由出口商自己签章），除 6、8、10、11、12 栏不能更改外，其他各栏也只能更改一处，并要加盖商检局更正章。

4. 普惠制原产地证书的缮制

（1）普惠制原产地证书申请书的空白样单如图 8-8 所示。

（2）普惠制原产地证书的空白样单如图 8-9 所示。

普惠制产地证书申请书

申请人单位（盖章）：　　　　　　　　　　　　　证书号：_____

申请人郑重声明：　　　　　　　　　　　　　　　注册号：_____

本人是被正式授权代表出口单位办理和签署本申请书的。

本申请书及普惠制产地证明书格式 A 所列内容正确无误，如发现弄虚作假、冒充格式 A 所列货物、擅改证书，自愿接受签证机关的处罚及负法律责任。现将有关情况申报如下：

生产单位		生产单位联系人电话	
商品名称（中英文）		H.S 税目号（以六位数码计）	
商品（FOB）总值（以美元计）		发票号	
最终销售国	证书种类画"√"	加急证书	普通证书
货物拟出运日期			

贸易方式和企业性质（请在适用处画"√"）

正常贸易 C	来进料加工 L	补偿贸易 B	中外合资 H	中外合作 Z	外商独资 D	零售 Y	展卖 M

包装数量或毛重或其他数量	

原产地标准：

本项商品系在中国生产，完全符合该给惠国给惠方案规定，其原产地情况符合以下第　　条；

（1）"P"（完全国产，未使用任何进口原材料）；

（2）"W" 其 H.S 税目号为……………………（含进口成分）；

（3）"F"（对加拿大出口产品，其进口成分不超过产品出厂价值的 40%）。

本批产品系：1. 直接运输从……………到……………；

　　　　　　2. 转口运输从……………中转国（地区）……………到…………。

申请人说明：　　　　　　　　　　　　　　　　领证人（签名）

　　　　　　　　　　　　　　　　　　　　　　　电话：

　　　　　　　　　　　　　　　　　　　　　　　日期　年　月　日

现提交中国出口商业发票副本一份，普惠制产地证明书格式 A（FORMA）一正二副，以及其他附件　份，请予审核签证。

注：凡含有进口成分的商品，必须按要求提交《含进口成分受惠商品成本明细单》。

图 8-8　普惠制原产地证书申请书的空白样单

1.goods consigned from (Exporter's business name, address, country)	Reference No.
2. goods consigned to (Consignee's name, address, country)	GENERALIZED SYSTEM OF PREFERENCES CERTIFICATE ORIGIN (combined declaration and certificate) FORM A Issued in THE PEOPLE'S REPUBLIC OF CHINA (COUNTRY) see notes. overleaf
3.Means of transport and route(as far as known)	4.For official use

5.Item number	6.Marks and numbers	7.Number and kind of packages; description of goods	8.Origin criterion (see notes overleaf)	9.Gross weight or other Quantity	10.Number and date of invoices

11. Certification It is hereby certified, on the basis of control out, that the declaration by the exporter is correct. ……………………………………………… Place and date, signature and stamp of certifying authority	12. Declaration by the exporter The undersigned hereby declares that the above details and statements are correct; that all the goods were produced in _____CHINA_____ and that they comply with the origin requirements specified for those goods in the generalized system of preferences for goods exported to ……………………………………………… (importing country) ……………………………………………… Place and date, signature and stamp of certifying authority

图 8-9 普惠制原产地证书的空白样单

（3）普惠制原产地证书内容解读和缮制。

1）出口商名称、地址及所在国（exporter's business name, address, country）：此栏是强制性的，必须填上出口商的全称和详细地址，包括街道及门牌号码等。

2）收货人名称、地址、国家（consignee's name, address, country）：一般为给惠国的收货人名称地址，不能填中间商名称地址。除欧盟25国、挪威外，此栏须填上给惠国最终收货人名称，此栏须打上国名。欧盟25国、挪威对此栏是非强制性要求，若本栏进口商国家和第12栏最终目的国都是欧盟国家，则可以与第12栏国家不同，也可以填为"TO WHOM IT MAY CONCERN"或"TO ORDER"。

3）运输方式和路线（means of transport and route）：按信用证或合同规定，填起运地、目的地及采用的运输方式。

4）供官方使用（for official use）：由签证机构根据需要填写。

5）商品项目编号（item number）：如同批出口货物有不同品种即不同的H.S. CODE，则按不同品种分列"1""2""3"，以此类推。单项商品，此栏填"1"或省略不填。

6）标记唛码（marks & numbers）：应按实际填写，若唛头过多可利用第7、8栏。

7）品名及包装种类和件数（number and kind of packages; descripion of goods）：一般应按商业发票填写，品名要具体，不得概括；包装种类和件数要用阿拉伯数字和英文同时表示，在下行要打上表示结束的符号"****"，以防加添。若货物为散装，则在品名后加注"IN BULK"。

8）原产地标准（origin criterion）：此栏是证书的核心，根据规定填写，要求如下。

A. 完全自产于出口国的产品：输往给惠国时，填写"P"。对澳大利亚和新西兰出口时，可不必填写。

B. 经过出口国充分制作或加工的产品，输往下列国家时，其填写要求为：

加拿大：对于在两个或两个以上受惠国内加工或制作且符合原产地标准的产品，填"G"，其他填"F"。

日本、挪威、瑞士和欧盟：填"W"，其后填明出口产品HS编码的前四位税则号，如"W"9618。

白俄罗斯、保加利亚、捷克、匈牙利、哈萨克斯坦、波兰、俄罗斯联邦、乌克兰和斯洛伐克：对于在出口受惠国增值的产品，填"Y"，其后注明进口原料和部件的价值在出口产品离岸价格中所占的百分率，如"Y"45%，对于在一个受惠国生产而在另一个或数个其他受惠国制作或加工的产品，填写"PK"。

澳大利亚和新西兰：本栏不必填写，在第12栏做出适当申报即可。

对美国出口，对于单一国家产的货物，填"Y"，对于被认定的国家集团产的货物填"Z"，其后填明本国原料的成本或价值加上直接加工成本在该出口货物出厂价中所占的百分率（如"Y"35%或"Z"35%）。

9）数量或重量（gross weight or other quantity）：填写出口货物的量值及商品计量单

位，若无则填重量。

10）发票号码及日期（number and date of invoices）：如 INVOICE NO.:FHTO21T, INVOICE DATE:DEC 10, 2001

11）签证当局的证明：

A. 此栏填写签证机构的签证地点、日期，例如 HANGZHOU CHINA APR.6，2007。

B. 检验检疫局签证人经审核后在此栏（正本）手签，盖签证印章。印章不得与签字重叠。副本不予签发。

注：此栏日期不得早于发票日期（第10栏）和申报日期（第12栏），而且应早于货物的出运日期（第3栏）。

12）出口商的申明：

A. 在生产国横线上填"CHINA"，进口国横线上填最终进口国，进口国必须与第3栏目的港的国别一致。

B. 凡货物运往欧盟25国范围内，进口国不明确时，进口国可填 EU。

C. 申请单位应授权专人在此栏手签，标上申报地点、日期，并加盖申请单位中英文印章。盖章时应避免覆盖进口国名称和手签人姓名。手签人手迹必须在检验检疫局注册登记，并保持相对稳定。正副本均须手签并盖章。此栏日期不得早于发票日期（第10栏）（最早是同日）。

D. 本证书一律不得涂改，证书不得加盖校对章。

8.4 报关单

情景导入

上海良友（集团）有限公司需要根据我国有关法规，向上海外港海关办理出口货物报关手续。为此，张明根据信用证与合同条款的有关规定填写了出口货物报关单。

8.4.1 报关单的含义

进出口货物报关单是指进出口货物收发货人或其代理人，按照海关规定的格式对进出口货物的实际情况做出书面申明，以此要求海关对其货物按适用的海关制度办理通关手续的法律文书。

进出口货物报关单是由我国海关总署统一印制的，经过进出口地海关审核、签发以后生效。它在对外经济贸易活动中具有十分重要的法律地位，既是海关监管、征税、统计以及开展稽查和调查的重要依据，又是加工贸易进出口货物核销，以及出口退税和外汇管理的重要凭证，也是海关处理走私、违规案件，及税务、外汇管理部门查处骗税和套汇犯罪活动的重要证书。

因统计和管理的需要，不同业务性质的出口贸易分别使用不同颜色的报关单，如来料加工、补偿贸易专用绿色，进料加工专用粉色，出口退税专用黄色，三资企业专用蓝色，一般贸易专用白色，一般一式六份。

出口货物报关工作由专业报关员负责。报关单只作为海关通关放行的凭证，不是结汇单据。在一般情况下，发货人应在发货24小时之前同时采用电子和纸质两种报关单向海关进行申报。

8.4.2 报关单分类

按货物的流转状态、贸易性质和海关监管方式的不同，进出口货物报关单可以分为以下几种类型。

（1）按进出口状态分：①进口货物报关单；②出口货物报关单。

（2）按表现形式分：①纸质报关单；②电子数据报关单。

（3）按使用性质分：①进料加工进出口货物报关单（粉红色）；②来料加工及补偿贸易进出口货物报关单（浅绿色）；③外商投资企业进出口货物报关单（浅蓝色）；④一般贸易及其他贸易进出口货物报关单（白色）；⑤需国内退税的出口贸易报关单（浅黄色）。

（4）按用途分：①报关单录入凭单；②预录入报关单；③电子数据报关单；④报关单证明联。

8.4.3 报关流程

目前，我国的出口企业在办理报关时，可以自行办理报关手续，也可以通过专业的报关经纪行或国际货运代理公司来办理。无论是自行报关，还是由报关行来办理，都必须填写出口货物报关单；必要时，还需提供出口合同副本、发票、装箱单或重量单、商品检验证书及其他有关证件，向海关申报出口。办理报关手续一般有以下几个步骤。

1. 货物的申报

出口货物的发货人或其代理人，在货物进出口时，应在海关规定的期限内，按海关规定的格式填写出口货物报关单，随附有关的货运、商业单据，同时提供批准货物进出口的证件，向海关申报。报关的主要单证有以下几种。

（1）商业发票和装箱单。

（2）已签注船名的"装货单"/提单。

（3）进出口货物报关单。

（4）出口收汇核销单/进口付汇核销单。

（5）出/入境货物通关单。

（6）出口限制出口商品，应有出口许可证或配额证明。

（7）加工贸易项下的商品出口，需要提供加工贸易《登记手册》。

除上述单证外，对国家规定的其他进出口管制货物，报关单位也必须向海关提交由国家主管部门签发的特定的进出口货物批准单证，由海关查验合格无误后再予以放行。诸如食品卫生检验、药品检验、动植物检疫、文物出口签订、金银及其制品的管理、珍贵稀有野生动物的管理、进出口射击运动、狩猎用枪支弹药和民用爆破物品的管理、进出口音像制品的管理等均属此列。

2. 货物的查验

进出口货物，除海关总署特准查验的以外，都应接受海关查验。查验的目的是核对报关单证所报内容与实际到货是否相符，有无错报、漏报、瞒报、伪报等情况，审查货物的进出口是否合法。海关查验货物，应在海关规定的时间和场所进行。如有特殊理由，事先报经海关同意，海关可以派人员在规定的时间和场所以外查询。申请人应提供往返交通工具和住宿并支付费用。海关查验货物时，要求货物的收、发货人或其代理人必须到场，并按海关的要求负责办理货物的搬移、拆装箱和查验货物的包装等工作。海关认为必要时，可以径行开验。

3. 缴纳出口税

按照我国进出口关税征收办法的规定，须纳税的货物必须缴纳完税后方可出口。

4. 货物的放行

海关对进出口货物的报关，经过审核报关单据、查验实际货物，并依法办理征收货物税费手续或减免税手续后，在有关单据上签盖放行章，货物的所有人或其代理人才能提取或装运货物。此时，海关对进出口货物的监管才算结束。另外，进出口货物因各种原因需要海关特殊处理的，可向海关申请担保放行。海关对担保的范围和方式均有明确的规定。

8.4.4 报关单的缮制

1. 报关单的空白样单

报关单的空白样单如图 8-10 所示。

2. 报关单内容解读和缮制

出口货物报关单的填制有特别的要求，它必须符合海关的规定，并全部用中文填制而成，其中预录入编号、海关编号由出口地海关编制，其余各项的填制要求如下。

（1）预录入编号指预录入报关单的编号，一份报关单对应一个预录入编号，由系统自动生成。

```
                    中华人民共和国海关出口货物报关单
        预录入编号：                                          海关编号：
                                                            页码/页数：
```

境内发货人	出境关别		出口日期		申报日期	备案号	
境外收货人	运输方式		运输工具名称及航次号		提运单号		
生产销售单位	监管方式		征免性质		许可证号		
合同协议号	贸易国（地区）		运抵国（地区）		指运港	离境口岸	
包装种类	件数	毛重（千克）	净重（千克）	成交方式	运费	保费	杂费

随附单证
随附单证1：　　　　　　　　　　　随附单证2：
标记唛码及备注

项号	商品编号	商品名称及规格型号	数量及单位	单价／总价／币制	原产国	最终目的国	境内货源地	征免
1								
2								
3								
4								
5								
6								
7								

特殊关系确认：　　　价格影响确认：　　　支付特许权使用费确认：　　　自报自缴：

报关人员　　　　报关人员证号　　　　电话　　　　　　　　　　　海关批注及签章
兹申明以上内容承担如实申报、依法纳税之法律责任
195
申报单位
申报单位（签章）

图 8-10　报关单的空白样单

报关单预录入编号为18位，其中第1～4位为接受申报海关的代码（海关规定的《关区代码表》中的相应海关代码），第5～8位为录入时的公历年份，第9位为进出口标志（"1"为进口，"0"为出口；集中申报清单"I"为进口，"E"为出口），后9位为顺序编号。

（2）海关编号指海关接受申报时给予报关单的编号，一份报关单对应一个海关编号，由系统自动生成。

报关单海关编号为18位，其中第1～4位为接受申报海关的代码（海关规定的《关区代码表》中的相应海关代码），第5～8位为海关接受申报的公历年份，第9位为进出口标志（"1"为进口，"0"为出口；集中申报清单"I"为进口，"E"为出口），后9位为顺序编号。

（3）境内收发货人：填报在海关备案的对外签订并执行进出口贸易合同的中国境内

法人、其他组织名称及编码。编码填报18位法人和其他组织统一社会信用代码，没有统一社会信用代码的，填报其在海关的备案编码。

特殊情况下的填报要求如下。

1）进出口货物合同的签订者和执行者非同一企业的，填报执行合同的企业。

2）外商投资企业委托进出口企业进口投资设备、物品的，填报外商投资企业，并在标记唛码及备注栏注明"委托某进出口企业进口"，同时注明被委托企业的18位法人和其他组织统一社会信用代码。

3）有代理报关资格的报关企业代理其他进出口企业办理进出口报关手续时，填报委托的进出口企业。

4）海关特殊监管区域收发货人填报该货物的实际经营单位或海关特殊监管区域内经营企业。

（4）进出境关别：根据货物实际进出境的口岸海关，填报海关规定的《关区代码表》中相应口岸海关的名称及代码。

特殊情况下的填报要求如下。

1）进口转关运输货物填报货物进境地海关名称及代码，出口转关运输货物填报货物出境地海关名称及代码。按转关运输方式监管的跨关区深加工结转货物，出口报关单填报转出地海关名称及代码，进口报关单填报转入地海关名称及代码。

2）在不同海关特殊监管区域或保税监管场所之间调拨、转让的货物，填报对方海关特殊监管区域或保税监管场所所在的海关名称及代码。

3）其他无实际进出境的货物，填报接受申报的海关名称及代码。

（5）进口日期填报运载进口货物的运输工具申报进境的日期。出口日期指运载出口货物的运输工具办结出境手续的日期，在申报时免予填报。无实际进出境的货物，填报海关接受申报的日期。进出口日期为8位数字，顺序为年（4位）、月（2位）、日（2位）。

（6）申报日期指海关接受进出口货物的收、发货人，受委托的报关企业申报数据的日期。以电子数据报关单方式申报的，申报日期为海关计算机系统接受申报数据时记录的日期；以纸质报关单方式申报的，申报日期为海关接受纸质报关单并对报关单进行登记处理的日期。本栏目在申报时免予填报。申报日期为8位数字，顺序为年（4位）、月（2位）、日（2位）。

（7）备案号：填报进出口货物收、发货人，消费使用单位，生产销售单位在海关办理加工贸易合同备案或征、减、免税审核确认等手续时，海关核发的《加工贸易手册》、海关特殊监管区域和保税监管场所保税账册、《征免税证明》或其他备案审批文件的编号。

一份报关单只允许填报一个备案号。具体填报要求如下。

1）加工贸易项下货物，除少量低值辅料按规定不使用《加工贸易手册》及以后续补税监管方式办理内销征税的外，填报《加工贸易手册》编号。

使用异地直接报关分册和异地深加工结转出口分册在异地口岸报关的，填报分册号；本地直接报关分册和本地深加工结转分册限制在本地报关，填报总册号。

加工贸易成品凭《征免税证明》转为减免税进口货物的，进口报关单填报《征免税证明》编号，出口报关单填报《加工贸易手册》编号。

对加工贸易设备、使用账册管理的海关特殊监管区域内减免税设备之间的结转、转入和转出企业分别填制进、出口报关单，在报关单"备案号"栏目填报《加工贸易手册》编号。

2）涉及征、减、免税审核确认的报关单，填报《征免税证明》编号。

3）减免税货物退运出口，填报《中华人民共和国海关进口减免税货物准予退运证明》的编号；减免税货物补税进口，填报《减免税货物补税通知书》的编号；减免税货物进口或结转进口（转入），填报《征免税证明》的编号；相应的结转出口（转出），填报《中华人民共和国海关进口减免税货物结转联系函》的编号。

（8）境外收、发货人：境外收货人通常指签订并执行出口贸易合同的买方或合同指定的收货人；境外发货人通常指签订并执行进口贸易合同中的卖方。

填报境外收、发货人的名称及编码。名称一般填报英文名称，检验检疫要求填报其他外文名称的，在英文名称后填报，以半角括号分隔；对于AEO互认国家（地区）企业，编码填报AEO编码，按照海关总署发布的相关公告要求的样式填报（如新加坡AEO企业填报样式为：SG123456789012，韩国AEO企业填报样式为KR1234567，具体见相关公告要求）；非互认国家（地区）AEO企业等其他情形，编码免于填报。

特殊情况下无境外收、发货人的，名称及编码填报"NO"。

（9）运输方式包括实际运输方式和海关规定的特殊运输方式，前者指货物实际进出境的运输方式，按进出境所使用的运输工具分类；后者指货物无实际进出境的运输方式，按货物在境内的流向分类。

根据货物实际进出境的运输方式或货物在境内流向的类别，按照海关规定的《运输方式代码表》选择填报相应的运输方式。

1）特殊情况填报要求如下。

A. 以非邮件方式进出境的快递货物，按实际运输方式填报。

B. 进口转关运输货物，按载运货物抵达进境地的运输工具填报；出口转关运输货物，按载运货物驶离出境地的运输工具填报。

C. 不复运出（入）境而留在境内（外）销售的进出境展览品、留赠转卖物品等，填报"其他运输"（代码9）。

D. 进出境旅客随身携带的货物，填报"旅客携带"（代码L）。

E. 以固定设施（包括输油、输水管道和输电网等）运输货物的，填报"固定设施运输"（代码G）。

2）无实际进出境货物在境内流转时填报要求如下。

A. 境内非保税区运入保税区的货物和保税区退区货物，填报"非保税区"（代码0）。

B. 保税区运往境内非保税区的货物，填报"保税区"（代码7）。

C. 境内存入出口监管仓库和出口监管仓库退仓货物，填报"监管仓库"（代码1）。

D. 保税仓库转内销货物或转加工贸易货物，填报"保税仓库"（代码8）。

E. 从境内保税物流中心外运入中心或从中心运往境内中心外的货物，填报"物流中心"（代码W）。

F. 从境内保税物流园区外运入园区或从园区内运往境内园区外的货物，填报"物流园区"（代码X）。

G. 在保税港区、综合保税区与境内（区外）（非海关特殊监管区域、保税监管场所）之间进出的货物，填报"保税港区/综合保税区"（代码Y）。

H. 在出口加工区、珠澳跨境工业区（珠海园区）、中哈霍尔果斯边境合作区（中方配套区）与境内（区外）（非海关特殊监管区域、保税监管场所）之间进出的货物，填报"出口加工区"（代码Z）。

I. 境内运入深港西部通道港方口岸区的货物，填报"边境特殊海关作业区"（代码H）。

J. 经横琴新区和平潭综合试验区（以下简称综合试验区）二线指定申报通道运往境内区外或从境内经二线指定申报通道进入综合试验区的货物，以及综合试验区内按选择性征收关税申报的货物，填报"综合试验区"（代码T）。

K. 在海关特殊监管区域内流转、调拨的货物，在海关特殊监管区域、保税监管场所之间的流转货物，在海关特殊监管区域与境内区外之间进出的货物，海关特殊监管区域外的加工贸易余料结转、深加工结转、内销货物，以及其他境内流转货物，填报"其他运输"（代码9）。

（10）运输工具名称及航次号：填报载运货物进出境的运输工具名称或编号及航次号。填报内容应与运输部门向海关申报的舱单（载货清单）所列相应内容一致。

运输工具名称具体填报要求如下。

1）直接在进出境地或采用全国通关一体化通关模式办理报关手续的报关单填报要求如下。

A. 水路运输：填报船舶编号（来往港澳小型船舶为监管簿编号）或者船舶英文名称。

B. 公路运输：启用公路舱单前，填报该跨境运输车辆的国内行驶车牌号，深圳提前报关模式的报关单填报国内行驶车牌号+"/"+"提前报关"。启用公路舱单后，免予填报。

C. 铁路运输：填报车厢编号或交接单号。

D. 航空运输：填报航班号。

E. 邮件运输：填报邮政包裹单号。

F. 其他运输：填报具体运输方式名称，例如管道、驮畜等。

2）转关运输货物的报关单填报要求如下。

在进口申报时，

A. 水路运输：直转、提前报关填报"@"+16位转关申报单预录入号（或13位载货清单号）；中转填报进境英文船名。

B. 铁路运输：直转、提前报关填报"@"+16位转关申报单预录入号；中转填报车厢编号。

C. 航空运输：直转、提前报关填报"@"+16位转关申报单预录入号（或13位载货清单号）；中转填报"@"。

D. 公路及其他运输：填报"@"+16位转关申报单预录入号（或13位载货清单号）。

在出口申报时，

A. 水路运输：非中转填报"@"+16位转关申报单预录入号（或13位载货清单号）。如多张报关单需要通过一张转关单转关，运输工具名称字段填报"@"。中转货物，境内水路运输填报驳船船名；境内铁路运输填报车名（主管海关4位关区代码+"TRAIN"）；境内公路运输填报车名（主管海关4位关区代码+"TRUCK"）。

B. 铁路运输：填报"@"+16位转关申报单预录入号（或13位载货清单号），如多张报关单需要通过一张转关单转关，填报"@"。

C. 航空运输：填报"@"+16位转关申报单预录入号（或13位载货清单号），如多张报关单需要通过一张转关单转关，填报"@"。

D. 其他运输方式：填报"@"+16位转关申报单预录入号（或13位载货清单号）。

采用"集中申报"通关方式办理报关手续的，报关单填报"集中申报"。无实际进出境的货物，免予填报。

3）航次号具体填报要求如下。

直接在进出境地或采用全国通关一体化通关模式办理报关手续的报关单。

A. 水路运输：填报船舶的航次号。

B. 公路运输：启用公路舱单前，填报运输车辆的8位进出境日期（顺序为年（4位）、月（2位）、日（2位），下同）。启用公路舱单后，填报货物运输批次号。

C. 铁路运输：填报列车的进出境日期。

D. 航空运输：免予填报。

E. 邮件运输：填报运输工具的进出境日期。

F. 其他运输方式：免予填报。

（11）提运单号：填报进出口货物提单或运单的编号。一份报关单只允许填报一个提单或运单号，一票货物对应多个提单或运单时，应分单填报。具体填报要求如下。

1）直接在进出境地或采用全国通关一体化通关模式办理报关手续的。

A. 水路运输：填报进出口提单号。如有分提单，填报进出口提单号+"*"+分提单号。

B. 公路运输：启用公路舱单前，免予填报；启用公路舱单后，填报进出口总运单号。

C. 铁路运输：填报运单号。

D. 航空运输：填报总运单号+"_"+分运单号，无分运单的填报总运单号。

E. 邮件运输：填报邮运包裹单号。

2）转关运输货物的报关单。

在进口申报时，

A. 水路运输：直转、中转填报提单号。提前报关免予填报。

B. 铁路运输：直转、中转填报铁路运单号。提前报关免予填报。

C. 航空运输：直转、中转货物填报总运单号+"_"+分运单号。提前报关免予填报。

D. 其他运输方式：免予填报。

在出口申报时，

A. 水路运输：中转货物填报提单号；非中转货物免予填报；广东省内汽车运输提前报关的转关货物，填报承运车辆的车牌号。

B. 其他运输方式：免予填报。广东省内汽车运输提前报关的转关货物，填报承运车辆的车牌号。

（12）货物存放地点：填报货物进境后存放的场所或地点，包括海关监管作业场所、分拨仓库、定点加工厂、隔离检疫场、企业自有仓库等。

（13）消费使用单位/生产销售单位：消费使用单位填报已知的进口货物在境内的最终消费、使用单位的名称，包括：

1）自行进口货物的单位；

2）委托进出口企业进口货物的单位。

生产销售单位填报出口货物在境内的生产或销售单位的名称，包括：

1）自行出口货物的单位；

2）委托进出口企业出口货物的单位。

（14）监管方式是以国际贸易中进出口货物的交易方式为基础，结合海关对进出口货物的征税、统计及监管条件综合设定的海关对进出口货物的管理方式。其代码由4位数字构成，前两位是按照海关监管要求和计算机管理需要划分的分类代码，后两位是参照国际标准编制的贸易方式代码。

根据实际对外贸易情况按海关规定的《监管方式代码表》选择填报相应的监管方式简称及代码。一份报关单只允许填报一种监管方式。

特殊情况下加工贸易货物监管方式填报要求如下。

1）进口少量低值辅料（5 000美元以下，78种以内的低值辅料）按规定不使用《加工贸易手册》的，填报"低值辅料"。使用《加工贸易手册》的，按《加工贸易手册》上的监管方式填报。

2）加工贸易料件转内销货物以及按料件办理进口手续的转内销制成品、残次品、未完成品，填制进口报关单，填报"来料料件内销"或"进料料件内销"；加工贸易成品凭《征免税证明》转为减免税进口货物的，分别填制进、出口报关单，出口报关单填报"来料成品减免"或"进料成品减免"，进口报关单按照实际监管方式填报。

3）加工贸易出口成品因故退运进口及复运出口的，填报"来料成品退换"或"进料成品退换"；加工贸易进口料件因换料退运出口及复运进口的，填报"来料料件退换"或"进料料件退换"；加工贸易过程中产生的剩余料件、边角料退运出口，以及进口料件因品质、规格等原因退运出口且不再更换同类货物进口的，分别填报"来料料件复出""来料边角料复出""进料料件复出""进料边角料复出"。

4）加工贸易边角料内销和副产品内销，填制进口报关单，填报"来料边角料内销"或"进料边角料内销"。

5）企业销毁处置加工贸易货物未获得收入，销毁处置货物为料件、残次品的，填报"料件销毁"；销毁处置货物为边角料、副产品的，填报"边角料销毁"。

企业销毁处置加工贸易货物获得收入的，填报为"进料边角料内销"或"来料边角料内销"。

（15）征免性质：根据实际情况按海关规定的《征免性质代码表》选择填报相应的征免性质简称及代码，持有海关核发的《征免税证明》的，按照《征免税证明》中批注的征免性质填报。一份报关单只允许填报一种征免性质。

加工贸易货物报关单按照海关核发的《加工贸易手册》中批注的征免性质简称及代码填报。特殊情况填报要求如下：

1）加工贸易转内销货物，按实际情况填报（如一般征税、科教用品、其他法定等）；

2）料件退运出口、成品退运进口货物填报"其他法定"（代码299）；

3）加工贸易结转货物，免予填报。

（16）许可证号：填报进（出）口许可证、两用物项和技术进（出）口许可证、两用物项和技术出口许可证（定向）、纺织品临时出口许可证、出口许可证（加工贸易）、出口许可证（边境小额贸易）的编号。

一份报关单只允许填报一个许可证号。

（17）启运港：填报进口货物在运抵我国关境前的第一个境外装运港。

根据实际情况，按海关规定的《港口代码表》填报相应的港口名称及代码，未在《港口代码表》列明的，填报相应的国家名称及代码。货物从海关特殊监管区域或保税监管场所运至境内区外的，填报《港口代码表》中相应海关特殊监管区域或保税监管场所的名称及代码，未在《港口代码表》中列明的，填报"未列出的特殊监管区"及代码。

其他无实际进境的货物，填报"中国境内"及代码。

（18）合同协议号：填报进出口货物合同（包括协议或订单）编号，未发生商业性交易的免予填报。

（19）贸易国（地区）：发生商业性交易的进口填报购自国（地区），出口填报售予国（地区）。未发生商业性交易的填报货物所有权拥有者所属的国家（地区）。

按海关规定的《国别（地区）代码表》选择填报相应的贸易国（地区）的中文名称及代码。

（20）启运国（地区）/运抵国（地区）。

启运国（地区）填报进口货物起始发出直接运抵我国或者在运输中转国（地）未发生任何商业性交易的情况下运抵我国的国家（地区）。

运抵国（地区）填报出口货物离开我国关境直接运抵或者在运输中转国（地区）未发生任何商业性交易的情况下最后运抵的国家（地区）。

不经过第三国（地区）转运的直接运输进出口货物，以进口货物的装货港所在国（地区）为启运国（地区），以出口货物的指运港所在国（地区）为运抵国（地区）。

经过第三国（地区）转运的进出口货物，如在中转国（地区）发生商业性交易，则以中转国（地区）作为启运/运抵国（地区）。

按海关规定的《国别（地区）代码表》选择填报相应的启运国（地区）或运抵国（地区）的中文名称及代码。

无实际进出境的货物，填报"中国"及代码。

（21）经停港/指运港。

经停港填报进口货物在运抵我国关境前的最后一个境外装运港。

指运港填报出口货物运往境外的最终目的港；最终目的港不可预知的，按尽可能预知的目的港填报。

根据实际情况，按海关规定的《港口代码表》选择填报相应的港口名称及代码。经停港/指运港在《港口代码表》中无港口名称及代码的，可选择填报相应的国家名称及代码。

无实际进出境的货物，填报"中国境内"及代码。

（22）入境口岸/离境口岸。

入境口岸填报进境货物从跨境运输工具卸离的第一个境内口岸的中文名称及代码；采取多式联运跨境运输的，填报多式联运货物最终卸离的境内口岸中文名称及代码；过境货物填报货物进入境内的第一个口岸的中文名称及代码；从海关特殊监管区域或保税监管场所进境的，填报海关特殊监管区域或保税监管场所的中文名称及代码。其他无实际进境的货物，填报货物所在地的城市名称及代码。

出境口岸填报装运出境货物的跨境运输工具离境的第一个境内口岸的中文名称及代码；采取多式联运跨境运输的，填报多式联运货物最初离境的境内口岸中文名称及代码；过境货物填报货物离境的第一个境内口岸的中文名称及代码；从海关特殊监管区域或保税监管场所出境的，填报海关特殊监管区域或保税监管场所的中文名称及代码。其他无实际出境的货物，填报货物所在地的城市名称及代码。

入境口岸/离境口岸类型包括港口、码头、机场、机场货运通道、边境口岸、火车站、车辆装卸点、车检场、陆路港、坐落在口岸的海关特殊监管区域等。按海关规定的《国内口岸编码表》选择填报相应的境内口岸名称及代码。

（23）包装种类：填报进出口货物的所有包装材料，包括运输包装和其他包装，按海关规定的《包装种类代码表》选择填报相应的包装种类名称及代码。运输包装指提运单所列货物件数单位对应的包装，其他包装包括货物的各类包装，以及植物性铺垫材料等。

（24）件数：填报进出口货物运输包装的件数（按运输包装计）。特殊情况填报要求如下。

1）舱单件数为集装箱的，填报集装箱个数。

2）舱单件数为托盘的，填报托盘数。

不得填报为零，裸装货物填报为"1"。

（25）毛重（千克）：填报进出口货物及其包装材料的重量之和，计量单位为千克，不足一千克的填报为"1"。

（26）净重（千克）：填报进出口货物的毛重减去外包装材料后的重量，即货物本身的实际重量，计量单位为千克，不足一千克的填报为"1"。

（27）成交方式：根据进出口货物实际成交价格条款，按海关规定的《成交方式代码表》选择填报相应的成交方式代码。

无实际进出境的货物，进口填报 CIF，出口填报 FOB。

（28）运费：填报进口货物运抵我国境内输入地点起卸前的运输费用，出口货物运至我国境内输出地点装载后的运输费用。

运费可按运费单价、总价或运费率三种方式之一填报，注明运费标记（运费标记"1"表示运费率，"2"表示每吨货物的运费单价，"3"表示运费总价），并按海关规定的《货币代码表》选择填报相应的币种代码。

（29）保费：填报进口货物运抵我国境内输入地点起卸前的保险费用，出口货物运至我国境内输出地点装载后的保险费用。

保费可按保险费总价或保险费率两种方式之一填报，注明保险费标记（保险费标记"1"表示保险费率，"3"表示保险费总价），并按海关规定的《货币代码表》选择填报相应的币种代码。

（30）杂费：填报成交价格以外的，按照《中华人民共和国进出口关税条例》相关规定应计入完税价格或应从完税价格中扣除的费用。

杂费可按杂费总价或杂费率两种方式之一填报，注明杂费标记（杂费标记"1"表示杂费率，"3"表示杂费总价），并按海关规定的《货币代码表》选择填报相应的币种代码。

应计入完税价格的杂费填报为正值或正率；应从完税价格中扣除的杂费填报为负值或负率。

（31）随附单证及编号：根据海关规定的《监管证件代码表》和《随附单据代码表》选择填报除本规范第十六条规定的许可证件以外的其他进出口许可证件或监管证件、随附单据代码及编号。

本栏目分为随附单证代码和随附单证编号两栏，其中代码栏按海关规定的《监管证件代码表》和《随附单据代码表》选择填报相应证件代码；随附单证编号栏填报证件编号。

1）加工贸易内销征税报关单，随附单证代码栏填报"c"，随附单证编号栏填报海关审核通过的内销征税联系单号。

2）一般贸易进出口货物，只能使用原产地证书申请享受协定税率或者特惠税率（以下统称优惠税率）的（无原产地声明模式），"随附单证代码"栏填报原产地证书代码"Y"，在"随附单证编号"栏填报"<优惠贸易协定代码>"和"原产地证书编号"。可以使用原产地证书或者原产地声明申请享受优惠税率的（有原产地声明模式），"随附单证代码"栏填写"Y"，"随附单证编号"栏填报"<优惠贸易协定代码>""C"（凭原产地证书申报）或"D"（凭原产地声明申报），以及"原产地证书编号（或者原产地声明序列号）"。一份报关单对应一份原产地证书或原产地声明。各优惠贸易协定代码如下。

"01"为"亚太贸易协定"。
"02"为"中国—东盟自贸协定"。
"03"为"内地与香港紧密经贸关系安排"（香港CEPA）。
"04"为"内地与澳门紧密经贸关系安排"（澳门CEPA）。
"06"为"台湾农产品零关税措施"。
"07"为"中国—巴基斯坦自贸协定"。
"08"为"中国—智利自贸协定"。
"10"为"中国—新西兰自贸协定"。
"11"为"中国—新加坡自贸协定"。
"12"为"中国—秘鲁自贸协定"。
"13"为"最不发达国家特别优惠关税待遇"。
"14"为"海峡两岸经济合作框架协议（ECFA）"。
"15"为"中国—哥斯达黎加自贸协定"。
"16"为"中国—冰岛自贸协定"。
"17"为"中国—瑞士自贸协定"。
"18"为"中国—澳大利亚自贸协定"。
"19"为"中国—韩国自贸协定"。
"20"为"中国—格鲁吉亚自贸协定"。

海关特殊监管区域和保税监管场所内销货物申请适用优惠税率的，有关货物进出海关特殊监管区域和保税监管场所以及内销时，已通过原产地电子信息交换系统实现电子联网的优惠贸易协定项下货物报关单，按照上述一般贸易要求填报；未实现电子联网的优惠贸易协定项下货物报关单，"随附单证代码"栏填报"Y"，"随附单证编号"栏填报"<优惠贸易协定代码>"和"原产地证据文件备案号"。"原产地证据文件备案号"为进出口货物的收、发货物人或者其代理人录入原产地证据文件电子信息后，系统自动生成的号码。

向香港或者澳门特别行政区出口用于生产香港CEPA或者澳门CEPA项下货物的原

材料时，按照上述一般贸易填报要求填制报关单，香港或澳门的生产厂商在香港工贸署或者澳门经济局登记备案的有关备案号填报在"关联备案"栏中。

"单证对应关系表"中填报报关单上的申报商品项与原产地证书（原产地声明）上的商品项之间的对应关系。报关单上的商品序号与原产地证书（原产地声明）上的项目编号应一一对应，不要求顺序对应。同一批次进口货物可以在同一报关单中申报，不享受优惠税率的货物序号不填报在"单证对应关系表"中。

3）各优惠贸易协定项下，免提交原产地证据文件的小金额进口货物"随附单证代码"栏填报"Y"，"随附单证代码"栏填报"<协定编号>XJE00000"，"单证对应关系表"享惠报关单项号按实际填报，对应单证项号与享惠报关单项号相同。

（32）标记唛码及备注，填报要求如下。

1）标记唛码中除图形以外的文字、数字，无标记唛码的填报"N/M"。

2）受外商投资企业委托代理其进口投资设备、物品的进出口企业名称。

3）与本报关单有关联关系的，同时在业务管理规范方面又要求填报的备案号，填报在电子数据报关单中"关联备案"栏。

（33）项号分两行填报。第一行填报报关单中的商品顺序编号；第二行填报"备案序号"，专用于加工贸易及保税、减免税等已备案、审批的货物，填报该项货物在《加工贸易手册》或《征免税证明》等备案、审批单证中的顺序编号。有关优惠贸易协定项下报关单填制要求按照海关总署相关规定执行。其中第二行特殊情况填报要求如下。

1）深加工结转货物，分别按照《加工贸易手册》中的进口料件项号和出口成品项号填报。

2）料件结转货物（包括料件、制成品和未完成品折料），出口报关单按照转出《加工贸易手册》中进口料件的项号填报；进口报关单按照转进《加工贸易手册》中进口料件的项号填报。

3）料件复出货物（包括料件、边角料），出口报关单按照《加工贸易手册》中进口料件的项号填报；如边角料对应一个以上料件项号时，填报主要料件项号。料件退换货物（包括料件，不包括未完成品），进出口报关单按照《加工贸易手册》中进口料件的项号填报。

4）成品退换货物，退运进境报关单和复运出境报关单按照《加工贸易手册》原出口成品的项号填报。

5）加工贸易料件转内销货物（以及按料件办理进口手续的转内销制成品、残次品、未完成品）填制进口报关单，填报《加工贸易手册》进口料件的项号；加工贸易边角料、副产品内销，填报《加工贸易手册》中对应的进口料件项号。在边角料或副产品对应一个以上料件项号时，填报主要料件项号。

6）加工贸易成品凭《征免税证明》转为减免税货物进口的，应先办理进口报关手续。进口报关单填报《征免税证明》中的项号，出口报关单填报《加工贸易手册》原出口成品项号,进、出口报关单货物数量应一致。

7)加工贸易货物销毁,填报《加工贸易手册》中相应的进口料件项号。

8)加工贸易副产品退运出口、结转出口,填报《加工贸易手册》中新增成品的出口项号。

9)经海关批准实行加工贸易联网监管的企业,按海关联网监管要求,企业需要申报报关清单的,应在向海关申报进出口(包括形式进出口)报关单前,向海关申报"清单"。一份报关清单对应一份报关单,报关单上的商品由报关清单归并而得。加工贸易电子账册报关单中项号、品名、规格等栏目的填制规范比照《加工贸易手册》。

(34)商品编号:填报由13位数字组成的商品编号。前8位为《中华人民共和国进出口税则》和《中华人民共和国海关统计商品目录》确定的编码;9、10位为监管附加编号;11~13位为检验检疫附加编号。

(35)商品名称及规格型号:分两行填报。第一行填报进出口货物规范的中文商品名称,第二行填报规格型号。具体填报要求如下。

1)商品名称及规格型号应据实填报,并与进出口货物收、发货人或受委托的报关企业所提交的合同、发票等相关单证相符。

2)商品名称应当规范,规格型号应当足够详细,以能满足海关归类、审价及许可证件管理要求为准,可参照《中华人民共和国海关进出口商品规范申报目录》中对商品名称、规格型号的要求进行填报。

3)已备案的加工贸易及保税货物,填报的内容必须与备案登记中同项号下货物的商品名称一致。

4)对需要海关签发《货物进口证明书》的车辆,商品名称栏填报"车辆品牌+排气量(注明cc)+车型(如越野车、小轿车等)"。进口汽车底盘不填报排气量。车辆品牌按照《进口机动车辆制造厂名称和车辆品牌中英文对照表》中"签注名称"一栏的要求填报。规格型号栏可填报"汽油型"等。

5)由同一运输工具同时运抵同一口岸并且属于同一收货人、使用同一提单的多种进口货物,按照商品归类规则应当归入同一商品编号的,应当将有关商品一并归入该商品编号。商品名称填报一并归类后的商品名称;规格型号填报一并归类后商品的规格型号。

6)加工贸易边角料和副产品内销,边角料复出口,填报其报验状态的名称和规格型号。

7)进口货物收货人以一般贸易方式申报进口属于《需要详细列名申报的汽车零部件清单》(海关总署2006年第64号公告)范围内的汽车生产件的,按以下要求填报:

A.商品名称填报进口汽车零部件的详细中文商品名称和品牌,中文商品名称与品牌之间用"/"相隔,必要时加注英文商业名称;进口的成套散件或者毛坯件应在品牌后加注"成套散件""毛坯"等字样,并与品牌之间用"/"相隔。

B.规格型号填报汽车零部件的完整编号。在零部件编号前应当加注"S"字样,并与零部件编号之间用"/"相隔,零部件编号之后应当依次加注该零部件适用的汽车品牌和车型。汽车零部件属于可以适用于多种汽车车型的通用零部件的,零部件编号后应当加注"TY"字样,并用"/"与零部件编号相隔。与进口汽车零部件规格型号相关的其他需要申报的要素,或者海关规定的其他需要申报的要素,如"功率""排气量"等,应当在车型或"TY"之后填报,并用"/"与之相隔。汽车零部件报验状态是成套散件的,应当在"标记唛码及备注"栏内填报该成套散件装配后的最终完整品的零部件编号。

8)进口货物收货人以一般贸易方式申报进口属于《需要详细列名申报的汽车零部件清单》(海关总署2006年第64号公告)范围内的汽车维修件的,在填报规格型号时,应当在零部件编号前加注"W",并与零部件编号之间用"/"相隔;进口维修件的品牌与该零部件适用的整车厂牌不一致的,应当在零部件编号前加注"WF",并与零部件编号之间用"/"相隔。其余申报要求同上条执行。

9)品牌类型为必填项目。可选择"无品牌""境内自主品牌""境内收购品牌""境外品牌(贴牌生产)""境外品牌(其他)"如实填报。其中,"境内自主品牌"是指由境内企业自主开发、拥有自主知识产权的品牌;"境内收购品牌"是指境内企业收购的原境外品牌;"境外品牌(贴牌生产)"是指境内企业代工贴牌生产中使用的境外品牌;"境外品牌(其他)"是指除代工贴牌生产以外使用的境外品牌。

10)出口享惠情况为出口报关单必填项目。可选择"出口货物在最终目的国(地区)不享受优惠关税""出口货物在最终目的国(地区)享受优惠关税""出口货物不能确定在最终目的国(地区)享受优惠关税",如实填报。进口货物报关单不填报该申报项。

11)申报进口已获3C认证的机动车辆时,填报以下信息。

A. 提运单日期,填报该项货物的提运单签发日期。

B. 质量保质期,填报机动车的质量保证期。

C. 发动机号或电机号,填报机动车的发动机号或电机号,应与机动车上打刻的发动机号或电机号相符。纯电动汽车、插电式混合动力汽车、燃料电池汽车填报电机号,其他机动车填报发动机号。

D. 车辆识别代码(VIN)。填报机动车车辆识别代码,须符合国家强制性标准《道路车辆 车辆识别代号(VIN)》(GB 16735)的要求。该项目一般与机动车的底盘(车架号)相同。

E. 发票所列数量,填报对应发票中所列进口机动车的数量。

F. 品名(中文名称),填报机动车中文品名,按《进口机动车辆制造厂名称和车辆品牌中英文对照表》(原质检总局2004年52号公告)的要求填报。

G. 品名(英文名称),填报机动车英文品名,按《进口机动车辆制造厂名称和车辆品牌中英文对照表》(原质检总局2004年52号公告)的要求填报。

H. 型号(英文),填报机动车型号,与机动车产品标牌上整车型号一栏相符。

（36）数量及单位分三行填报。

1）第一行按进出口货物的法定第一计量单位填报数量及单位，法定计量单位以《中华人民共和国海关统计商品目录》中的计量单位为准。

2）凡列明有法定第二计量单位的，在第二行按照法定第二计量单位填报数量及单位。无法定第二计量单位的，第二行为空。

3）成交计量单位及数量填报在第三行。

4）法定计量单位为"千克"的数量填报，特殊情况下填报要求如下。

A. 装入可重复使用的包装容器的货物，按货物扣除包装容器后的重量填报，如罐装同位素、罐装氧气及类似品等。

B. 使用不可分割包装材料和包装容器的货物，按货物的净重填报（包括内层直接包装的净重重量），如采用供零售包装的罐头、药品及类似品等。

C. 按照商业惯例以公量重计价的商品，按公量重填报，如未脱脂羊毛、羊毛条等。

D. 采用以毛重作为净重计价的货物，可按毛重填报，如粮食、饲料等大宗散装货物。

E. 采用零售包装的酒类、饮料、化妆品，按照液体部分的重量填报。

5）成套设备、减免税货物如需要分批进口，货物实际进口时，按照实际报验状态确定数量。

6）具有完整品或制成品基本特征的不完整品、未制成品，根据《商品名称及编码协调制度》归类规则按完整品归类的，按照构成完整品的实际数量填报。

7）已备案的加工贸易及保税货物，成交计量单位必须与《加工贸易手册》中同项号下货物的计量单位一致，加工贸易边角料和副产品内销、边角料复出口，填报其报验状态的计量单位。

8）优惠贸易协定项下进出口商品的成交计量单位必须与原产地证书上对应商品的计量单位一致。

9）法定计量单位为立方米的气体货物，折算成标准状况（摄氏零度及1个标准大气压）下的体积进行填报。

（37）单价：填报同一项号下进出口货物实际成交的商品单位价格。无实际成交价格的，填报单位货值。

（38）总价：填报同一项号下进出口货物实际成交的商品总价格。无实际成交价格的，填报货值。

（39）币制：按海关规定的《货币代码表》选择相应的货币名称及代码填报，如《货币代码表》中无实际成交币种，需要将实际成交货币按申报日外汇折算率折算成《货币代码表》列明的货币填报。

（40）原产国（地区）依据《中华人民共和国进出口货物原产地条例》《中华人民共和国海关关于执行〈非优惠原产地规则中实质性改变标准〉的规定》以及海关总署关于

各项优惠贸易协定原产地管理规章规定的原产地确定标准填报。同一批进出口货物的原产地不同的，分别填报原产国（地区）。进出口货物原产国（地区）无法确定的，填报"国别不详"。

按海关规定的《国别（地区）代码表》选择填报相应的国家（地区）名称及代码。

（41）最终目的国（地区）填报已知的进出口货物的最终实际消费、使用或进一步加工制造国家（地区）。不经过第三国（地区）转运的直接运输货物，以运抵国（地区）为最终目的国（地区）；经过第三国（地区）转运的货物，以最后运往国（地区）为最终目的国（地区）。同一批进出口货物的最终目的国（地区）不同的，分别填报最终目的国（地区）。进出口货物不能确定最终目的国（地区）时，以尽可能预知的最后运往国（地区）为最终目的国（地区）。

按海关规定的《国别（地区）代码表》选择填报相应的国家（地区）名称及代码。

（42）境内目的地/境内货源地。

境内目的地填报已知的进口货物在国内的消费、使用地或最终运抵地，其中最终运抵地为最终使用单位所在的地区。最终使用单位难以确定的，填报货物进口时预知的最终收货单位所在地。

境内货源地填报出口货物在国内的产地或原始发货地。出口货物产地难以确定的，填报最早发运该出口货物的单位所在地。

海关特殊监管区域、保税物流中心（B型）与境外之间的进出境货物，境内目的地/境内货源地填报本海关特殊监管区域、保税物流中心（B型）所对应的国内地区名称及代码。

按海关规定的《国内地区代码表》选择填报相应的国内地区名称及代码，并根据《中华人民共和国行政区划代码表》选择填报境内目的地对应的县级行政区名称及代码。无下属区县级行政区的，可选择填报地市级行政区。

（43）征免：按照海关核发的《征免税证明》或有关政策规定，对报关单所列每项商品选择海关规定的《征减免税方式代码表》中相应的征减免税方式填报。

加工贸易货物报关单根据《加工贸易手册》中备案的征免规定填报；《加工贸易手册》中备案的征免规定为"保金"或"保函"的，填报"全免"。

（44）特殊关系确认：根据《中华人民共和国海关审定进出口货物完税价格办法》（以下简称《审价办法》）第十六条，填报确认进出口行为中买卖双方是否存在特殊关系，有下列情形之一的，应当认为买卖双方存在特殊关系，应填报"是"，反之则填报"否"。

1）买卖双方为同一家族成员的。
2）买卖双方互为商业上的高级职员或者董事的。
3）一方直接或者间接地受另一方控制的。
4）买卖双方都直接或者间接地受第三方控制的。
5）买卖双方共同直接或者间接地控制第三方的。

6）一方直接或者间接地拥有、控制或者持有对方5%以上（含5%）公开发行的有表决权的股票或者股份的。

7）一方是另一方的雇员、高级职员或者董事的。

8）买卖双方是同一合伙的成员的。

买卖双方在经营上相互有联系，一方是另一方的独家代理、独家经销或者独家受让人，如果符合前款的规定，也应当视为存在特殊关系。

出口货物免予填报，加工贸易及保税监管货物（内销保税货物除外）免予填报。

（45）价格影响确认：根据《审价办法》第十七条，填报确认纳税义务人是否可以证明特殊关系未对进口货物的成交价格产生影响，纳税义务人能证明其成交价格与同时或者大约同时发生的下列任何一款价格相近的，应视为特殊关系未对成交价格产生影响，填报"否"，反之则填报"是"。

1）向境内无特殊关系的买方出售的相同或者类似进口货物的成交价格。

2）按照《审价办法》第二十三条的规定确定的相同或者类似进口货物的完税价格。

3）按照《审价办法》第二十五条的规定确定的相同或者类似进口货物的完税价格。

出口货物免予填报，加工贸易及保税监管货物（内销保税货物除外）免予填报。

（46）支付特许权使用费确认：根据《审价办法》第十一条和第十三条，填报确认买方是否存在向卖方或者有关方直接或者间接支付与进口货物有关的特许权使用费，且未包括在进口货物的实付、应付价格中。

买方存在需要向卖方或者有关方直接或者间接支付特许权使用费，且未包含在进口货物实付、应付价格中，并且符合《审价办法》第十三条的，在"支付特许权使用费确认"栏目填报"是"。

买方存在需要向卖方或者有关方直接或者间接支付特许权使用费，且未包含在进口货物实付、应付价格中，但纳税义务人无法确认是否符合《审价办法》第十三条的，填报"是"。

买方存在需要向卖方或者有关方直接或者间接支付特许权使用费且未包含在实付、应付价格中，纳税义务人根据《审价办法》第十三条，可以确认需要支付的特许权使用费与进口货物无关的，填报"否"。

买方不存在向卖方或者有关方直接或者间接支付特许权使用费的，或者特许权使用费已经包含在进口货物实付、应付价格中的，填报"否"。

出口货物免予填报，加工贸易及保税监管货物（内销保税货物除外）免予填报。

（47）自报自缴：进出口企业、单位采用"自主申报、自行缴税"（自报自缴）模式向海关申报时，填报"是"，反之则填报"否"。

（48）申报单位：自理报关的，填报进出口企业的名称及编码；委托代理报关的，填报报关企业名称及编码。编码填报18位法人和其他组织统一社会信用代码。

报关人员填报在海关备案的姓名、编码、电话,并加盖申报单位印章。

(49)海关批注及签章:供海关作业时签注。

■ **实例展示 8-5　报关单的缮制**

上海良友(集团)有限公司的张明根据相关规定缮制了出口货物报关单。

中华人民共和国海关出口货物报关单			
预录入编号:		海关编号:	
出口口岸 外港海关 2225	备案号	出口日期 2011-07-15	申报日期 2011-07-13
经营单位 上海良友(集团)有限公司	运输方式 水路运输 2	运输工具名称 HALCYON/1106S	提运单号 SISHLKGA97297
发货单位 上海良友(集团)有限公司	贸易方式 一般贸易 0110	征免性质 一般征税(101)	结汇方式 信用证
许可证号 11-AD-400021	运抵国(地区) 泰国(136)	指运港 曼谷(136)	境内货源地 上海浦东
批准文号 780594951	成交方式 CIF	运费　　　　保费	杂费
合同协议号 LY11SC-003-S	件数 12 800	包装种类包　　毛重(千克) 　　　　　　　322 000	净重(千克) 320 000
集装箱号 SITU2900605/20/1280	随附单据		生产厂家
标记唛码及备注 FUMING, THAILAND GESU3561102/20/1280　GLOU3919424/20/1280　SITU2962567/20/1280 TEMU2119838/20/1280　TEHU2858212/20/1280　DFSU2009715/20/1280 BMOU2626150/20/1280　SITU2895598/20/1280　BMOU2744153/20/1280			

项号	商品编号	商品名称规格型号	数量及单位	最终目的国(地区)	单价	总价	币制	征免
01	1101000001	小麦细粉 WHEAT FLOUR (FEED GRADE)	322000.00KG 12800BAG	泰国	400.00	128 000.00	USD	照章

税费征收情况			
录入员	录入单位	兹声明以上声报无讹并承担法律责任	海关审单批注及放行 日期(签章)
报关员		申报单位(签章) 报关专用章	审单　　　　审价
单位地址			征税　　　　统计
邮编　　　　电话		填制日期	查验　　　　放行

■ **实战演练 8-2　报关单的缮制**

根据上海世贸进出口有限公司出口木制玩具的资料缮制出口货物报关单。

中华人民共和国海关出口货物报关单

预录入编号：					海关编号：	
出口口岸	备案号		出口日期		申报日期	
经营单位	运输方式		运输工具名称	提运单号		
发货单位	贸易方式		征免性质		结汇方式	
许可证号	运抵国（地区）		指运港		境内货源地	
批准文号	成交方式	运费	保费			杂费
合同协议号	件数	包装种类	毛重（千克）			净重（千克）
集装箱号	随附单据			生产厂家		
标记唛码及备注						
项号	商品编号	品名称规格型号	数量及单位	最终目的国（地区）	单价　总价　币制　征免	
税费征收情况						
录入员	录入单位	兹声明以上声报无讹并承担法律责任		海关审单批注及放行日期（签章）		
报关员		申报单位（签章）报关用章		审单		审价
单位地址				征税		统计
邮编	电话	填制日期		查验		放行

8.4.5　海关缴款书空白样单

海关缴款书的空白样单如图 8-11 所示。

海关专用缴款书

收入系统		填发日期： 年 月 日			号码 No.	
收款单位	收入机关			缴款单位	名称	
	科目	预算级次			账号	
	收款国库				开户银行	
税号	货物名称	数量	单位	完税价格（¥）	税率（%）	税款金额（¥）
金额人民币（大写）					合计（¥）	
申请单位编号		报关单编号		填制单位	收款国库（银行）	
合同（批文）号		运输工具（号）		制单人_____		
缴款期限		提/装货单号		复核人_____		
备注						
从填发缴款书之日起限 15 日内缴款（期末遇法定节假日顺延），逾期按日征收税款总额 1‰ 的滞纳金。						

图 8-11　海关缴款书的空白样单

思考题

一、单项选择题

1. 出口商应在（　　）通过传真、邮寄等方式，向进口商发出装运通知。
   A. 装运前　　　B. 装船完毕　　　C. 交单后　　　D. 保管前

2. 根据《海关法》规定，进口货物的报关期限为：自运输工具申报进境之日起（　　）天之内申报，若进口货物的收货人或其代理人逾期申报，海关将征收滞报金，滞报金的日征收金额为进口货物到岸价的（　　）。
   A. 14，0.05%　　　B. 14，0.5%　　　C. 15，0.05%　　　D. 15，0.5%

3. 在海关作业新模式中，将分散式审单变成集中审单，由（　　）审单中心集中审单后，业务现场海关接单，并按指令查验放行。
   A. 隶属海关　　　B. 直属海关　　　C. 海关总署　　　D. 中国电子口岸

4. 出口商得到托运确认后，应填制（　　）连同发票等相关单据向海关申报出口货物。
   A. 汇票　　　B. 报检单　　　C. 报关单　　　D. 装货单

5. 除特殊货物之外，海运出口货物的发货人或其代理人根据海关规定，应当在货物运抵海关监管区后，（　　）向海关申报货物出口。
   A. 船离境前48小时　　　B. 船离境48小时前
   C. 船离境前24小时　　　D. 船离境24小时前

6. 联合国世界卫生组织向我国提供数台意大利制造的医疗设备。意大利某公司受联合国委托，直接将该设备运至我国。在进口报关单上，起运国栏目填报（　　），原产国栏目填报（　　）。
   A. 联合国，意大利　　　B. 意大利，联合国
   C. 联合国，联合国　　　D. 意大利，意大利

7. 某外商投资企业委托上海化工进出口公司进口投资设备，在进口报关单上，经营单位栏目填报（　　），标记及备注栏目填报（　　）。
   A. 外商投资公司，某外商企业委托上海化工进出口公司
   B. 外商投资公司，外商投资公司
   C. 上海化工进出口公司，外商公司
   D. 上海化工进出口公司，上海化工进出口公司

8. 托运人在得到海运托运确认并办理海关申报后，海关对放行出口货物将在配舱回单第五联上加盖（　　），据此联，船公司才可以将单据上的货物装上船。
   A. 监管章　　　B. 放行章　　　C. 单证章　　　D. 验讫章

9. 辽宁省食品进出口公司向韩国出口500吨散装小麦。该货分装在同一艘船的3个货舱内。出口报关单上的件数栏目和包装种类栏目的正确填报应是（　　）。
   A. 500，吨　　　B. 1，船　　　C. 3，船舱　　　D. 1，散装

10. 按照《海关法》规定，通过设立海关的地点进境或出境的（　　）是不需要办理报

关手续的。

A. 货物　　　　B. 运输工具　　　　C. 物品　　　　D. 人员

11. 出口报关单上对于货物出口海运费总价为 5 000 美元的正确填报应是（　　）。

A. 110/5000/2　　B. 502/5000/1　　C. 110/5000/1　　D. 502/5000/3

12. 若某货物由上海吴淞港（关区代码：2202）出运，在出口报关单上"出口口岸"栏目的正确填报应是（　　）。

A. 上海口岸　　B. 吴淞海关 2202　　C. 上海口岸 2202　　D. 吴淞口岸

13. 按规定，出境货物最迟在出口报关或装运前（　　）天报检；输入植物、种子、种苗及其他繁殖物应在入境前（　　）天报检。

A. 7，15　　　B. 7，7　　　C. 15，7　　　D. 15，15

14. 在国际货物销售合同的商品检验条款中，关于检验时间与地点，目前使用最多的是（　　）。

A. 在出口国检验

B. 在进口国检验

C. 在出口国检验，在进口国复验

D. 在出口国检验，进口国复验，再到第三国检验

15. 根据规定，出口企业最迟于货物出运前（　　）天，向签证机构申请办理《一般原产地证明书》；或出口企业最迟于货物出运前（　　）天，向签证机构申请办理《惠普制产地证》。

A. 3，3　　　B. 3，5　　　C. 5，3　　　D. 5，5

16. 在填制《一般原产地证明书》时，为了防止加填伪造，规定在商品名称填完后，紧接下一行加上（　　）符号，以表示结束。

A. **********　　B. ＿＿＿＿＿＿　　C. ○○○○○○○○○　　D. ++++++++

17. 《普惠制产地证书》中的原产地标准栏目，经常被进口国海关严格审查。我国某出口产品有进口成分，进口成分价值未超过离岸价的 50%，若该产品分别出口到波兰和俄罗斯，在两张《普惠制产地证书》原厂地标准栏目内，正确的分别填报应是（　　）。

A. "W HS"，"P"　　　　　　B. "W HS"，"F"

C. "W HS"，"Y"　　　　　　D. "P"，"Y"

18. 出口业务中，国外某客户要求我方提供"GSP 产地证"，在我国这种证书的签发机构是（　　）。

A. 商务部　　B. 贸促会　　C. 出入境检验检疫局　　D. 出口商

19. 原产国的基本含义是出口产品的（　　）。

A. 起运国　　B. 制造国　　C. 出口国　　D. 消费国

20. GSP From A 是一种（　　）的证明书。

A. 品质证明书　　　　　　B. 普惠制产地证明书

C. 重量证明书　　　　　　D. 动物植物检疫证明书

21. 《普惠制原产地证明书格式A》中的原产地标准栏目，如果出口商品为完全原产品，不含有任何进口成分，出口到所有给惠国，正确填写代码是（　　）。
   A. "P"　　　　　B. "F"　　　　　C. "Y"　　　　　D. "W"

22. 出口许可证如为"一批一证"制商品，其有效期是（　　），其他情况为6个月。
   A. 2个月　　　　B. 3个月　　　　C. 4个月　　　　D. 5个月

23. 原产地证书是证明本批出口商品的生产地，并符合《中华人民共和国出口货物原产地规则》的一种文件，如果信用证或合同对签证机构未作具体规定，一般由（　　）签发。
   A. 进口商　　　　　　　　　　　B. 中国国际贸易促进委员会
   C. 海关　　　　　　　　　　　　D. 出口商

24. 普惠制产地证主要有三种形式，其中（　　）使用范围较广。
   A. 普惠制产地证明书格式A　　　B. 普惠制产地证明书格式59A
   C. 普惠制产地证书格式APR　　　D. 普惠制产地证明书

25. 出口企业在货物装运前（　　），向签证机构审核签发《普惠制产地证明书格式A》。
   A. 4天　　　　　B. 5天　　　　　C. 6天　　　　　D. 7天

26. 下面关于报关单份数规定中，正确的是（　　）。
   A. 一份电子报关单最多填报20项商品　　B. 一份纸质报关单最多填报20项商品
   C. 一份纸质报关单最多允许联单1张　　　D. 一份纸质报关单最多允许联单2张

27. 海关规定的进口货物的进口日期是指（　　）。
   A. 申报货物办结海关进口手续的日期
   B. 向海关申报货物进口的日期
   C. 运载货物的运输工具申报进境的日期
   D. 所申报货物进入海关监管场地或仓库的日期

28. 据我国规定，出口企业填制《一般原产地证明书申请书》向签证机构申请办理一般原产地证书的最迟时间是（　　）。
   A. 货物出运后3天　　　　　　　B. 货物出运前3天
   C. 货物出运后5天　　　　　　　D. 货物出运前5天

29. 信用证规定议付时扣除佣金100美元，发票和报关单上显示的收汇金额为10 000美元，实际收汇9 800美元（国外扣除费用100美元），出口收汇核销单上的金额一栏填（　　）。
   A. USD9800　　B. USD9900　　C. USD10000　　D. USD10100

30. 出口货物的发货人，在办理了出口报关、配合查验、缴纳税费、海关放行后，凭海关加盖（　　）的出口装货凭证，通知码头、机场等有关单位装运货物。
   A. 监管章　　　　B. 放行章　　　　C. 单证章　　　　D. 验讫章

二、多项选择题

1. 下列（　　）单证属于出口报关的基本单证。

A. 商业发票　　　B. 出口货物报关单　　C. 装箱单　　　　D. 出境货物通关单

2. 进出口货物报关单中的运输方式专门指载运货物进出关境所使用的运输工具种类，其中"其他运输"是指（　　）。

   A. 江海运输　　　B. 管道运输　　　　C. 人力扛运　　　D. 电网

3. 以下关于出口报关单"件数"和"包装种类"栏目的填报，符合海关规定的选项是（　　）。

   A. 裸装货物的件数填报为"1"，包装种类为"裸装"
   B. 散货的件数填报为"1"，包装种类为"散装"
   C. 2托盘，每托盘上装10纸箱的货物，件数填报为"22"，包装种类填报"件"
   D. 2托盘，每托盘上装10纸箱的货物，件数填报为"2"，包装种类填报"托盘"

4. 以下关于进出口货物报关单缮制规范正确的陈述是（　　）。

   A. 一份报关单只允许填报一种贸易方式
   B. 一份报关单只允许填报一种运输方式
   C. 一份报关单只允许填报一份原产地证书
   D. 一份报关单只允许填报一个集装箱箱号

5. 申报人必须按照海关规定，对于同一批货物中，不同的（　　），应分单申报。

   A. 运输工具名称　　B. 提运单号　　C. 征免性质　　　D. 许可证号

6. 按海关规定，申报每项商品的（　　）栏目，应分行填报。

   A. 项号　　　　　　　　　　　　B. 商品名称、规格型号
   C. 单价　　　　　　　　　　　　D. 数量及单位

7. 按海关规定，以下（　　）的编号应填报在报关单的"备案号"栏目内。

   A.《加工贸易登记手册》　　　　B.《减免税证明》
   C.《出口货物通关单》　　　　　D.《加工贸易低值小量辅料》

8. 商品检验证书在国际贸易中的作用是（　　）。

   A. 证明卖方所交货物是否符合合同规定的依据
   B. 对外索赔的依据
   C. 仲裁机构受理案件的依据
   D. 海关通关放行的有效证件
   E. 银行付款的主要依据

9. 商品检验条款的内容包括（　　）。

   A. 检验时间、地点　　　　　　B. 检验机构
   C. 检验证书　　　　　　　　　D. 检验标准与方法
   E. 复验

10. 我国发证机构一般规定，申请《一般原产地证书》的企业，必须提供以下文件（　　）。

    A.《一般原产地证明书申请单》　　B.《中华人民共和国原产地证明书》

  C.《商业发票》   D.《装箱单》
11. 给予中国出口制成品和半制成品普遍优惠制度的国家是（ ）等。
  A. 比利时   B. 荷兰   C. 日本   D. 加拿大
12. 产地证书通常用于不需要提供（ ）的国家或地区。
  A. 证实发票   B. 领事发票   C. 海关发票   D. 联合发票
13. GSP 产地证书主要有（ ）。
  A. 格式 A   B. 格式 59A   C. 格式 APRIL   D. 格式 NIL

三、判断题

1. 办理进出口货物的海关申报手续，可以选择纸质报关单或电子数据报关单的形式，两种形式的报关单具有同等的法律效力。（ ）
2. 进出口货物报关单上的"商品名称、规格型号"栏目，正确的填写应该有规范的中文名称、英文名称和规格型号，缺一不可。（ ）
3. 一票出口货物有两种商品，该两种商品项下的两份原产地证明书可用于同一份出口货物报关单向海关申报。（ ）
4. 根据货物实际运出我国关境，填报关单"出口口岸"栏目时，此栏填报海关名称及关区代码，而不是填报口岸名称及关区代码。（ ）
5. 货物报关单中"运费"栏目用于填报该份报关单所包含全部货物的国际运输费用，包括成交价格中不包运费的进口货物的运费和成交价格中含有运费的出口货物的运费。（ ）
6. 进出口货物报关单中"批准文号"栏目，仅填写出口收汇核销单上的编号；进口货物报关单此栏目免予填报。（ ）
7. 若出口货物成交价格条款是 CIF，在出口货物报关单上，运费栏目不填，保费栏目不填。（ ）
8. 同一批货物以相同运输方式出口，若船次航次相同，关单号不同，则允许不分单申报。（ ）
9. 出口报关单上"集装箱箱号"一栏，此栏内只需填入同一票货物其中的一只集装箱箱号和自重，其余箱号不需要在此报关单上显示。（ ）
10. "一般进出口"指的就是以"一般贸易"方式进出口。（ ）
11. 一般报关人在进出境货物向海关申报后，还必须配合海关查验，缴纳税费后才被海关放行，放行后就结关。
12. 进口货物报关单的"进口口岸"一栏，应填报进境口岸的口岸名称及关区代码。（ ）
13. 一般出口货物申报日期不得早于运输工具进口申报日期；出口货物申报日期不能晚于运输工具出境日期。（ ）
14. 对于价格术语 FOB，由买方指定承运人并安排运输，因此如果合同中未规定"装船通知"条款时，卖方在装船后允许不发装运通知给买方。（ ）

15. 我国从加拿大蒙特利尔进口木材，如按 FOB 条件成交，需要我方指定到蒙特利尔接运货物，而按 CIF 条件成交，则由蒙特利尔供应商负责租船、订舱、将木材运到我国。由此可见从进口而言，FOB 的风险比 CIF 大。（　　）
16. 以装运港检验机构出具的证书为议付单据，以目的港检验结果为索赔依据，这种做法对买卖双方均有好处。（　　）
17. 对列入《法检目录》的出口商品，除活动物由口岸检验检疫机构实施检疫外，原则上应在产地办理检验检疫手续。（　　）
18. 对列入《法检目录》的进口商品，除了急用品允许先入境后补入境通关单外，其余商品原则上先实施检验检疫，机构对合格商品签发《入境货物通关单》，海关凭此验放。（　　）
19. 若出口商品的木质包装已按要求实施熏蒸，机构对熏蒸后的木包装加盖了进口国认可的标识，在这种情况下，出口商同意需要机构出具的《熏蒸／消毒证书》，以交进口商。（　　）
20. 出境危险品是法定检验检疫产品，但危险品的外包装不需要检验检疫机构签发的任何证明书便可出境。（　　）
21. 属申领出口许可证的货物，在出口货物报关单上的许可证号一栏内必须填出口许可证的编号（10 位数），不得为空。一份报关单允许填报多个许可证号。（　　）
22. 我国某出口商把从韩国进口的布料加工成成衣后再出口至日本，因为布料是完全进口的，所以出口商不能向检验检疫机构申请签发《普惠制产地证书》。（　　）
23. 《普惠制产地证书》中"收货人"一栏，不可以将中间商的名称填入此栏，收货人只能填写给惠国。（　　）
24. 在填报普惠制产地证中"进口商名称"栏目时，如果有中间商，也可以将中间商名称填入此栏。（　　）
25. 不属于法定检验范围的进出口商品，不需要检验，不涉及商品检验检疫机构。（　　）
26. 产地证的签发日期不得早于发票日期和申领日期，而应早于货物的装运日期。（　　）
27. 不同类别的报关单采用不同的颜色或加注贸易性质的文字以示区别，其主要内容大致相同。（　　）
28. 出口货物报关单上的运单号一栏应填报出口货物提单或运单编号，一票货物多个运单时，不可分单填写。（　　）
29. 出口货物报关单上的运费与保费一栏，必须填写，不得留空。（　　）

四、操作和实训题

根据下面一般原产地证书回答问题。
（1）该业务中出口商和收货人分别是谁？
（2）该业务出口采用何种运输方式？装运港和目的港分别是哪里？
（3）出口商品名称是什么？采用什么包装？共多少件？
（4）该业务的发票签发日期是哪年？发票号码是多少？

	ORIGINAL	
1.Exporter(full name and address) SHANGHAI KNITWWEAR IMP. & EXP. CO. LTD., 1040 NORTH SUZHOU ROAD . SHANGHAI, CHINA	CERTIFICATE NO CERTIFICATE OF ORIGIN OF THE PEOPLE'S REPUBLIC OF CHINA	
2.Consignee(full name, address, country) I. C. ISAACS & CO. LTD., 3840 BANK STREET. BALTIMORE, MARYLAND 21224, U.S.A.		
3.Means of transport and route FROM SHANGHAI TO BALTIMORE BY SEA	5.For certifying authority use only	
4.Country / region of destination U. S. A.		

6.Marks and numbers I. C. ISAACS & CO. LTD., LTD., BALTIMORE USA CTN/NO. 1--45 MADE IN CHINA **************	7. Number and kind of packages description of goods; FORTH FIVE (45) CARTONS 65% POLYESTER 35% COTTON LADYIES KNIT JACKET STYLENO.H32331SE L/C NO.89854955 ***********************	8. H.S.Code 61.04 *****	9. Quantity QUANTITY 1080PCS ********	10. Number and date of invoices 29B00558Y JUNE.8th,2004 **********
11.Declaration by the exporter 　　The undersigned hereby declares that the above details and statement are correct;that all the goods were produced in China and that they comply with the Rules of Origin of the People's Republic of China. SHANGHAI KNITWWEAR IMP. & EXP. 　　　　　　　　　CO. LTD., 　　　SHANGHAI　JUNE .8th,2004 　　　　×　　　×　　　× Place and date, signature and stamp of authorized signatory		12.Certification 　it is hereby certified that the declaration by the exporter is correct. 　　　　中国国际贸易促进委员会 　　　　　单据证明专用章 　　　　　　　（沪） CHINA COUNCIL FOR THE PROMOTION OF INTERNATIONAL TRADE SHANGHAI　JUNE .8th,2004 　　　　　×　　　×　　　× Place and date, signature and stamp of certifying authority		

Chapter 9
第 9 章

结 汇 单 据

情景导入

上海良友（集团）有限公司已按时将货发运并整理了相关单据，现要求财务部小江缮制商业汇票，并连同信用证所要求的单据向议付行提交结汇。

结汇单据是指在国际贸易中，为解决货币收付问题所使用的单据和文件，是付款依据、履约证明、物权凭证。简单地说，结汇单据就是信用证或合同规定的凭以获得付款的单据和文件。

商业发票、装箱单、保险单、提单、原产地证书、检验证书等已在前面详述，本章只讲解前面没讲过的汇票和其他一些附属单据，如装船通知、受益人证明/出口商证明等。

9.1 汇票

9.1.1 汇票简介

Bill of Exchange is "an unconditional order in writing, addressed by one person to another, signed by the person giving it, requiring the person to whom it is addressed to pay on demand or at a fixed or determinable future time a sum certain in money to or to the order of a specified person or to the bearer."

汇票是一人向另一人签发的无条件书面支付命令，要求该受票人立即或在一定时间或一个固定时期支付一定金额给某人或其指定人或来人的书面凭证。

汇票作为最常用的支付工具之一，在国际贸易货款结算中，通常是由卖方签发的，一般都签发一套，一式两份，两份具有同等的法律效力，在使用中通常注明"付一不付二"或者"付二不付一"字样。

外贸业务中通常使用的汇票是商业汇票。

9.1.2 汇票的内容与缮制

1. 汇票的空白样单

汇票的空白样单如图 9-1 所示。

```
凭                                        不可撤销信用证
Drawn under ……………              Irrevocable L/C NO. …………………
日期
Dated ……………  支取 Payable with interest @ ……… % ……… 按………息………付款
号码              汇票金额                    上海      年    月    日
No: ……………  Exchange for                  Shang Hai ……………………
见票                                         日后（本汇票之副本未付）
At ………………………Sight of this  FIRST  of Exchange (Second of exchange being unpaid)
pay to the order of ……………………………………………………………………………或其指定人
付金额
The sum of

此致
To ……………………………………………
     ……………………………………………
```

图 9-1 汇票的空白样单

2. 汇票内容解读和缮制

由于汇票是一种要式的有价证券，故其缮制要求内容不得有误，而且不得进行涂改，否则汇票无效。

汇票的格式没有统一的标准，卖方可向银行购买，也可自行设计，但其主要内容都包括以下几点：

（1）出票依据/出票条款（drawn under）：又称出票根据，表明汇票起源，根据不同的结算方式，有不同的填法。

1）信用证项下的汇票必须有出票条款，包括三部分：开证行名称、信用证号和开证日期。例如，Drawn under，开证行完整名称；L/C No.，信用证号；Dated，开证日期。

注意：如果信用证列明了具体的出票条款，则照其原样填制。

2）托收项下，如 Drawn under Contract No.*** for Collection。

（2）年息（payable with interest@…% per annual）：即期汇票不填，远期汇票可以填固定的年利率。

（3）出票地点及出票日期：

1）汇票的出票日期通常在交单时由银行打上交单当天的日期。

2）汇票出票地点关系到法律适用的问题（多使用"行为地法律"），原则上应是出口商所在地，一般与日期相连，通常由银行代填。

（4）汇票编号（NO.）：填发票号码或其他有利于识别的号码。

（5）汇票金额：即汇票上的灰色区域，分为小写和大写两部分。小写部分填货币代号和阿拉伯数字，大写部分由小写金额翻译而成。例如，USD1005.30，大写：U.S. DOLLARS ONE THOUSAND AND FIVE AND CENTS THIRTY ONLY 或 U.S. DOLLARS ONE THOUSAND AND FIVE POINT THREE ZERO ONLY。又如，USD1205.30，大写：U.S. DOLLARS ONE THOUSAND TWO HUNDRED AND FIVE AND CENTS THIRTY ONLY 或 U.S. DOLLARS ONE THOUSAND TWO HUNDRED AND FIVE POINT THREE ZERO ONLY。

（6）付款期限（at sight）：

1）即期付款（见票即付），如"At*** Sight"（见票即付）或"At——Sight"。

2）见票后付款，如"At 30 Days After Sight"或"At 30 Days' Sight"（见票后30天付款）。

3）出票后付款，如"At 30 Days After Date"或"At 30 Days' Date"（出票后30天付款）。

4）定日付款（At A Fixed Date），如"At Dec. 27, 2007 Fixed"。

5）提单（签发）日/交单日/其他特定日期后定期付款，如"At 30 Days After Date Of Bill Of Lading"。

（7）受款人/收款人（pay to the order of/payee）：又称汇票抬头，在国际结算业务中，汇票的收款人一般都是以银行指示为抬头的。信用证结算，如无特别规定，应以议付行（如无议付行，则以通知行）为受款人；托收项下的汇票，如无其他规定，一般以托收行为受款人。汇票抬头有三种填法：

1）限制性抬头（restrictive payee）。限制性抬头的汇票，收款人不能再转让其他人。例如，Pay to John Smith Only；Pay to John Smith not transferable/not to order。

2）指示性抬头（to order）。指示性抬头的汇票，收款人可通过背书再转让其他人。例如，Pay to the order of bank of America；Pay to bank of America or order；Pay to bank of America。

3）持票人或来人抬头（to bearer）。无须背书，仅凭交付即可转让。例如，Pay to holder；Pay to bearer。

（8）付款人（drawee/payer）：一般位于汇票左下角，即"To:（付款人）"。在信用证结算方式下，付款人由信用证规定，一般是信用证的开证行或其指定的付款行；如未规定，须以开证行为付款人。信用证中相应的付款人表示为"Drafts drawn on（付款人）"或"Drawee:（付款人）"。根据UCP600规定，信用证一般不应开立以开证申请人为付款人的汇票。在托收结算方式下下付款人一般是进口商。

（9）出票人（drawer）：签发汇票的人，一般位于汇票的右下角，包括公司名称（或加上公司盖章）和负责人签字，通常为出口商或信用证的受益人。汇票必须要有签字，没有签字的汇票无效。

9.1.3 信用证中关于汇票条款

（1）Drafts to be drawn at 30 day's sight on us for 100% of invoice value.

汇票做成"以我们为付款人按100%发票金额见票后30天付款的远期汇票"。在填制汇票时要注意：

1）付款人填我们，即开证行的名称和地址；

2）汇票金额是100%发票金额；

3）付款时间是见票后30天付款。

（2）You are authorized to draw on Royal Bank of Canada, Vancouver at sight for a sum not exceeding CAD120,000.

你们被授权做成"以Royal Bank of Canada, Vancouver为付款人，金额不能超过120 000加元的即期汇票"。在填制汇票是要注意：

1）付款人是Royal Bank of Canada, Vancouver；

2）汇票金额不能超过120 000加元；

3）付款时间是见票即付。

（3）Drafts in duplicate at sight bearing the clause "Drawn under DBS Bank Singapore Documentary Credit No. 748236 dated January 15th, 2003".

即期汇票一式两份，注明"根据DBS银行新加坡分行2003年1月15日开立的748236号跟单信用证出具"的条款。在填制汇票时要注意：

1）汇票份数是一式两份；

2）付款时间是见票即付；

3）汇票上要注明"根据DBS银行新加坡分行2003年1月15日开立的748236号跟单信用证出具"的条款。

（4）This credit is available with any bank by negotiation of Beneficiary's Drafts at 60 days after B/L date drawn on Issuing bank.

本证在任何银行凭受益人开具的以开证行为付款人的提单签发后60天付款的远期汇票议付有效。在填制汇票时要注意：

1）付款人填开证行的名称；

2）付款时间是提单签发后60天付款。

■ 实例展示9-1　汇票的缮制

上海良友（集团）有限公司财务部小江缮制商业汇票，凭以向议付行交单结汇。

```
                              BILL OF EXCHANGE
凭                                                  信用证  第          号
        KASIKORN BANK PUBLIC COMPANY
Drawn under  LIMITE                                 L/C No. ML 11000632
日期
Dated      20180315          支取 Payable with interest @   % per annum 按年息  付款
       号码                   汇票金额                          年    月    日
No. LY11SI-003-5   Exchange for   USD128000.00   SHANGHAI    JUL.20, 2018
见票                          日后（本汇票之副本未付）付交
   At    30 DAYS AFTER B/L DATE    Sight of this FIRST of Exchange
                            (Second of exchange being unpaid)                金额
Pay to the order of   CHINA MINSHENG BANKING CORP.LTD., SHANGHAI BRANCH   The sum
SAY US DOLLARS ONE HUNDRED AND TWENTY-EIGHT THOUSAND ONLY

款已收讫
Value received
此致
To:
KASIKORN BANK PUBLIC COMPANY              SHANGHAI LIANG YOU GROUP CO.,LTD.
LIMITED BANGKOK
```

■ 实战演练 9-1 汇票的缮制

　　根据上海世贸进出口有限公司出口木制玩具的信用证、合同和相应资料缮制商业汇票。

```
凭                              不可撤销信用证
Drawn under ………………………Irrevocable L/C NO. ……………………………

日期
Dated ………… 支取 Payable with interest @ ………………% …… 按 ……… 息 ……… 付款

   号码          汇票金额                        上海    年    月    日
   No: …………Exchange for                     Shang Hai ……………

见票                                      日后（本汇票之副本未付）
   At ………………………Sight of this  FIRST  of Exchange (Second of exchange being unpaid)
pay to the order of ………………………………………………………或其指定人

付金额
The sum of

此致
To: ……………………………………
```

9.2 装运通知

情景导入

上海良友（集团）有限公司根据信用证和合同的有关条款规定，在货物装船后即缮制了装运通知书，并在规定的时间发出，以便 FUMING 公司早做接货准备。

9.2.1 装运通知概述

It is a notice of shipment made by the exporter to the importer so as for the latter to make preparation.Statement in shipping advice is usually like this: Beneficiary's certified copy of fax dispatched to the applicant within 3 working days after shipment advising L/C No, name of vessel, date of shipment, name, quantity, and weight and value of goods, and ETA.

装运通知/装船通知（shipping advice），是发货人在货物装船并取得提单后，向买方或其指定的人、保险公司发出的有关货物装运情况的说明，也称 shipment details 或 shipment declaration，抑或 insurance declaration。

9.2.2 装运通知作用

在装运货物后，按照国际贸易的习惯做法，发货人应立即（一般在装船后3天内）发送装运通知（shipping advice）给买方或其指定的人，从而方便买方办理保险和安排接货等事宜。如卖方未及时发送上述装船通知给买方而使其不能及时办理保险或接货，卖方就应负责赔偿买方由此而引起的一切损害及/或损失。

在信用证支付方式下，若信用证有要求，则此项单据就成为卖方交单议付的单证之一。

9.2.3 装运通知的缮制

1. 装运通知空白样单

装运通知可采用电报、电传、传真及电子邮件等各种形式发送。其内容一般有订单或合同号、信用证号、货物名称、数量、总值、唛头、装运口岸、装运日期、船名、开船日期及预计到达目的港时间等。在实际业务中，应根据信用证的要求和对客户的习惯做法，将上述项目适当地列明在电文中。

2. 装运通知内容解读和缮制

装运通知没有固定的格式，一般由发货人自行设计，主要包括以下内容。

（1）抬头：可以是买方，也可以是买方指定的人或保险公司。若抬头为买方指定的保险公司，则应同时注明预保险单合同号（cover note）。

```
                         SHIPPING ADVICE
                                            INVOICE NO：_____
                                                S/C NO：_____
                                                L/C NO：_____
                                                 DATE：_____
  TO MESSRS：

  COMMODITY：_____
  NUMBER OF CTNS：_____
  TOTAL GROSS WEIGHT：_____
  OCEAN VESSEL：_____
  B/L NO：_____
  PORT OF LOADING：_____
  DATE OF DEPARTURE：_____
  DESTINATION：_____
  SHIPPING MARKS
```

（2）日期：发送装运通知的日期，一般在货物装船后 3 天内。

（3）提单号及船名：与提单一致。

（4）预计开船日期和到达日期（ETD、ETA）：按船期表所列的日期。

（5）装运港、目的港、装运期：按合同或信用证的规定，一般与提单一致。

（6）商品描述部分：包括品名、唛头、数量、发票总值等。可以按商业发票的内容填写。

■ 实例展示 9-2 装运通知的缮制

上海良友（集团）有限公司张明在货物装运完毕后，及时缮制和发送了装运通知如下：

```
                         SHIPPING ADVICE
                                          INVOICE NO：LY11SI-003-5
                                              S/C NO：LY11SC-003-S
                                              L/C NO：ML11000632
                                               DATE：JUL.15, 2018
  TO MESSRS：
        INTEQC FEED CO., LTD

  COMMODITY：WHEAT FLOUR
  NUMBER OF CTNS：12800 BAGS
  TOTAL GROSS WEIGHT：322000 KGS
  OCEAN VESSEL：HALCYON V1106S
  B/L NO：SISHLKGA97297
  PORT OF LOADING：SHANGHAI CHINA
  DATE OF DEPARTURE：JUL.15, 2018
  DESTINATION: BANGKON
  SHIPPING MARKS
  FUMING, THAILAND
```

9.3 受益人证明

9.3.1 受益人证明简介

受益人/出口商证明（beneficiary's/exporter's certificate），或称受益人/出口商声明（beneficiary's/exporter's statement），是证明自己已经履行了合同义务，或者证明自己已按要求办理了某事，或证实某件事情，并达到了进口商的要求或进口国的有关规定等。

受益人证明/声明多种多样，通常是证明货物的品质、唛头、包装标识、装运以及其他寄单事项的单据，由受益人根据信用证的要求来缮制；有关运输方面的证明则是卖方为满足买方对货物在运输方面的特殊要求而开立的证明文件，根据情况它可以由受益人出具，也可以由相关的运输公司来出具。

9.3.2 最常见的受益人/出口商证明：寄单证明的缮制

1. 寄单证明样单介绍

受益人/出口商按信用证规定将有关单据寄出后，根据信用证/合同要求出具的说明寄单情况的单据，一般包括所寄单据的名称、份数、寄出时间、寄送方式和寄送对象等。有时信用证除要求受益人出具寄单证明外，还要求随附邮局或快递公司承办的收据，即邮寄收据。

此类证明一般采用函电形式，格式由出口企业按照信用证规定或买方要求的内容自行设计，制单日期应与证明内容相吻合，而且最迟不得晚于交单日期，如提单日期为4月15日，信用证规定"BENEFICIARY'S CERTIFICATES CERTIFY THAT CABLE COPY OF SHIPPING ADVICE DISPATCHED TO THE APPLICANT IMMEDIATELY AFTER SHIPMENT"，则受益人证明的出单日期只能在4月15～18日，而不能是其他时间。若为寄单证明还应列明卖方所寄单据的种类和份数。此类单据的格式可参考实例展示9-3。

■ 实例展示9-3 受益人证明样例

江苏阳光集团毛针织品进出口有限公司
SUNSHINE GROUP JIANGSU WOOLLEN KNIT & GARMTEX I/E CORP. LTD.
NO. 91 SUNSHINE ROAD, NANJING, CHINA

BENEFICIARY'S CERTIFICATE

MESSRS: MENINI IMP & EXP. CORP.   DATE: MAR 15, 2003
FAX NO.: 0039-036-3368010   PLACE.: NANJING, CHINA

WE HEREBY CERTIFY THAT 2/3 B/L HAVE BEEN SENT BY AIRMAIL TO MENINI IMP & EXP. CORP.

江苏阳光集团毛针织品进出口有限公司
SUNSHINE GROUP JIANGSU WOOLLEN KNIT & GARMTEX I/E CORP. LTD

2. 寄单证明缮制要点

（1）出单人：受益人。
（2）受单人：开证申请人或 To whom it may concern。
（3）出单日期：装运日或装运日之后若干天。
（4）参考信息，常见的包括：L/C No.，S/C No.，B/L No.，Invoice No. 等。
（5）证明内容，如 WE HEREBY CERTIFY THAT WE HAVE MAILED THE COPY OF B/L TO THE APPLICANT AFTER THE DATE OF SHIPMENT IMMEDIATELY。

9.4 结汇程序

出口货物装运之后，出口企业按照合同或信用证的规定，正确缮制各种单据，持单向银行进行结汇，即出口商通过银行收取货款。

9.4.1 缮制和审核出口结汇单据

现代国际贸易绝大部分采用凭单交货、凭单付款方式。因此，在出口业务中做好单据工作，对及时安全收汇，有特别重要的意义。在信用业务中，由于银行只凭信用证，不管买卖合同，只凭单据，不管货物，对单据的要求就更为严格。对于出口单据，基本的要求必须符合"正确、完整、及时、简洁、清晰"的要求。出口单据主要有：汇票、发票、海关发票、提单、装箱单、产地证、商检证、保险单等。

全套相关单据缮制完毕后，要求制单人员自己审核，如有差错应立即更正，以保证迅速有效地向银行交单，确保安全、及时收汇。在信用证方式下，审单的依据是信用证条款；在托收方式下，审单的依据是该买卖合同。审单的要求如下。

（1）单据齐全，包括单据的种类与份数是否符合信用证或合同要求。
（2）内容完整，各种单据内容和签章是否完整。
（3）单据名称是否与信用证或合同相符。
（4）确保单证一致、单同一致、单单一致和单货一致。
（5）确保该套单据之间的签发日期没有矛盾。

由于出口商签约后即可预制发票，所以发票日期较早，甚至可以早于信用证开证日期。UCP600 第 22 条规定："出单日期与信用证日期，除非信用证另有规定，否则银行将接受出单日期早于信用证开立日期的单据，但该单据需在信用证和本条文规定的时限内提交。"在全套单据中，发票是签发日期最早的单据，汇票日期最晚。

各单据日期早晚次序（以"<"表示）排列为：发票日期<检验证书日期或保单日期<提单装船日期<信用证最迟装运日期<汇票出票日期<信用证最迟交单日期或信用证有效期。

9.4.2 单据的提交和结汇

1. 信用证付款条件下制单结汇

在信用证付款条件下,目前我国出口商在银行办理出口结汇的做法主要有三种:收妥结汇、押汇和定期结汇。不同的银行,其具体的结汇做法不一样。即使是同一个银行,针对不同的客户信誉度,以及不同的交易金额等情况,所采用的结汇方式也有所不同。现将上述在我国常见的三种结汇方式简单介绍如下。

(1) 收妥结汇又称收妥付款,是指信用证议付行收到出口企业的出口单据后,经审查无误,将单据寄交国外付款行索取货款的结汇做法。在这种方式下,议付行都是待收到付款行的货款后,即从国外付款行收到该行账户的贷记通知书(credit note)时,才按当日外汇牌价,按照出口企业的指示,将货款折成人民币拨入出口企业的账户。

(2) 押汇又称买单结汇,是指议付行在审单无误的情况下,按信用证条款贴现受益人(出口公司)的汇票或者以一定的折扣买入信用证项下的货运单据,从票面金额中扣除从议付日到估计收到票款之日的利息,将余款按议付日外汇牌价折成人民币,拨给出口企业。议付行向受益人垫付资金、买入跟单汇票后,即成为汇票持有人,可凭票向付款行索取票款。银行之所以做出口押汇,是为了给出口企业提供资金融通的便利,这有利于加速出口企业的资金周转。

(3) 定期结汇是指议付行根据向国外付款行索偿所需时间,预先确定一个固定的结汇期限,并与出口企业约定该期限到期后,无论是否已经收到国外付款行的货款,都主动将票款金额折成人民币拨交出口企业。

2. 非信用证付款条件下制单结汇

随着国际贸易格局的变化,国际市场竞争日益激烈。除了特殊情况,进口商愿意预付货款之外,一般都希望采用优惠灵活的非信用证支付方式,如托收中的承兑交单(documents against acceptance, D/A) 和记账赊销(open account) 等。这些方式对于进口商而言,不占压资金,能增强进口商在当地市场上的竞争力;出口商却要承担资金占压,甚至经常出现追不回货款的风险。出口企业为了规避风险,非信用证下制单结汇常常和其他金融服务相结合,譬如保理业务、福费廷(forfeiting) 等,以降低进口方的资信风险。

9.4.3 出口收汇核销

根据我国现行的对外贸易政策,我国出口企业在办理货物装运出口及制单结汇后,应及时办理出口收汇核销和出口退税手续。

9.4.4 单据归档

国际商务单证在国际贸易中占有极其重要的地位,卖方凭单交货,买方凭单付款,单据具有法律效力,因此保存一套完整的副本单据是十分重要的,也是非常必要的。

思考题

一、单项选择题

1. 关于结汇单证,以下说法正确的是（　　）。
   A. 结汇单证是指国际贸易中为解决货币收付问题所使用的单据、证明和文件
   B. 结汇单证就是商业单证,以商业发票、包装单据、运输单据、保险单为主
   C. 仅指国家外汇管理需要的单证——出口收汇核销单
   D. 结汇单证就是金额单证,主要指汇票

2. 结汇单证中最重要的单据,能让有关当事人了解一笔交易的全貌。其他单据都是以其为依据的单据是（　　）。
   A. 装箱单　　　　B. 产地证书　　　　C. 发票　　　　D. 提单

3. 结汇单据中的汇票,指用于托收和信用证收汇方式中,出口商向进口商或银行签发的,要求后者即期或在一个固定的日期或在可以确定的将来时间,对某人或某指定人或持票人支付一定金额的无条件的书面支付命令。在大部分情况下,使用（　　）。
   A. 光票　　　　B. 跟单汇票　　　　C. 银行汇票　　　　D. 商业承兑汇票

4. 关于汇票的出票人正确的是（　　）。
   A. 出票人一般都位于汇票的左下角
   B. 出票人通常为信用证申请人
   C. 出票人通常为信用证议付行
   D. 出票人一般位于汇票右下角,通常为出口人或信用证的受益人,应具企业全称和负责人的签字盖章

5. 全套汇票的正本份数,应该是（　　）。
   A. 视不同国家而定　　　　B. 两份
   C. 三份　　　　D. 由进口商指定

6. 信用证在汇票条款中注明Drawn on them,出口商缮制汇票时,应将付款人做成（　　）。
   A. 开证行　　　　B. 议付行　　　　C. 开证申请人　　　　D. 偿付行

7. 如付款方式D/P、L/C各半,为收汇安全起见应在合同中规定（　　）。
   A. 开两张汇票,各随附一套等价的货运单据
   B. 开两张汇票,L/C下光票,全套货运单据随付在托收汇票下
   C. 开两张汇票,托收下光票,全套货运单据随付在L/C汇票下
   D. 只开一张汇票,并随付一套等价的货运单据

8. 托收项下，汇票付款人应填（　　）。
   A. 交单行　　　　B. 托收行　　　　C. 代收行　　　　D. 进口商
9. 一笔托收业务，提单装运日期是 3 月 2 日，单据交托收银行的日期为 3 月 23 日，汇票的出单日不能做成（　　）。
   A. 3 月 2 日　　　B. 3 月 23 日　　　C. 3 月 1 日　　　D. 3 月 16 日
10. 信用证项下的汇票除一般内容外，还应有以下方面的内容（　　）。
    A. 信用证开证日期、开证行名称及信用证号码等出票依据
    B. 唛头、号码（case number）、货名
    C. 装运船名、航程、装运港、起运日期等
    D. 注明合同号码、商品名称、数量
11. 支票的基本关系人中没有（　　）。
    A. 出票人　　　　B. 付款人　　　　C. 承兑人　　　　D. 收款人
12. 如果其他条件相同，对收款人最为有利的远期汇票是（　　）。
    A. 出票后 60 天付款　　　　　　　B. 见票后 60 天付款
    C. 提单日后 60 天付款　　　　　　D. 货物抵达目的港后 60 天付款
13. 如果信用证规定汇票的期限为 45 DAYS FROM THE BILL OF LADING DATE，提单日期为 JANUARY 03, 2012，则根据《国际银行标准实务》（ISBP），汇票的到期日应为（　　）。
    A. 2012 年 2 月 18 日　　　　　　B. 2012 年 2 月 17 日
    C. 2012 年 2 月 21 日　　　　　　D. 2012 年 2 月 24 日
14. 以下关于背书人说法错误的是（　　）。
    A. 对受让人而言，所有背书人及原出票人都是他的后手
    B. 背书人对其后手承担票据付款或承兑的保证责任
    C. 证明前手签字真实性
    D. 背书的受让人即为被背书人
15. 一张汇票规定见票后 60 天付款，而持票人于 9 月 28 日提示承兑，则付款到期日为（　　）。
    A. 11 月 28 日　　B. 11 月 27 日　　C. 11 月 26 日　　D. 11 月 29 日
16. ABC COMPANY 向议付行中国银行江苏省分行提交信用证项下全套单据。其中，汇票上显示出票人为 ABC COMPANY，付款为 XYZ COMPANY，收款人做成 TO ORDER OF ABC COMPANY，根据《国际银行标准实务》（ISBP），汇票到期日应该（　　）。
    A. 有 ABC COMPANY 背书　　　　B. 有 XYZ COMPANY 背书
    C. 由中国银行江苏省分行背书　　　D. 无须任何人背书
17. 以下须经背书方可转让的汇票抬头是（　　）。
    A. 限制性抬头　　B. 指示性抬头　　C. 来人抬头　　D. 持票人抬头
18. 如果信用证规定汇票的期限为 60 DAYS AFTER THE BILL OF LADING DATE，根据《国际银行标准实务》（ISBP），用以计算汇票期限的提单日是（　　）。

A. 提单上的签发日期

B. 提单上的装船日期，无论提单签发日期早于或迟于装船日期

C. 已装船提单上的签发日期，如果提单签发日期早于装船日期

D. 已装船提单上的签发日期，如果提单签发日期晚于装船日期

19. 在L/C业务中，偿付行（　　）。

　　A. 不负责审单　　B. 负责审单　　C. 对受益人负责

20. 收汇核销单是由（　　）制定并发放的。

　　A. 中国银行　　B. 中国人民银行　　C. 外汇管理局　　D. 海关

21. 有出口收汇的单位，应到当地外汇管理部门领取印有外汇管理部门（　　）印章的核销单。

　　A. 外汇管理　　B. 已核销　　C. 验讫　　D. 监督收汇

二、多项选择题

1. 我国《票据法》规定，汇票必须记载的事项除汇票金额外，还有（　　）。

　　A. 汇票字样　　B. 无条件支付命令　　C. 付款人名称　　D. 收款人名称

　　E. 出票日期和出票人签章

2. 由出口商签发的要求银行在一定的时间内付款的汇票不可能是（　　）。

　　A. 商业发票　　B. 银行汇票　　C. 即期汇票　　D. 跟单汇票

3. 收汇单证的作用有（　　）。

　　A. 付款依据，对进口商而言，根据出口商提供的收汇单证，了解掌握出口商交付货物的品质、交货时间

　　B. 履约证明，国际贸易中无论采用哪种方式收取货款，出口商都要提供收汇单证，说明自己已经履行了合同中规定的义务

　　C. 物权凭证，国际贸易中的买卖双方相隔遥远，在交货过程中，有关单据起到了物权凭证的作用

　　D. 企业经营成果的体现

4. 如果信用证没有规定货物数量有增减幅度，只要同时符合下述（　　）条件，对货物数量的容差允许有5%的增减幅度。

　　A. 信用证未规定数量不得增减

　　B. 信用证已有条款规定数量增减幅度

　　C. 支取金额不超过信用证金额

　　D. 货物数量不是按包装单位或个数计数的，如长度（米、码）、体积（立方米）、容量（升、加仑）、重量（吨、磅）等。

5. 本票与汇票的区别在于（　　）。

　　A. 前者是无条件的支付承诺，后者是无条件支付命令

　　B. 前者的票面的当事人为两个，后者则有三个

C. 前者在使用过程中有承兑，后者则无须承兑

D. 前者的主债务人不会变化，后者则因承兑而变化

6. 票据的特性是（   ）。

   A. 流通性　　　　B. 金钱证券　　　　C. 无因证券　　　　D. 要式证券

7. 各国票据法关于汇票的内容都有具体规定，绝对必要记载事项应包括（   ）。

   A. 出票人　　　　B. 有条件支付命令　　C. 出票条款　　　　D. 一定金额

三、判断题

1. 汇票的出单日期可由交单行或托收行代填，但对外寄单时，此栏不能为空。（   ）
2. 信用证汇票的受款人最好打上出口商名，然后由出口商背书给交单行，使交单行议付后可成为正当持票人。（   ）
3. 托收业务的汇票的出票条款处，可标明有关合约号。（   ）
4. 作为可以支取信用证金额的凭证，汇票在本质上是一种单据，而不是票据。（   ）
5. 在远期汇票中，用 60 days after date of draft 与 60 days from date of draft 表达汇票期限，到期日相同。（   ）
6. 即期付款，在汇票上的付款期限处，加打"*"或"-"，如 AT***SIGHT，AT——SIGHT。（   ）
7. 出口商不可以将发票号作为汇票的编号。（   ）
8. 在合格的汇票遭拒付时，持票人有权向背书人和出票人追索。（   ）
9. 票据是一种流通证券，所有票据的转让都必须经过背书手续。（   ）
10. 划线支票可以委托银行收款入账，也可以由持票人提取现金。（   ）
11. 为防止出口产品不把外汇结售给国家指定银行的逃汇行为，海关对一切贸易性出口商品都凭《出口外汇核销单》才接受报关。（   ）
12. 报关单位若需要申请出口退税，应增填一份"出口货物报关单"，并在右上角注明"申请出口产品退税专用联"。（   ）
13. 所有出口商品均可申请出口退税。（   ）
14. 在汇票金额大小写不一致时，为了维护出口商利益，以金额大的为准。（   ）
15. 在采用托收时，一般应选用 FOB 价格术语。（   ）
16. 指示性汇票可以多次背书转让。（   ）
17. 进出口业务中的支付票据主要是支票。（   ）

四、操作和实训题

下面是一份已填写好的托收汇票，请回答下列问题。

（1）汇票出票人、付款人分别是谁？

（2）汇票是即期还是远期？有几份汇票？

（3）该笔托收业务其托收行是谁？

```
                        BILL OF EXCHANGE
号码              汇票金额                              上海
No. HLK356       Exchange for      USD 56,000      Shanghai, 20
见票              日后（本汇票之副本未付）付交
At 90 DDAYS  sight of this FIRST of Exchange (Second of Exchange being unpaid)
pay to the order of    BANK OF CHINA
金额
the sum of  SAY US DOLLARS FIFTY SIX THOUSAND ONLY

此致
To  MITSUBISHI TRUST & BANKING CO. LTD.,
    INTERNATIONAL DEPARTMENT,4-5
    MARUNOUCHI 1-CHOME
    CHIYODA-KU,TOKYO 100,JAPAN
                                    CHINA NATIONAL ANIMAL BYPRODUCTS
                                    IMP. & EXP. CORP.TIANJIN BRANCH
                                                    66 YANTAI STREET
                                                       TIANJIN CHINA
```

Chapter10
第 10 章

单据综合操作

10.1 根据信用证缮制一套单据

AWC-23-522 号合同项下商品的有关信息如下：该批商品用纸箱包装，每箱装 10 盒，每箱净重为 75 千克，毛重为 80 千克，纸箱尺寸为 113×56×30 厘米，商品编码为 6802.2110，货物由"胜利"轮运送出海。

FROM: HONGKONG AND SHANGHAI BANKING CORP., HONGKONG
TO: BANK OF CHINA, XIAMEN BRANCH, XIAMEN CHINA
TEST: 12345 DD. 010705 BETWEEN YOUR HEAD OFFICE AND US. PLEASE CONTACT YOUR NO. FOR VERIFICATION.
WE HEREBY ISSUED AN IRREVOCABLE LETTER OF CREDIT
NO. HKH123123 FOR USD8,440.00, DATED 040705.
APPLICANT:
PROSPERITY INDUSTRIAL CO. LTD.
342-3 FLYING BUILDING KINGDOM STREET HONGKONG
BENEFICIARY:
XIAMEN TAIXIANG IMP. AND EXP. CO. LTD.
NO. 88 YILA ROAD 13/F XIANG YE BLOOK RONG HUA BUILDING, XIAMEN, CHINA
THIS L/C IS AVAILABLE WITH BENEFICIARY'S DRAFT AT 30 DAYS AFTER SIGHT DRAWN ON US ACCOMPANIED BY THE FOLLOWING DOCUMENTS:
1. SIGNED COMMERCIAL INVOICE IN TRIPLICATE.
2. PACKING LIST IN TRIPLICATE INDICATING ALL PACKAGE MUST BE PACKED IN CARTON/ NEW IRON DRUM SUITABLE FOR LONG DISTANCE OCEAN TRANSPORTATION.
3. CERTIFICATE OF CHINESE ORIGIN IN DUPLICATE.
4. FULL SET OF CLEAN ON BOARD OCEAN MARINE BILL OF LADING MADE OUT TO ORDER AND BLANK ENDORSED MARKED "FREIGHT PREPAID" AND NOTIFY APPLICANT.
5. INSURANCE POLICY OR CERTIFICATE IN DUPLICATE ENDORSED IN BLANK FOR THE VALUE OF 110 PERCENT OF THE INVOICE COVERING FPA/WA/ALL RISKS AND WAR RISK AS PER CIC DATED 1/1/81.
SHIPMENT FROM: XIAMEN, CHINA .SHIPMENT TO: HONGKONG
LATEST SHIPMENT 31 AUGUST 2004
PARTIAL SHIPMENT IS ALLOWED, TRANSSHIPMENT IS NOT ALLOWED.

COVERING SHIPMENT OF: COMMODITY AND SPECIFICATIONS	QUANTITY	UNIT PRICE	AMOUNT
		CIF	HONGKONG.
1625/3D GLASS MARBLE	2000BOXES	USD2.39/BOX	USD4,780.00
1641/3D GLASS MARBLE	1000BOXES	USD1.81/BOX	USD1,810.00
2506D GLASS MARBLE	1000BOXES	USD1.85/BOX	USD1,850.00

SHIPPING MARK: P.7.
                HONGKONG
                NO. 1-400

ADDITIONAL CONDITIONS:

5 PERCENT MORE OR LESS BOTH IN QUANTITY AND AMOUNT IS ALLOWED.

ALL BANKING CHARGES OUTSIDE ISSUING BANK ARE FOR ACCOUNT OF BENEFICIARY.

DOCUMENTS TO BE PRESENTED WITHIN 15 DAYS AFTER THE DATE OF ISSUANCE OF THE SHIPPING DOCUMENT BUT WITHIN THE VALIDITY OF THE CREDIT.

INSTRUCTIONS:

NEGOTIATING BANK IS TO SEND DOCUMENTS TO US IN ONE LOT BY DHL.

UPON RECEIPT OF THE DOCUMENTS IN ORDER WE WILL COVER YOU AS PER YOUR INSTRUCTIONS.

L/C EXPIRATION: 15 SEP. 2004.

THIS L/C IS SUBJECT TO UNIFORM CUSTOMS AND PRACTICE FOR DOCUMENTARY CREDITS (1993 REVISION) INTERNATIONAL CHAMBER OF COMMERCE PUBLICATION NO. 500.

PLEASE ADVISE THIS L/C TO THE BENEFICIARY WITHOUT ADDING YOUR CONFIRMATION.

THIS TELEX IS THE OPERATIVE INSTRUMENT AND NO MAIL CONFIRMATION WILL BE FOLLOWED.

ISSUER	商业发票 COMMERCIAL INVOICE	
TO	INVOICE NO.	DATE
TRANSPORT DETAILS	S/C NO.	L/C NO.
MARKS AND NUMBERS	NUMBER AND KIND OF PACKAGES; DESCRIPTION OF GOODS	QUANTIY	UNIT PRICE	AMOUNT

AMOUNT:

SIGNED _____

ISSUER		装箱单 PACKING LIST	
TO			
TRANSPORT DETAILS		INVOICE NO.	DATE
MARKS AND NUMBERS		S/C NO.	L/C NO.
C/NOS	NUMBER AND KIND OF PACKAGES	DESCRIPTION OF GOODS	QTY	G.W. (KGS)	N.W. (KGS)	MEAS. (CBM)

TOTAL:

TOTAL IN WORDS:

SIGNED

	ORIGINAL	
1.Exporter	Certificate No. CERTIFICATE OF ORIGIN OF THE PEOPLE'S REPUBLIC OF CHINA	
2.Consignee		
3.Means of transport and route	5.For certifying authority use only	
4.Country/region of destination		

6.Marks and numbers	7.Number and kind of packages; description of goods	8.H.S code	9.Quantity	10.Number and date of invoices

11.Declaration by the exporter The undersigned hereby declares that the above details and statements are correct; that all the goods were produced in china and that they comply with the rules of origin of the people's republic of china. ……………………………………………… Place and date, signature and stamp of certifying authority	12.Certification It is hereby certified that the declaration by the exporter is correct. ……………………………………………… Place and date, signature and stamp of certifying authority

中国人民保险公司
THE PEOPLE'S INSURANCE COMPANY OF CHINA
总公司设于北京　一九四九年创立
HEAD OFFICE: BEIJING　ESTABLISHED IN 1949
货物运输　保险单
CARGO TRANSPORTATION INSURANCE POLICY

发票号码：　　　　　　　　　　　　　　　　　　　　　　保险单号：
NO. _____　　　　　　　　　　　　　　　　　　　　　　NO. _____

中国人民保险公司（以下简称本公司）THIS POLICY OF INSURANCE WITNESSES THAT PEOPLE'S INSURANCE COMPANY OF CHINA (HEREINAFTER CALLED. "TH AT THE REOUEST OF PAY") AT THE REOUEST OF

根据_____（以下简称被保险人）的要求，由被保险人向公司缴付约定的保险费，按照本保险单承保险别和背面所载条款与下列特款承保下述货物运输保险，特立本保险单（HEREINAFTER CALLED "THE INSURED"）AND IN CPMSIDERATION OF "THE AGREED PREMIUM PAID TO THE COMPANY BY THE INSURED UNDERTAKES TO INSURE THE UNDERMENTIONED GOODS IN TRANSPORTATION SURIECT TO THE CONDITIONS OF THIS POLICYPER THE CLAUSES PRINTED OVERLEAF AND OTHER SPECIAL CLAUSES ATTCHED HEREON

标记 MARKS & NOS	包装及数量 QUANTITY	保险货物项目 DESCRIPTION OF GOODS	保险金额 AMOUNT INSURED

总保险金额：
TOTAL AMOUNT INSURDE _____

保费　　　　　　　　　　　　　　　装载运输工具
PREMIUM _____　　　　　　　　　PER CONVEYANCE SS _____

开航日期　　　　　　　　　　　　　自　　　　　　　至
SLG.ON OR ABT _____　　　　　　FROM _____　TO _____

承保险别　CONDITIONS

所保货物，如遇出险，本公司凭本保险单及其他有关证件给付赔偿所保货物，如果发生本保险单项下负责赔偿的损失或事故应立即通知本公司下述代理人查勘。

CLAIMS IF ANY PAYBLE ON SURRENDER OF THIS POLICY TOGTEHER WITH OTHER RELEVANT DOCUMENTS IN THE EVENT OF ACCIDENT WHEREBY LOSS OR DAMAGE MAY RESULT IN A CLAIM UNDER THIS POLICY IMMEDIATE NOTICE APPLYING FOR SURVEY MUST BE GIVEN TO THE COMPANY'S AGENT AS MENTIONED HSREUNDER

赔款偿付地点 CLAIM PAYABLE AT/IN _____

日期　　DATE _____

中国人民保险公司
THE PEOPLES INSURANCE COMPANG OF CHINA

SHIPPER:	B/L NO.:
	COSCO OCEAN BILL OF LADING
CONSIGNEE:	
NOTIFY:	

PRE CARRIAGE BY	PORT OF LOADING	PORT OF RECEIPT
OCEAN VESSEL / VOYAGE NO.	PORT OF DISCHARGE	PLACE OF DELIVERY

MKS& NOS. CONTAINER NO. SEAL NUMBER	NOS AND KIND OF PKGS	DESCRIPTION OF GOODS	GROSS WEIGHT	MEASURE- MENT

TOTAL NO. OF CONTAINERS
OR PACKAGES (IN WORDS):

OVERSEA OFFICE OR DESTINATION PORT AGENT	NO.OF ORIGINAL B/Ls	FREIGHT PAYBALE AT
	ON BOARD DATE	PLACE & DATE OF ISSUE
	SIGNED BY: AS AGENT FOR THE CARRIER	

```
凭                                      不可撤销信用证
Drawn under ················           Irrevocable L/C NO. ·················
日期
Dated ··············支取 Payable with interest @···············%······按······息······付款
号码           汇票金额                              上海      年      月      日
No: ···············Exchange  for                     Shang Hai ················
见票                                                 日后（本汇票之副本未付）
At··························Sight of this FIRST of Exchange (Second of exchange being unpaid)
pay to the order of ··························································或其指定人
付金额
The sum of

此致
To···················································
    ···················································
```

10.2 根据销售合同缮制相关单据

注意：该批货物于 12 月 12 日在上海被装上 LANJING V.0123 号轮，货物所使用的纸箱，每个重 0.2KGS。

商品编码为 0810.1000

发票号码：LS-NEO11026

发票日期：2004 年 11 月 20 日

提单号码：GSOK30088

集装箱：2 × 20' FCL CY/CY

CN/SN：COSU6751735/13142

CN/SN：COSU6217186/13451

原产地证号：321896557

CONTRACT OF STRAWBERRIES

NO: 20041201 YL

DATE: NOV.1, 2004

A. PARTIES CONCERNED IN THIS CONTRACT

THE SELLER: ZHANGJIAGANG HUIYUAN FOODS CO. LTD.

102-1 GREEN GARDEN ZHANGJIAGANG CHINA

THE BUYER: FRUIT INTERNATIONAL PRODUCE LTD.

2102 BRIGHT STREET, LEDBURY HRT 1J, SOUTH AFRICA.

THE SELLER CAN USE AN EXPORT AGENT FOR EXPORTING THE GOODS UNDER THIS

CONTRACT

THIS CONTRACT IS MADE BY AND BETWEEN THE SELLER AND THE BUYER, WHERE THE BUYER AGREE TO BUY AND THE SELLER AGREE TO SELL THE STRAWBERRIES SUBJECT TO THE TERMS AND CONDITIONS STIPULATED AS BELOW:

B. GOODS UNDER THIS CONTRACT

IQF (INDIVIDUALLY QUICK FROZEN) CHINESE STRAWBERRIES

C. DESCRIPTION OF GOODS

ALL STRAWBERRIES ARE OF CHINESE ORIGIN, VARIETIES ARE AMERICAN 6, THE STRAWBERRIES TO BE RED INSIDE AND OUTSIDE, PACKED IN 8 × 2KGS PER CARTON WITH FOOD GRADE POLY-LINERS INSIDE, STRAWBERRIES ARE CLEANLY WASHED, CAREFULLY SORTED, WITHOUT MOLDED STRAWBERRIES, WITHOUT ROTTEN STRAWBERRIES, WITHOUT OVERRIPE STRAWBERRIES

D. PRICE OF THE STRAWBERRIES:

AT USD720/MT CFR CAPETOWN SOUTH AFRICA

E. QUANTITIES OF THE GOODS:

100MT

F. AMOUNTS OF THIS CONTRACT:

THE TOTAL AMOUNTS IS USD72000.00 ONLY (SAY US DOLLARS SEVENTY TWO THOUSAND ONLY). 10% MORE OR LESS IN AMOUNTS IS ALLOWED.

G. SHIPMENT:

IN NOV.-DEC. SHIPMENT

H. STANDARD ANALYTICAL DATA OF STRAWBERRY:

COLOR: FINE REGULAR RED STRAWBERRIES COLOR

TASTE: TYPICAL OF THE STRAWBERRIES, WITHOUT ANY OFF-TASTE.

UNRIPE FRUITS: MAX 2% BY WEIGHT

BROKEN-DAMAGED SQUASHED AND MISSHAPEN FRUITS: MAX 5% BY WEIGHT

CLUMPS MORE THAN 2 FRUITS TOGETHER ARE NOT ALLOWED.

CLUMPS LESS THAN 3 FRUITS: UNDER 3% BY WEIGHT

CALYX MAXIMUM 2 PER 10 KILO-CARTONS.

LEAVES: MAXIMUM 2 PER 10 KILOS.

ICE CRYSTALS ARE NOT ALLOWED AT THE OUTSIDE OF THE IQF STRAWBERRIES.

I. PAYMENT TERMS:

D/P AT SIGHT

THE BUYER: THE SELLER:

FRUIT INTERNATIONAL PRODUCE LTD.   ZHANGJIAGANG HUIYUAN FOODS CO. LTD. SOUTH AFRICA

AUTHORIZED SIGNATURE   AUTHORIZED SIGNATURE

MR. *ALFO MORELLI*   MISS 王小三

ISSUER	商业发票 COMMERCIAL INVOICE	
TO	INVOICE NO.	DATE
TRANSPORT DETAILS	S/C NO.	L/C NO.

MARKS AND NUMBERS	NUMBER AND KIND OF PACKAGES; DESCRIPTION OF GOODS	QUANTITY	UNIT PRICE	AMOUNT

AMOUNT:

SIGNED _____

ISSUER		装箱单 PACKING LIST	
TO			
TRANSPORT DETAILS		INVOICE NO.	DATE
MARKS AND NUMBERS		S/C NO.	L/C NO.
C/NOS	NUMBER AND KIND OF PACKAGES	DESCRIPTION OF GOODS	QTY	G.W. (KGS)	N.W. (KGS)	MEAS. (CBM)
TOTAL:						
TOTAL IN WORDS:						
					SIGNED _____	

ORIGINAL	
1.Exporter	Certificate No. CERTIFICATE OF ORIGIN OF THE PEOPLE'S REPUBLIC OF CHINA
2.Consignee	
3.Means of transport and route	5.For certifying authority use only
4.Country/region of destination	

6.Marks and numbers	7.Number and kind of packages; description of goods	8.H.S code	9.Quantity	10.Number and date of invoices

11.Declaration by the exporter The undersigned hereby declares that the above details and statements are correct; that all the goods were produced in china and that they comply with the rules of origin of the people's republic of china. …………………………………… Place and date, signature and stamp of certifying authority	12.Certification It is hereby certified that the declaration by the exporter is correct. …………………………………… Place and date, signature and stamp of certifying authority

中国人民保险公司
THE PEOPLE'S INSURANCE COMPANY OF CHINA
总公司设于北京　一九四九年创立
HEAD OFFICE：BEIJING　ESTABLISHED IN1949
货物运输　保险单
CARGO TRANSPORTATION INSURANCE POLICY

发票号码：　　　　　　　　　　　　　　　　　　　　保险单号：
NO._____　　　　　　　　　　　　　　　　　　　　NO._____

中国人民保险公司（以下简称本公司）THIS POLICY OF INSURANCE WITNESSES THAT PEOPLE'S INSURANCE COMPANY OF CHINA (HEREINAFTER CALLED."TH AT THE REOUEST OF PAY") AT THE REOUEST OF

根据_____（以下简称被保险人）的要求，由被保险人向公司缴付约定的保险费，按照本保险单承保险别和背面所载条款与下列特款承保下述货物运输保险，特立本保险单（HEREINAFTER CALLED "THE INSURED") AND IN CPMSIDERATION OF "THE AGREED PREMIUM PAID TO THE COMPANY BY THE INSURED UNDERTAKES TO INSURE THE UNDERMENTIONED GOODS IN TRANSPORTATION SURIECT TO THE CONDITIONS OF THIS POLICYPER THE CLAUSES PRINTED OVERLEAF AND OTHER SPECIAL CLAUSES ATTCHED HEREON

标记 MARKS & NOS	包装及数量 QUANTITY	保险货物项目 DESCRIPTION OF GOODS	保险金额 AMOUNT INSURED

总保险金额：
TOTAL AMOUNTINSURDE _____
保费　　　　　　　　　　　装载运输工具
PREMIUM _____　PER CONVEYANCE SS _____
开航日期　　　　　　　　　自　　　　　至
SLG.ON OR ABT _____　FROM _____ TO _____
承保险别　CONDITIONS

所保货物，如遇出险，本公司凭本保险单及其他有关证件给付赔偿所保货物，如果发生本保险单项下负责赔偿的损失或事故应立即通知本公司下述代理人查勘。
CLAIMS IF ANY PAYBLE ON SURRENDER OF THIS POLICY TOGTEHER WITH OTHER RELEVANT DOCUMENTS IN THE EVENT OF ACCIDENT WHEREBY LOSS OR DAMAGE MAY RESULT IN A CLAIM UNDER THIS POLICY IMMEDIATE NOTICE APPLYING FOR SURVEY MUST BE GIVEN TO THE COMPANY'S AGENT AS MENTIONED HSREUNDER

赔款偿付地点 CLAIM PAYABLE AT/IN _____
日期　　DATE _____

中国人民保险公司
THE PEOPLES INSURANCE COMPANG OF CHINA

SHIPPER:	B/L NO.:	
CONSIGNEE:	COSCO OCEAN BILL OF LADING	
NOTIFY:		

PRE CARRIAGE BY	PORT OF LOADING	PORT OF RECEIPT
OCEAN VESSEL/VOYAGE NO.	PORT OF DISCHARGE	PLACE OF DELIVERY

MKS& NOS. CONTAINER NO. SEAL NUMBER	NOS AND KIND OF PKGS	DESCRIPTION OF GOODS	GROSS WEIGHT	MEASURE-MENT

TOTAL NO. OF CONTAINERS OR PACKAGES (IN WORDS):

OVERSEA OFFICE OR DESTINATION PORT AGENT	NO.OF ORIGINAL B/Ls	FREIGHT PAYBALE AT
	ON BOARD DATE	PLACE & DATE OF ISSUE
	SIGNED BY: AS AGENT FOR THE CARRIER	

凭	不可撤销信用证
Drawn under ………………………………	Irrevocable L/C NO. ………………………
日期	
Dated ……………支取 Payable with interest @………% ……… 按…………息…………付款
号码 汇票金额	上海 年 月 日
No: ……………Exchange for ▓▓▓▓▓▓▓	Shang Hai ……………
见票	日后（本汇票之副本未付）
At………………………………Sight of this FIRST of Exchange (Second of exchange being unpaid)
pay to the order of ………………………………………………………… 或其指定人
付金额	
The sum of ▓▓▓▓▓▓▓▓▓▓▓▓▓▓▓▓▓▓▓▓▓▓▓▓▓▓
此致	
To ………………………………	
………………………………	

思考题参考答案

第1章

一、单项选择题

1～5 B B A A C   6～9 C B B A

二、多项选择题

1. AB　　2. ABCD　　3. ABCD　　4. ABCD　　5. ABCD
6. ABD　　7. BCD　　8. ACD　　9. ABCDE　　10. ABCD
11. ABD　　12. ABCD　　13. ABCD　　14. BC　　15. BCD
16. ABC　　17. ABC

三、判断题

1～5 √ √ × √ √　　6～10 √ × × × ×　　11 ×

四、简答题

1. 答：（1）单证是国际结算的基本工具。

（2）单证是经营管理的重要环节。

（3）单证是政策性很强的涉外工作（单证就是外汇）。

（4）单证是企业业务和素质的体现。

2. 答：审核信用证、缮制单据、审核单据、交单议付、单据归档。

3. 答：正确、及时、完整、简洁、清晰。

4. 答：（1）信用证方式下，制单和审核依据是信用证。

（2）托收方式下，制单和审核依据是进出口合同。

5. 答案略

第2章

一、单项选择题

1～5 D B B C D   6～8 C D A

二、多项选择题

1. BCD   2. ABCD

三、判断题

1～5 × × × √ ×   6～7 × ×

四、计算题

1. CFR = FOB + F = 1 950 + 70 = 2 020（美元）

   CFR = FOB + F = 1 950 + 70×1.2 = 2 034（美元）

2. FOB = CFR − F = 1 150 − 170 = 980（英镑）

   $FOBC_2$ = FOB ÷（1 − 2%）= 980 ÷（1 − 2%）= 1 000（英镑）

3. 采购成本 = 200×（1 + 15%）− 14 = 216（元）

   FOB 净收入 = 38×（1 − 5%）− 2.35 = 33.75（美元）

   换汇成本 = 216 ÷ 33.75 = 6.4

   盈亏率 =（7.2 − 6.4）÷ 6.4 = 12.5%

4. 答案略

第 3 章

一、单项选择题

1～5 A D B A A   6～10 D B D D C

二、多项选择题

1. ABCD   2. AC   3. ABCD   4. ABC
5. ABCD   6. BCD

三、案例分析

1. 答：合同不成立。B 收到 A 的撤回通知在前，收到发盘在后，撤回有效，接受无效。

2. 答：合同成立。B 发接受在前，收到撤销通知在后，撤销无效，接受有效。

3. 答：合同不成立。B 的接受对装运时间做了变更，属于实质性变更发价条件，是还盘。

4. 答：我方应对 6 月 3 日的新发盘进行还盘，提高销售价格继续洽谈。我方原来发盘，已经在对方还盘时失效，不再承担法律约束力。

5. 答：合同成立。新麻袋对牢固麻袋的变更属于非实质性变更，接受有效。

四、操作和实训题

答案略

第4章

一、单项选择题

1～5　C D C A D　　　　6～10　B A B B B
11～15　D D A C C　　　16～19　B C D D

二、多项选择题

1. BCD　　2. BD　　3. ABCD　　4. BC　　5. ABC
6. BCD　　7. AD　　8. ABD　　9. ABC　　10. ABC
11. CD　　12. AD　　13. ABCD　　14. BCD

三、判断题

1～5　√ × √ × ×　　　6～10　× √ × × √
11～15　√ × √ × ×　　16～19　√ × × √

四、简答题

答案略

第5章

一、单项选择题

1～5　C B B B D　　　　6～10　B C B B A
11～15　A C D B D　　　16～17　B B

二、多项选择题

1. ABCD　　2. BCD　　3. BC　　4. ABC　　5. BCD
6. ACD　　7. AC　　8. AD　　9. BCD　　10. ACD
11. AB　　12. BC

三、判断题

1～5　√ √ × √ ×　　　6～10　× × √ √ √
11～15　× √ √ √ √　　16　×

四、操作和实训题

答案略

第6章

一、单项选择题

1～5　B B B B C　　　　6～10　A A D C B

11～15　B A B C B　　　　16～20　B C A A A

21～24　B D C B

二、多项选择题

1. ABCE　　2. AD　　3. BCDE　　4. BDE　　5. ABCD

6. AD　　7. CD　　8. ACD　　9. AB　　10. CD

11. ABC　　12. AB　　13. BC　　14. AD　　15. ACD

16. ABD　　17. ABC　　18. BCD

三、判断题

1～5　× √ × √ ×　　　　6～10　× × √ √ √

11～15　× √ × √ √　　　16～19　× √ × √

第7章

一、单项选择题

1～5　C B B B C　　　　6～10　B C C C C

11～15　D B A B C

二、多项选择题

1. CD　　2. CD　　3. ABCD　　4. ABD　　5. ABCD

6. ABCD　　7. ABCD　　8. BC　　9. ABC　　10. ABC

11. ABC　　12. ABC

三、判断题

1～5　× × × √ ×　　　　6～10　× × × × ×

11～12　× √

四、操作和实训题

答案略

第8章

一、单项选择题

1～5　B A B C D　　　　6～10　D A B D D

11～15　B B B C B　　　16～20　A C C B C

21～25　A B B A B　　　26～30　A C B C B

二、多项选择题

1. ABC　　2. BC　　3. ABD　　4. ABC　　5. ABCD

6. ABCD　　7. AB　　8. ABCE　　9. ABC　　10. ABC
11. ABCD　　12. ABC　　13. ABC

三、判断题

1～5　√ √ × × √　　6～10　√ × × ×
11～15　√ √ √ √ ×　　16～20　√ √ √ √
21～25　× × √ × ×　　26～29　√ √ √

四、操作和实训题

答案略

第9章

一、单项选择题

1～5　A C B D B　　6～10　A B D C A
11～15　C C B A B　　16～20　A B B A C
21. D

二、多项选择题

1. ABCD　　2. BC　　3. AB　　4. ACD　　5. ABD
6. ABCD　　7. ABD

三、判断题

1～5　√ × √ × √　　6～10　√ × √ × ×
11～15　√ √ × × ×　　16～17　√ ×

四、操作和实训题

答案略

参 考 文 献

[1] 许晓冬. 国际商务单证实务 [M]. 北京：中国纺织出版社，2017.
[2] 全国国际商务单证专业培训考试办公室. 国际商务单证理论与实务 [M]. 北京：中国商务出版社，2014.
[3] 孟祥年. 外贸单证实务 [M]. 2版. 北京：对外经贸大学出版社，2015.
[4] 丁行政. 国际贸易单证实务 [M]. 2版. 北京：中国海关出版社，2012.
[5] 余世明. 国际商务单证实务 [M]. 7版. 广州：暨南大学出版社，2014.
[6] 郑秀梅. 国际商务单证实务 [M]. 北京：北京大学出版社，2015.
[7] 傅龙海，陈剑霞，黄斌. 国际贸易单证 [M]. 北京：对外经贸大学出版社，2014.
[8] 吴国新，李元旭，何一红. 国际贸易单证实务 [M]. 4版. 北京：清华大学出版社，2017.
[9] 赵劼，丁春玲，王君，赵奎丽，孙倩，关芳芳. 国际商务单证实务 [M]. 北京：清华大学出版社，2016.
[10] 章安平，牟群月. 外贸单证操作 [M]. 4版. 北京：高等教育出版社，2017.
[11] 陈岩. 国际贸易单证教程 [M]. 2版. 北京：高等教育出版社，2014.
[12] 高露华，张爱华，柳鹏飞. 国际贸易单证实务 [M]. 北京：清华大学出版社，2016.
[13] 程文吉，张帆. 外贸单证 [M]. 北京：北京大学出版社，2018.
[14] 孙继红. 国际贸易单证实务 [M]. 2版. 北京：清华大学出版社，2017.
[15] 郭晓晶，广银芳，秦雷，芮琳琳，焦琨. 国际贸易单证实务 [M]. 北京：清华大学出版社，2013.

普通高等院校
经济管理类应用型规划教材

课程名称	书号	书名、作者及出版时间	定价
商务策划管理	978-7-111-34375-2	商务策划原理与实践（强海涛）（2011年）	34
管理学	978-7-111-35694-3	现代管理学（蒋国平）（2011年）	34
管理沟通	978-7-111-35242-6	管理沟通（刘晖）（2011年）	27
管理沟通	978-7-111-47354-1	管理沟通（王凌峰）（2014年）	30
职业规划	978-7-111-42813-8	大学生体验式生涯管理（陆丹）（2013年）	35
职业规划	978-7-111-40191-9	大学生职业生涯规划与学业指导（王哲）（2012年）	35
心理健康教育	978-7-111-39606-2	现代大学生心理健康教育（王哲）（2012年）	29
概率论和数理统计	978-7-111-26974-8	应用概率统计（彭美云）（2009年）	27
概率论和数理统计	978-7-111-28975-3	应用概率统计学习指导与习题选解（彭美云）（2009年）	18
大学生礼仪	即将出版	商务礼仪实务教程（刘砺）（2015年）	30
国际贸易英文函电	978-7-111-35441-3	国际商务函电双语教程（董金铃）（2011年）	28
国际贸易实习	978-7-111-36269-2	国际贸易实习教程（宋新刚）（2011年）	28
国际贸易实务	978-7-111-37322-3	国际贸易实务（陈启虎）（2012年）	32
国际贸易实务	978-7-111-42495-6	国际贸易实务（孟海樱）（2013年）	35
国际贸易理论与实务	978-7-111-49351-8	国际贸易理论与实务（第2版）（孙勤）（2015年）	35
国际贸易理论与实务	978-7-111-33778-2	国际贸易理论与实务（吕靖烨）（2011年）	29
国际金融理论与实务	978-7-111-39168-5	国际金融理论与实务（缪玉林 朱旭强）（2012年）	32
会计学	978-7-111-31728-9	会计学（李立新）（2010年）	36
会计学	978-7-111-42996-8	基础会计学（张献英）（2013年）	35
金融学（货币银行学）	978-7-111-38159-4	金融学（陈伟鸿）（2012年）	35
金融学（货币银行学）	978-7-111-49566-6	金融学（第2版）（董金玲）（2015年）	35
金融学（货币银行学）	978-7-111-30153-0	金融学（精品课）（董金玲）（2010年）	30
个人理财	978-7-111-47911-6	个人理财（李燕）（2014年）	39
西方经济学学习指导	978-7-111-41637-1	西方经济学概论学习指南与习题册（刘平）（2013年）	22
西方经济学（微观）	978-7-111-48165-2	微观经济学（刘平）（2014年）	25
西方经济学（微观）	978-7-111-39441-9	微观经济学（王文寅）（2012年）	32
西方经济学（宏观）	978-7-111-43987-5	宏观经济学（葛敏）（2013年）	29
西方经济学（宏观）	978-7-111-43294-4	宏观经济学（刘平）（2013年）	25
西方经济学（宏观）	978-7-111-42949-4	宏观经济学（王文寅）（2013年）	35
西方经济学	978-7-111-40480-4	西方经济学概论（刘平）（2012年）	35
统计学	978-7-111-48630-5	统计学（第2版）（张兆丰）（2014年）	35
统计学	978-7-111-45966-8	统计学原理（宫春子）（2014年）	35
经济法	978-7-111-47546-0	经济法（第2版）（葛恒云）（2014年）	35
计量经济学	978-7-111-42076-7	计量经济学基础（张兆丰）（2013年）	35
财经应用文写作	978-7-111-42715-5	财经应用文写作（刘常宝）（2013年）	30
市场营销学（营销管理）	978-7-111-46806-6	市场营销学（李海廷）（2014年）	35
市场营销学（营销管理）	978-7-111-48755-5	市场营销学（肖志雄）（2015年）	35
公共关系学	978-7-111-39032-9	公共关系理论与实务（刘晖）（2012年）	25
公共关系学	978-7-111-47017-5	公共关系学（管玉梅）（2014年）	30
管理信息系统	978-7-111-42974-6	管理信息系统（李少颖）（2013年）	30
管理信息系统	978-7-111-38400-7	管理信息系统：理论与实训（袁红清）（2012年）	35